라프카디오 헌, 19세기 일본 속으로 들어가다

* 이 도서의 국립중앙도서관 출판시도서목록(CIP)은 e-CIP홈페이지(http://www.nl.go.kr/ecip)
에서 이용하실 수 있습니다. (CIP제어번호 : 2010001556)

라프카디오 헌 지음　노재명 옮김

라프카디오 헌, 19세기 일본 속으로 들어가다

한울

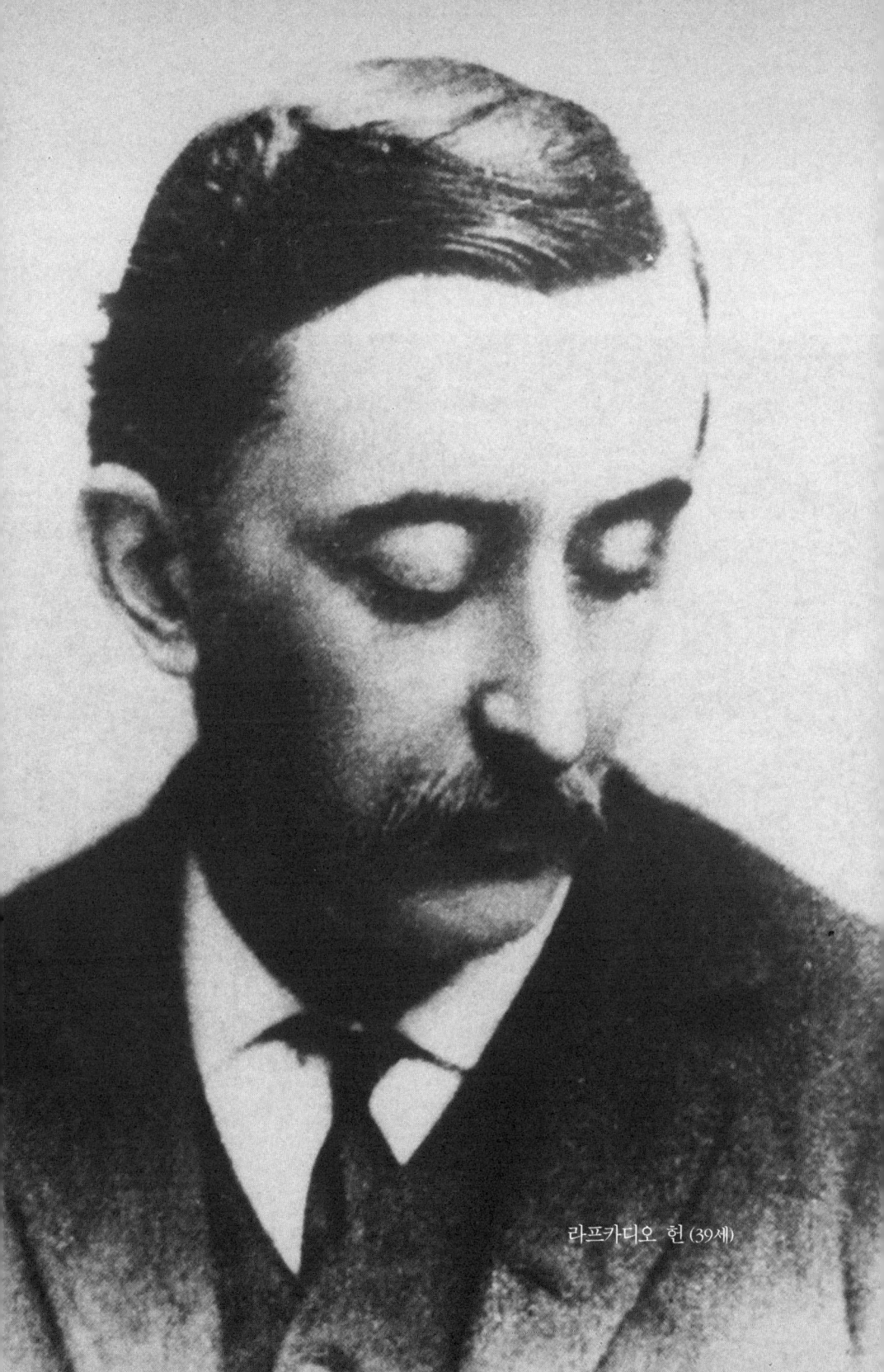
라프카디오 헌 (39세)

도쿄 니시오쿠보 자택의 헌의 서재

① 마쓰에에서 헌이 살았던 저택
② 헌이 애용했던 펜과 잉크병

① 헌이 교편을 잡았던 시마네 현 보통중학교
② 1891년에 완성된 마쓰에 대교

① 헌의 초상
② 후지 산을 등산하기 직전의 헌 (오른쪽은 제자 후지사키 하치사브로)

구마모토 시절의 헌과 부인 고이즈미 세쓰

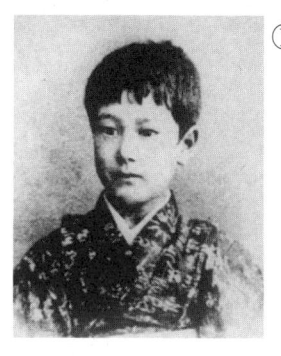

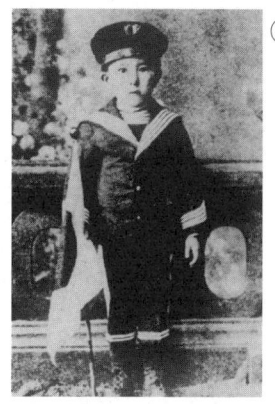

① 장남 이치오
② 차남 이와오
③ 삼남 기요시
④ 장녀 스즈코
⑤ 아내 세쓰
⑥ 마쓰에 시절의 헌

서문을 대신하여
증손자의 입장에서 바라본 라프카디오 헌

나는 당연히 라프카디오 헌(Lafcadio Hearn)을 만나본 적이 없다. 54세로 헌이 사망했을 때 장남 이치오(一雄)는 아직 열 살이었다. 내가 네 살이었을 때 헌의 장남인 이치오는 사망했다. 그러나 흰 수염을 길렀던 이치오는 당신의 무릎에 나를 앉히고 전차 그림을 그려주기도 했고, 함께 정원을 청소하기도 했으며, 나를 데리고 산보를 나가기도 했다. 이 모두는 현재 내 기억에 분명하게 남아 있다.

이치오는 열 살까지의 기억을 토대로 아버지 헌에 관한 추억을 세 권이나 되는 책에 남겼다. 그 기억력은 정말 놀랄 만한 것이었다. 헌은 이치오를 초등학교에 보내지 않고 하루에 세 시간이나 집에서 전 과목을 가르쳤다. 이 개인수업에는 헌이 존경하는 한스 크리스티안 안데르센(Hans Christian Andersen)의 동화집과 영국의 민속학자인 앤드루 랭(Andrew Lang)이 쓴 요정이야기 등의 영어 텍스트가 사용되었다. 헌은 이런 글이 인간의 상상력을 길러준다고 생각했던 것이다. 결과적으로 헌의 이런 교육은 상상력뿐만 아니라 기억력을 키우는 데도 상당히 유익했던 것 같다.

내가 조상 중에 유명한 작가가 있다는 사실을 의식하게 된 것은 열 살 때였다. 어느 출판사에서 고이즈미 야쿠모(小泉八雲)의 어린이용 전기를 만드는데 헌의 유품 중 망원경을 들고 모델로 서달라는 부탁을 받았다. 또 내가 자란 도쿄의 세타가야(世田谷)의 집에는 3첩(疊)* 정도 크기의 조그만 방이 있었다. 그 방에는 헌과 헌의 친구인 미첼 맥도널드(Mitchell McDonald)의 사진이 걸려 있었고 헌이 애용하던 서가에는 헌이 출간한 책의 초판본이 꽂혀 있었다. 그 옆을 지나칠 때마다 무언가 이국적인, 또 대문호의 혼이 잠겨 있는 듯해 다가가기 힘들었다. 한편 헌의 돋보기 등의 유품은 당시 생활용품으로 가족들이 사용했기 때문에 이런 점에서는 친근한 가족 중의 한 분이라는 이미지도 동시에 갖고 있었다.

헌은 편도행 표로만 여행하던 작가였다. 그는 그리스에서 태어나 아일랜드에서 자랐으며 미국의 중서부와 남부에서 살았다. 또 카리브 해의 마르티니크에서는 아프리카와 유럽 문화가 융합된 크레올(Creole) 문화의 풍요로움을 경험했고 일본에서는 정령신앙과 조상 숭배를 토대로 한 전통적인 정신생활에 환희와 공감을 체험했다. 지구의 3분의 2를 돌아다닌 셈이다.

난 초등학교 시절부터 혼자만의 여행을 좋아했다. 눈이 많이 오는 동북지방을 혼자 여행하다가 경찰에게 가출소년으로 오해를 받아 집에 긴급하게 연락이 간 적도 있다. 지금 생각해보면 이 모두가 나의 DNA 때문인지도 모르겠다. 실제로 여행을 좋아하는 성격 때문에 필드워크가 가능한 민속학을 전공하게 되었고 그 결과 예상치도 않게 헌의 민속학자로서의 측면을 발굴할 수 있었다. 또 필드워크로 방문했던 마쓰에(松江)를 좋아하게 되어 스물여섯 살 때에는 도쿄를 떠나 마쓰에에서 교편을 잡았다. 마쓰에는 헌이 마흔 살 때 일본에서 처음 교사로 부임한 곳이다. 헌은 마쓰에에 강한 매력을 느꼈다. 결코 증조부의 뒤를 따를 생각은 없었는데 현재의 나는 결과적으로 증조부의 뒤를 따른 셈이다.

* 첩: 다다미를 세는 단위. 1첩은 약 90cm×180cm이다.-역주

헌은 마쓰에를 떠나 구마모토(熊本)로 이사한 1893년 12월, 친구이자 일본 학자인 바질 홀 체임벌린(Basil Hall Chamberlain)에게 다음과 같이 근대화되어 가는 일본에 관한 소감을 적어 보낸다.

인생에 살아갈 목적을 부여해준 것은 영적 존재입니다. 사람들은 이를 신, 악령, 수호신이라고 불렀습니다. 이들은 인류를 위해 세계를 변화시켰습니다. 이들은 우리에게 살아갈 목적을 부여했고 자연을 경외하도록 가르쳤습니다. (중략) 유령도 수호신이나 악령, 신도 이제 존재하지 않습니다. 모두 죽어버렸습니다. 이 세상은 전기와 증기, 그리고 숫자의 세계가 되어버렸습니다. 이건 정말 허무한 일입니다.

What made the aspirational in life? Ghosts. Some are called Gods, some Demons, some angels. They changed the world for man. They gave him courage and purpose and the awe of Nature that slowly changed into love. They filled all things with a sense and motion of invisible life. They made both terror and beauty. There are no ghosts, no angels and demons and gods. All are dead. The world of electricity, steam, mathematics, is blank and cold and void.

헌은 물질적 풍요로움을 지나치게 강조하는 것이나 무엇이든지 과학적·합리적으로 생각하고 평가하는 것을 좋아하지 않았다. 초자연적인 세계를 경외하는 사고방식을 대단히 중요하게 여긴 사람이었다. 그렇기 때문에 인연에 관한 초자연적인 유래담을 좋아했다. 헌의 후손들에게도 인연이라고밖에는 이야기할 수 없는 일이 실제로 일어났다.

작년에 타계한 나의 아버지[도키(時), 헌의 직계 손자]는 관립무선통신교습소

(현재의 전기통신대학)를 졸업했다. 아버지는 헌과 마찬가지로 바다를 좋아해 선박회사에 들어갔다. 당시는 제2차 세계대전이 한창일 때여서 아버지는 군용선박을 타고 싱가포르, 팔라우, 라바울, 자바, 수라바야 등을 전전했다. 그때 팔라우 북방 75마일(약 120km) 지점의 깊이가 1만m나 되는 곳에서 미국 군함의 공격을 받고 아버지가 탄 배가 격침되었다. 아버지는 바다에 떠 있었는데 그 주위로 식인상어가 몇 마리나 지나쳤다고 한다. 거의 생을 포기하려고 했을 때에 멀리서 조그만 배가 보였다. 다가오는 배는 일본의 수뢰정(水雷艇)으로 뱃머리에 '사기(さぎ)'라는 글자가 선명하게 보여 '혹시 이들에게 구조되는 것이 아닐까?'라는 기대를 품었다. 아버지는 이 배의 도움을 받아 구사일생으로 구조되었다. 그런데 '사기'는 헌의 조국인 아일랜드 지방의 헌 집안을 나타내는 문장(紋章)이었다. 또 헌이 일본에 귀화하여 고이즈미라는 성을 갖게 되었는데 고이즈미 가문의 문장 역시 '사기'였다. 따라서 아버지는 자신이 살아 돌아온 것은 조상의 보살핌 때문이었다고 믿으며 이를 감사히 여기면서 살았다.

헌은 자신의 신념을 꺾지 않는 완고한 사람이었다. 그러나 아주 연약한 사물의 소리에 귀를 기울이고 그것에 애정을 쏟을 줄 알았다. 아내인 고이즈미 세쓰(小泉セツ)가 헌에게 처음으로 질책을 받은 것은 세쓰가 정원에 있는 조그만 연못에서 개구리 낚시를 하며 마치 어린아이처럼 즐겁게 놀고 있을 때였다. 수업을 마치고 돌아온 헌은 세쓰의 이런 모습을 보고 놀라면서 '조그만 동물에게 고통을 주어서는 안 된다'라고 질책했다.

헌은 개구리를 잡아먹으려고 연못에 나타난 뱀에게 자신이 먹다가 남긴 고기 조각을 주어 개구리의 생명을 구한 적도 있다. 마쓰에의 신지코(宍道湖)라는 호수 부근에서 새끼 고양이를 괴롭히는 아이들을 발견한 헌은 아이들을 꾸짖은 다음, 새끼 고양이를 주머니에 넣고 돌아와 집에서 키운 적도 있다.

벌레 우는 소리를 듣기 좋아해서 풀종다리, 방울벌레, 청귀뚜라미 등을 애용하던 대나무 새장에 넣어 서재에 두었다. 그는 항상 약한 자의 시선으로 사물을 바라보려고 했던 분이다.

헌은 자주 '일본인 이상으로 일본을 사랑했던 사람'으로 불린다. 물론 헌은 일본의 전통을 사랑했으며 집에 돌아오면 양복을 벗고 기모노로 갈아입곤 했다. 그러나 식생활은 서양식을 좋아했다. 헌이 가장 좋아했던 음식은 비프스테이크와 영국과 아일랜드에서 크리스마스 때에 반드시 먹는 플럼 푸딩이라는 과자였다. 또 그는 위스키와 담배를 매우 좋아했다. 헌이 마쓰에라는 조그만 마을에서 행복을 느끼며 살아갈 수 있었던 것은 이곳에 오래전부터 소젖을 짜는 사람이 있어 매일 아침 신선한 우유를 마시고 건강을 유지할 수 있었기 때문이다. 헌이 쌀밥을 먹기는 힘들었던 것 같고 대신 이를 스시 형태로 먹었다. 1903년 크리스마스는 헌의 인생에서 마지막 크리스마스였다. 헌는 이 날을 위해 영국에서 비싼 플럼 푸딩을 20파운드(약 9kg)나 수입했다. 그리고 헌의 직접적인 사인(死因)은 위스키였다. 이런 의미에서 헌은 모든 서양문명을 부정한 사람은 아니었다.

아내인 세쓰가 "제가 교양 있는 사람이라면 당신을 도와드릴 수 있었을 텐데요"라고 말했을 때 헌은 그가 저술한 책이 꽂혀 있는 서가에 아내를 데리고 가서 "이걸 누구 덕분에 쓸 수 있었다고 생각합니까? 이건 모두 당신이 있었기에 가능한 일이었습니다"라고 말했다. 그는 아내에게 깊은 감사의 마음을 가지고 있었다. 헌의 부모는 일찍 이혼했기 때문에 그는 자신이 받을 수 없었던 애정을 가족에게 쏟았던 듯하다. 그리고 그리스인 어머니 로자 카시마티(Rosa Cassimati)의 사진이나 초상화를 한 장이라도 구할 수 있다면 자신의 모든 재산을 바칠 각오가 되어 있을 만큼 어머니를 그리워했다. 그러나 이런 헌의 바람은 실현되지 못했다. 나는 2008년 9월 로자가 태어나고 자란 그리스의 키티라(Kythira) 섬을 여행했다. 그곳에서 로자의 사진을 본 적이 있는 노인을 만났다. 노인은 다음에 내가 그 섬을 찾을 때까지 로자의 사진을 찾아놓겠다고 약속했는데 정말로 기뻤다.

내게 증조부인 헌은 여행과 민속학의 재미를 알려준 분이고, 또 세계의 다양한 이문화에 관심을 갖도록 이끌어준 존경할 만한 분이다. 또 어린 시절에 나는 헌의 유품인 돋보기를 가지고 놀 만큼 그는 내게 아주 가까운 존재이기도 했다. 아직 헌의 혼이 살아 있어서 자손들을 지켜줄 것 같은 기분이 든다. 지금 내 아들은 열일곱 살이다. 이 아이가 세 살이었을 때에 마쓰에의 자택에서 "앗! 헤른 상(헌의 일본식 발음. 헌은 헤른으로 불리는 것을 좋아했다고 한다)이 저녁 햇살을 보고 있다!"라고 소리친 적이 있다. 지금 아들에게 물어보니 "이미 잊어버렸다"고 말하지만 그 당시에는 정말 그랬던 것이 아니었을까?

이번에 노재명 선생이 한국에서 나의 증조부인 헌과 그의 작품을 소개한다는 말을 듣고 정말 행복했다. 헌의 자손으로서 이번 출판은 정말 의미 있는 일이다. 노재명 선생에게 마음으로부터 감사 인사를 드린다.

고이즈미 본(小泉凡)**

** 고이즈미 본: 라프카디오 헌의 증손자이며, 현재 시마네 현립대학 종합문화학부 민속학 교수이다. E-mail_b-koizumi@matsue.u-shimane.ac.jp.

차례

서문을 대신하여 증손자의 입장에서 바라본 라프카디오 헌 • 13

01 동양의 땅을 처음 밟은 날 • 21
02 신들의 나라의 수도 • 43
03 신주 • 71
04 영어교사의 일기에서 • 79
05 일본해의 해변에서 • 130
06 호키에서 오키로 • 148
07 일본인의 미소 • 204
08 교토 여행기 • 223
09 규슈의 학생들과 • 245
10 하카타에서 • 273
11 삶과 죽음의 단편 • 283
12 비원 달성 • 302
13 어느 여인의 일기 • 317

옮긴이의 말 • 339
라프카디오 헌 연보 • 347

"가능하면 빠른 시일 안에 일본에 대한 첫인상을 써달라."

일본에 도착해서 자주 만나던 영국인 교수가 이렇게 말했다. 하지만 첫인상은 곧 사라져버린다. 더욱이 한 번 기억에서 사라지면 다시는 떠오르지 않는다. 당시 메모해놓았던 자료를 토대로 일본에 대한 첫인상을 떠올려보려고 노력했지만 첫인상은 역시 잊히는 속도가 빠르다. 당시의 기억은 모두 구름처럼 사라져버렸다. 아무리 떠올리려고 해도 생각나지 않는다.

일본에 도착하고 난 후 몇 주 동안은 집 안에 틀어박힌 채였다. 무엇인가 기록할 마음이 전혀 들지 않았기 때문이다. 햇살에 노출된 마을에는 보고 들을 것이 무진장 흩어져 있었다. 이 나라에서 신비한 경험을 여러 번 했다. 하지만 이 첫인상만큼 매력적인 것은 없었다. 지금 그 첫인상은 마치 달콤한 향기처럼 가슴에 다가온다.

01

동양의 땅을 처음 밟은 날

처음으로 일본의 마을을 여행한다. 감미롭고 경이롭다. 보고 듣는 것 모두가 신선하고 유쾌해서 어디라도 좋다. 인력거꾼과는 전혀 대화가 통하지 않는다. 인력거꾼에게 어디론가 데려가 달라는 말조차 손짓 몸짓으로 겨우 전달할 수 있을 뿐이다. 이런 순간이 되자 마침내 내가 처한 현실을 실감한다. 지금 나는 극동의 - 여러 책에서 읽었고 오랜 기간 꿈꾸어왔던 - 한 나라에 있다……. 이런 당연한 사실을 처음으로 실감하는 것만으로도 낭만이다. 아마도 날씨가 좋기 때문이리라. 아침 공기에는 언어로 표현하기 힘든 묘한 매력이 숨어 있다. 이 차가운 공기는 일본 특유의 것이다. 이는 아마도 눈 덮인 후지 산(富士山) 정상에서 파도처럼 밀려오는 바람 때문에 생긴 것이리라. 여기서 매력이라 함은 눈에 보이는 것이 아니라 부드러운 투명함이다. 공기 전체가 신선함으로 가득하다. 이 때문에 멀리 떨어져 있는 것도 놀라울 정도로 선명하게 보인다. 따뜻한 햇살 아래를 달리는 인력거는 최고의 운송수단이다. 짚신을 신은 인력거꾼의 흰 갓이 상하로 요동친다. 그 갓 너머로 보이는 마을은 사람을 매료시키는 무언가 있다.

조그만 요정들의 나라는 사람이나 물건 모두가 작고 신비롭다. 푸른 지붕의 집도 작고 푸른 발이 내려진 상점 역시 작은 규모다. 더욱이 푸른 옷을 입고 미소를 짓는 사람들 역시 조그맣다. 이런 환상을 무너뜨리는 것은 가끔 주변을 지나치는 키 큰 외국인과 엉뚱한 영어가 적힌 상점의 간판 정도이다. 그러나 이런 부조화 역시 그저 현실감을 높여줄 뿐 이 조그맣고 재미있는 거리의 매력에 손상을 입힐 정도는 아니다.

인력거 위에서 내려다보니 이곳저곳에서 상점의 발이 흔들리고 있다. 짙은 감색 발에는 일본 문자와 한자가 뒤섞여 있어 묘한 신비감을 준다. 유쾌한 혼돈이라고나 할까? 일본에 첫발을 디딘 순간에 받은 느낌은 바로 이런 혼돈이었다. 건물이나 건물의 외면 장식에도 그 나름대로의 개성이 느껴진다. 집 한 채도 같은 모양이 없다. 그러나 이런 거리를 한 시간여 돌아다니다 보니 무언가 건축 양식이 공통적이라는 느낌이 들기 시작했다. 목조로 지은 상점들은 뾰족 지붕에 아무 색도 칠하지 않았다. 1층은 왕래하는 사람들의 시야에 건물 내부가 훤히 노출되어 있다. 가늘고 긴 지붕 때문에 상점 안에는 그늘이 적당하게 드리워져 있다. 이는 2층 역시 마찬가지다. 노면에서 상당히 높은 2층에도 다다미가 깔려 있고 1층과 마찬가지로 상점의 명칭이나 판매하는 상품명을 발에 적어놓았다. 바람이 불자 이 발이 한꺼번에 흔들린다. 전체적으로 이런 모습이 일본 상점의 공통점인 듯하다.

사람들의 옷은 감색이 가장 많은데 이는 상점의 선전용 발도 마찬가지다. 그러나 물빛이나 백색, 적색의 발이 없는 것은 아니다(단 녹색이나 황색은 보이지 않는다). 직공들이 입은 옷에는 상점의 발처럼 신비한 문자가 가득하다. 이런 취향은 쉽게 모방할 수 없는 수준이다. 장식을 목적으로 글자의 형태를 자유롭게 변형한 이런 문자에는 별다른 의미가 없다. 단지 활기찬 생동감이 흘러넘칠 뿐이다. 직공이 입은 감색 옷의 등 쪽에는 멀리서도 읽을 수 있는 커다란 백색 문자가 눈에 띈다. 이는 이 옷을 입은 사람이 어떤 조직의 구성원인가를 나타내는 표지이다. 옷은 조잡하기는 하나 어딘지 현란한 느낌이다.

왠지 풀리지 않는 수수께끼를 푸는 기분으로 앞으로 나아가는데 하늘의 계시처럼 번쩍이는 것이 보였다. 이 거리를 아름답게 만드는 것은 다른 게 아니다. 문이나 유리, 혹은 장지문을 다양한 색채로 물들인 백색, 흑색, 청색, 금색의 일본 문자나 한자가 바로 아름다움의 실체다. 이 순간 뇌리에 이 문자를 영어로 바꾸어놓으면 과연 어떤 모습일까 하는 생각이 떠올랐다. 그러나 이는 그저 조잡한 망상에 불과하다.

*

표의문자가 일본인의 두뇌 속에서 만들어내는 영상은 서양인이 생각하는 것과는 상당한 차이가 있다. 일본인의 두뇌에서 표의문자는 생명감이 흘러넘치는 그림이다. 그것은 살아서 대상을 설명해주며 몸짓으로 새로운 정보를 준다. 일본의 거리에는 이런 문자가 가득하다. 이런 다양한 모습이 거리를 걷는 사람들의 시선을 자극한다.

생명력이 없는 단순한 부호에 불과한 서양의 문자와 비교해 일본의 문자에 어떤 의미가 있는지는 이 극동의 나라에 살아보지 않으면 이해할 수 없다. 일본에서 문자를 쓰는 사람이나 글자의 맵시를 두드러지게 만드는 사람들은 어떤 정형화된 틀을 만들지 않는다. 글자를 만드는 사람들은 모두 예술가의 입장에서 예술성을 드러내기 위해 자신의 모든 것을 쏟아붓는다. 아주 옛날부터 예술가들은 서로 경쟁하고 격려하면서 다양한 노력을 해왔다. 그 결과 원시적인 상형문자와 표의문자가 아름답게 계속 진화해온 것이다. 붓의 움직임은 단순한 것이지만 일본인들은 오랜 기간 붓끝의 움직임에 주목해왔다. 즉 그들은 붓의 움직임에는 우아함, 균제, 미묘한 선의 움직임 같은 비법이 숨어 있음을 알았고 이런 비법을 글자에 어떻게 반영할 것인가를 고민해왔다. 그러나 이것이 전부는 아니다. 글자의 한 획을 교묘하게 이어가는 것 자체가 글자가 갖는 매혹의 근원이다. 일본인은 바로 이 대목에 주목해왔다. 실제로 일본 문자는 신비할 정도로 인간적인 측면이 있다. 옛날 문자의 달인들이 쓴 글은 인간과 대화를 나누었다는 신비한 이야기가 전해지기도 한다.

*

내가 고용한 인력거꾼은 자신을 '차'라고 소개했다. 그가 쓴 흰 모자는 터무니없이 커 삿갓처럼 보인다. 감색의 짧은 상의는 소매가 넓고 통이 좁은 바지는 마치 타이즈처럼 몸에 착 달라붙었다. 이 인력거꾼은 인내력이 강하며 손님의 취향을 재빨리 간파하여 적절히 대처하는 능력이 있다. 내가 법정 요금 이상으로 돈을 지불한 것도 인력거꾼이 그의 재능을 발휘했다는 증거이다. 일본의 인력거꾼을 조심하라는 주의를 많이 받았지만 그것은 내 능력을 뛰어넘는 일인 듯하다. 말 대신에 인간이 인력거를 끌고 간다. 눈앞에서 몇 시간 동안이나 지치지도 않고 계속 달린다. 이 경험만으로도 나는 인력거꾼에게 연민을 품게 되었다. 그는 인간으로서의 모든 감정을 갖고 있지만 말 대신에 인력거를 끈다. 이 사내가 가끔 웃기도 하고 사소한 친절에 고마워했을 때 동정심을 품게 되었다. 이는 아마 땀범벅이 된 인력거꾼을 보았기 때문인지도 모른다. 저 정도로 땀을 흘린다면 심장의 박동도 빨라지고 근육의 수축도 심해지리라. 그뿐만 아니라 오한이나 충혈, 늑막염에 시달릴지도 모른다. 차가 입은 옷은 모두 땀으로 얼룩이 졌다. 그는 하늘색 수건을 꺼내 이마의 땀을 닦는다. 그는 이전부터 목에 그 수건을 걸고 달려온 듯했다.

그러나 내 마음을 진정으로 빼앗은 것은 다른 곳에 있었다. 인력거를 타고 이 조그만 마을을 달리는 사이에 나는 나를 바라보는 사람들의 눈길에 마음을 빼앗기고 말았다. 이 날 아침 나는 사람들의 친절한 눈길 때문에 매우 유쾌했다. 사람들은 신기한 듯이 나를 바라보았다. 그 눈빛에는 적의도 없었고 불쾌해하는 기색도 전혀 없었다. 대체로 사람들은 방긋 미소짓고 있었다. 이런 미소는 이국의 여행자들이 일본에 대해 착각하는 계기가 되기도 한다. 즉 일본인의 미소는 일본이 시중드는 사람이 많은 나라라는 인상을 주기에 충분하다. 이런 말을 하면 불쾌하게 생각하는 사람이 있을 듯하다. 그러나 확실한 것은 우리가 사는 서구 세계보다 우아한 세계 ─ 조그만 체구에 친절한 사람들이 상대방의 행복을 기원하려는 듯이 미소를 짓는 세계, 모든 움직임이 온화하고 조용한 대화가 이어지는 세계 ─ 인 이런 세계에 갑자기 진입한 사람은 자신이 옛날 영국의 전설 속에 나오는 요정의 나라에 들어온 것이 아닌가 하는 착각에 빠지기 충분하다.

*

여행자가 어떤 사회에 갑자기 발을 들여놓았다고 하자. 우연하게도 그 시기가 봉건시대에서 민주주의 시대로 변동하는 시기와 맞물렸다고 하자. 그렇다면 여행자는 아름다움이 붕괴되고 추악한 현대가 잉태되는 모습을 목격할 수 있다. 일본의 경우 이런 변동이 어떤 과정을 통해 이뤄지는지 정확히 알 수 없다. 그러나 이국적 정서가 흘러넘치는 일본의 도시를 본 소감은 신구(新舊)가 적절하게 조화를 이루며 발전해나가고 있다는 것이다. 한자와 가나(假

名) 문자가 섞인 신문이 인쇄되고 흰색의 전신주가 늘어섰다. 그 전신주에는 동양의 경전이 붙어 있다. 또 어느 찻집의 초인종이 눈에 들어오기도 한다. 불상을 만드는 가게 옆에는 미국 재봉틀 회사의 분점(分店)이 눈에 띈다. 또 짚신을 만드는 가게와 서양식 사진관이 나란히 늘어서 있다. 이런 풍경이 부조화의 대상으로 보이지는 않는다. 오히려 서양 문물이 동양의 문화에 잘 녹아들었다는 인상이다.

그러나 일본 땅을 처음 밟았을 때에는 일본의 옛것만이 눈에 들어왔다. 일본의 전통적인 문화는 모두 섬세한 것처럼 보였다. 조그만 그림이 그려진 종이 봉지에 들어 있는 나무젓가락, 삼색의 멋진 문자가 적힌 이쑤시개, 인력거꾼이 땀을 닦는 수건에 그려진 정교한 그림이 바로 그것이다. 지폐나 동전 역시 아름답다. 상점에서 물건을 사면 주인이 끈으로 묶어주는데 그 끈 역시 매우 아름답다. 진귀하고 운치 있는 물건으로 가득해 당황스러울 정도이다. 전후좌우 어느 곳을 바라보아도 신비한 물건들로 가득하다.

이런 현상이 반드시 바람직한 것만은 아니다. 모든 물건을 사고 싶기 때문이다. 이런 경우에 자주 되풀이되는 일이지만 상점의 점원은 부드러운 미소를 지으면서 같은 물건이라도 종류가 다양하니 한번 구경이라도 하는 게 어떠냐고 제안한다. 이런 물건들은 정말 멋지다. 상점의 주인은 손님에게 물건을 사라고 강요하지 않는다. 그러나 이런 물건에는 마법이 걸려 있다. 한번 사기 시작하면 도저히 멈출 수 없다. 물건 가격이 싸다는 사실은 파산과 직결된다. 도저히 사지 않고 견딜 수 없는 싼 예술품이 쌓여 있으니까. 태평양 항로를 왕래하는 가장 큰 기선이 있다고 해도 내가 사고 싶은 것을 전부 실을 수 없다. 사고 싶은 물건이 도처에 쌓여 있기 때문이다. 상점이나 상점의 주인은 물론이고 사람들이 사는 마을 전체, 또 그 마을을 둘러싼 강과 산, 구름 한 점 없는 순백의 하늘에 걸려 있는 후지 산 역시 사고 싶다. 아니 이제 무엇을 숨기랴! 신비한 매력이 넘치는 나무, 빛나는 대기, 수많은 도시, 신사, 사찰 거기다가 세상에서 가장 사랑스러운 국민 4,000만 명 모두, 즉 일본의 모든 것을 소유하고 싶다.

언젠가 실용주의자인 미국인에게 들은 말이 떠오른다.

"일본인에게 화재 두세 건은 그다지 신경 쓸 일이 아니다. 그들의 집은 아주 싼 재료로 지어진 것이니까."

이 말은 맞다. 서민들이 사는 부서지기 쉬운 목조 가옥은 저비용으로 단시일 내에 완성된 것이다. 그러나 이러한 집의 내부는 아름답게 꾸며져 있다. 그렇기 때문에 화재는 예술적인 차원에서 일대 비극이다. 이 나라는 수공예품의 아름다움이 살아 있다. 서양처럼 기계로 대량생산하는 단계는 아직 아니다. 직공이 손으로 만든 물건은 제품 하나하나가 독특한 매력을 발산한다. 같은 사람이 만든 것조차 똑같은 물건이 없다. 그렇기 때문에 아름다운 물건이 화재로 소실되면 한 예술품이 사라지는 것이다.

다행스러운 일은 이 나라에서 화재는 빈번하게 발생하지만 예술적인 충동은 조금도 꺾일 기색이 보이지 않는다는 사실이다. 소실된 예술품을 새로운 차원에서 복원해내려는 시도가 다양하게 이뤄지고 있다. 하나의 예술적 상징이 사라져도 한 세기가 지나면 다른 차원의 예술이 새롭게 부각된다. 다소 형태는 변해도 이런 작품이 과거의 전통을 잇고 있다는 사실은 명백하다. 예술가들은 과거의 전통 속에서 작품을 창작한다. 예술가란 자신의 창조적 노력을 통해 최고 작품을 만드는 것이 아니다. 과거 장인들의 예술적 전통을 이어받는 행위가 최고의 장인에 이르는 길이다. 최고의 예술가를 만드는 사람은 과거 장인들이다. 물론 이런 과정은 처음에는 의식적인 과정을 거치지만 나중에는 무의식적인 행위가 되어버린다. 어떤 의미에서 현대 예술가에게 이런 과정은 자동적이고 직관적인 절차이다. 이렇기 때문에 싼 가격에 구입한 호쿠사이(北

齋)¹나 히로시게(廣重)²의 판화가 값비싼 서양화보다 오히려 예술적 가치가 있는 것인지도 모른다.

*

여기 호쿠사이 판화 속의 인물이 도롱이를 입고 커다란 모자를 쓰고 짚신을 신은 채 거리를 걷고 있다. 농부들의 겉으로 드러난 사지는 바람과 햇볕에 검게 탔다. 강인한 표정의 어머니가 웃는 아이를 업고 걸어온다. 긴 옷자락으로 몸을 감싼 상인들은 수많은 물건 사이에 앉아 담배를 피운다.

그림을 보며 이런 생각을 하다 보니 이 나라 사람들은 발이 작고 아름답다는 것을 새삼 느낀다. 햇볕에 검게 탄 농부들의 발도, 조그만 게다를 신은 어린아이들의 앙증맞은 발도, 새하얀 양말을 신은 여자아이들의 발도 모두 아름답다. 양말은 엄지발가락만 분리된 형태이다. 이런 모양을 보면 왠지 로마신화에 나오는 파우나(Fauna)³가 생각난다. 일본인의 발은 균형감이 있다. 서양인의 발은 구두의 모양에 맞춰 변형되었지만 일본인의 발은 그렇지 않다. 게다를 신고 걸으면 좌우에서 다른 소리가 들린다. 왠지 양쪽의 발소리가 다른 두 박자의 소리처럼 들린다.

---

1 호쿠사이: 가츠시카 호쿠사이(葛飾北齋, 1760~1849), 유명한 풍속화가.-역주
2 히로시게: 안도 히로시게(安藤廣重, 1797~1858), 유명한 풍속화가.-역주
3 파우나: 그리스 신화의 팬(Pan)과 유사한 '파우누스(Faunus)'의 이름에서 유래. 파우나는 파우누스의 여성형이며, 파우누스는 숲과 산림의 신이다.-역주

*

"테라에 유케!(사찰로 가자!)"

나는 일단 서양식 여관으로 돌아와야 했다. 점심 때문이 아니다. 밥 먹을 시간조차 아까웠다. 인력거꾼인 차에게 사찰에 가고 싶다는 말을 할 수가 없었기 때문이다. 여관에 돌아와서 마침내 차에게 의사를 전달할 수 있었다. 여관 주인이 신비로운 이 말을 알려주었다.

"테라에 유케!"

흉한 서양식 건물을 지나 4, 5분 정도 달리자 인력거는 운하에 놓인 다리를 건넜다. 운하에는 독특한 모양의 배가 몇 척이나 떠 있다. 다음에 지나친 곳은 길은 좁지만 조그만 집이 늘어선 밝은 느낌의 거리였다. 역시 이것이 일본의 전통가옥이라는 생각이 들었다. 차가 끄는 인력거는 전속력을 냈다. 그 길의 양쪽에는 조그맣고 네모난 집들이 늘어서 있다. 대부분의 집은 2층인데 2층이 1층보다 좁다. 아까 본 상점과는 다른 조그만 가게가 가득하다. 지붕은 푸른 기와로 장식했는데 아래쪽으로 갈수록 경사가 졌다. 2층의 창문은 모두 굳게 닫혀 있다. 상점의 정면에는 감색, 백색, 홍색 발이 쳐 있다. 발에는 사람 발바닥만 한 아름다운 일본 문자가 적혀 있다. 그 문자의 색깔은 다양하다. 다시 한 번 운하를 건너자 좁은 골목이 갑자기 언덕으로 이어진다. 앞쪽에는 산이 보인다. 차는 넓은 돌계단 앞에 인력거를 세우고 내가 인력거에서 내리기를 기다린다. 그리고 돌계단을 가리키며 소리쳤다.

"테라(사찰)!"

인력거에서 내려 돌계단을 올라간다. 광장에 이르렀다고 생각한 순간 바로 눈앞에 멋진 문이 나타난다. 중국풍의 문처럼 보인다. 문의 이곳저곳에는 아름다운 조각이 새겨져 있다. 문 위의 통풍구 주위에는 용의 문양이 보였다.

문 중앙 부근에도 같은 무늬가 보였다. 건물의 외양에는 사자 머리가 새겨져 있다. 문 전체가 회색이어서 문이 아니라 돌처럼 보인다. 이런 외양에서는 조각 특유의 안정감이 느껴지지 않는다. 뱀과 용 등 동물 문양이 다양하게 뒤섞여 있어 과연 어떤 의도로 이런 무늬를 새겨넣었는지 이해하기 어려웠다.

문득 뒤를 돌아다보았다. 밝은 햇빛이 눈에 들어온다. 바다와 하늘이 아름답게 서로 어울려 있다. 눈 아래로는 푸른빛 지붕이 끝없이 이어지고 오른편으로는 마치 거울처럼 조용한 강이 흐른다. 다른 두 방향에는 신록이 우거진 언덕이 보였다. 이 신록의 언덕 저편에는 높은 산들이 늘어서서 남색 실루엣을 만들어내고 있다. 이 산 능선 위에는 아름다운 환영(幻影)이 떠올라 있다. 깎아지른 듯한 산에는 눈이 덮여 있는데 그곳에서는 마치 정령처럼 흰 빛이 발산된다. 만약 이 산이 아주 오랜 옛날부터 사람들의 눈에 친숙하지 않았다면 사람들은 이 산을 구름이라고 생각했을지도 모른다. 산의 중턱은 하늘과 같은 색깔이어서 도저히 산이라는 생각이 들지 않는다. 단지 만년설이 덮인 위쪽만이 확실하게 산처럼 보인다. 하늘과 땅 사이에 마치 환영처럼 걸려 있는 듯하다. 이 산이 바로 후지 산이다.

그런 순간에 신비한 체험을 했다. 괴상한 문 앞에서 꿈과 현실이 뒤섞인 체험을 한 것이다. 돌계단도, 용이 무리지어 있는 문도, 마을 위에 떠 있는 푸른 하늘도, 아름다운 환영 같은 후지 산의 자태도, 회색 돌층계 위에 비친 내 그림자도 모두 일순간에 사라져버릴 것 같았다. 왜일까? 눈앞에 보이는 모든 물체는 오늘 처음 본 것이 아닌 느낌이었다. 언젠가 꿈에서 본 듯한 광경이었다. 일본의 다양한 모습을 보고 이미 잊고 있던 과거의 기억이 떠오른 듯했다. 그러나 순간적으로 이런 느낌은 사라져버렸다. 다시 이런 일본의 아름다운 모습은 생소하게 다가왔다.

*

발길을 재촉하여 돌층계를 올라가다 보니 동일한 형상을 새겨넣은 문이 나타난다. 그 안으로 들어가니 평평한 공간이 나타난다. 그곳에는 돌로 만든 등잔이 기념비처럼 서 있고 좌우에 커다란 돌사자가 한 마리씩 앉아 있다. 수컷과 암컷 한 마리씩이다. 그 앞에는 낮은 지붕의 건물이 있다. 그 건물 내부는 넓어 보인다.

계단 앞에서 구두를 벗었다. 젊은이 한 사람이 입구의 문을 조용히 열고 정중하게 맞아준다. 안에 들어가니 이불 두께의 다다미 감촉이 부드럽게 느껴진다. 눈앞에 넓은 사각형의 방이 나타났다. 오묘한 향내가 은은하게 피어오른다. 이게 바로 일본의 향기다. 밝은 햇살이 비친 후에 창문을 통해 들어오는 햇빛은 달그림자처럼 은은하다. 한참 동안 부드럽게 다가오는 어둠 속에서 금빛의 물체가 반짝이는 것 이외에는 아무것도 보이지 않는다. 방 안의 기운에 익숙해지고 난 후에 바라보니 불단 주변에 커다란 꽃이 있다. 이는 의식이 끝난 후 모아둔 연꽃이었다. 그 꽃은 모두 아름답게 채색되어 있었다. 연꽃의 잎은 금색이고 그 이외의 부분은 진한 녹색이었다. 현관에 인접한 본당의 한구석에는 불타의 좌상이 보인다. 이 불상은 한 계단 더 높은 곳에 있고 현란한 치장을 하고 있다. 금박을 입힌 궤의 좌우에 늘어선 이 불상은 아주 협소한 공간에 빽빽이 늘어서 있다. 그렇지만 본존은 보이지 않는다. 단지 어둠 속에서 특이한 물체가 신비한 빛을 내고 있다.

아까 본당에서 나를 맞아주던 젊은 안내자가 불상을 가리키며 커다란 목소리로 말했다. 그가 아주 뛰어난 영어를 구사해 놀랐다.

"저것이 불상입니다."

"불상에 공물을 바치고 싶습니다."

"그건 안 될 말씀입니다."

안내자는 이렇게 말하며 얼굴 가득 미소를 지었다.

그래도 내가 계속 부탁하자 그는 불단에 공물을 올렸다. 그리고 나를 안내해 이 건물 구석에 있는 자신의 방으로 데려갔다. 그의 방은 크긴 했으나 가구라고는 아무것도 없었다. 우리는 방에 앉아 대화를 나누었다. 이 젊은이는 이곳에 사는 학생이었다. 영어는 도쿄에서 배웠다고 한다. 그는 억양이 기묘하기는 하지만 어휘를 선별하는 능력은 뛰어났다. 마침내 그가 묻는다.

"당신은 기독교도입니까?"

"아닙니다."

"그렇다면 당신은 불교도입니까?"

"엄밀히 말해서 그렇지도 않습니다."

"부처님을 섬기지도 않으면서 왜 공물을 드리려고 했습니까?"

"저는 부처님의 아름다운 가르침을 숭배해왔습니다. 그를 섬기는 사람들의 신앙 역시 아름다운 것이라고 생각합니다."

"영국이나 미국에도 불교도가 있습니까?"

"적어도 불교의 가르침에 관심이 있는 사람은 아주 많을 것입니다."

그러자 그는 궤에서 조그만 책을 꺼내 보라고 건네준다. 그건 루이자 메이 올컷(Louisa May Alcott)[4]의 『불교교의문답(佛敎敎義問答)』 영문판이었다.

"어째서 이 사찰에는 본존불상이 없습니까?"

내가 물었다.

"단상 위의 궤에 조그만 본존불상이 들어 있습니다."

---

4 루이자 메이 올컷(1832~1888): 미국의 소설가, 초월주의자. 여성참정권운동에 상당한 공헌을 함.-역주

그가 알려주었다.

"그러나 그 궤는 잠겨 있습니다. 그리고 다른 곳에 커다란 본존불상이 몇 개 있습니다. 본존불상을 매일 사람들에게 개방할 수는 없기 때문에 특별한 날에만 보여줍니다. 1년에 한두 번 정도 공개합니다."

내가 앉아 있는 곳은 창문이 열려 있기 때문에 참배객들이 계단을 올라와 사찰의 정문에서 정중하게 예를 표하는 모습이 보인다. 그들의 태도는 소박하고 신심으로 가득하다. 이에 비해 서양의 예배는 얼마나 부자연스럽고 경박스러운가. 지금 창밖으로 보이는 사람들 중에는 합장만 하는 사람이 있는가 하면 손을 들고 세 번이나 손뼉을 치는 사람도 있다. 그런 행동을 하고 머리를 숙이고 기도를 드린 다음 다시 온 길로 돌아간다. 기도 시간이 짧다는 점이 특히 흥미를 끈다. 가끔 입구에 놓아둔 나무상자에 동전을 던지는 소리가 들려온다.

나는 젊은 학생에게 묻는다.

"기도를 드리기 전에 손뼉을 세 번이나 치는 이유는 무엇입니까?"

"천지인의 삼재를 위해 세 번 치는 것입니다."

"신이나 부처님을 부르는데 하인을 부를 때처럼 손뼉을 칩니까?"

"아닙니다. 결코 그렇지 않습니다. 손뼉을 치는 것은 기나긴 밤의 꿈에서 깨어났다는 의미입니다."

"어떤 밤, 어떤 꿈을 말씀하는 것인지요?"

그는 잠시 주저하는 듯하다가 대답했다.

"부처님께서는 모든 중생이 이 고통스러운 세상에서 꿈만 꾸고 있다고 말씀하셨습니다."

"그렇다면 손뼉을 치는 것은 기도를 드릴 때 인간의 영혼(soul)이 꿈에서 깨어나라는 뜻이겠군요?"

"그렇습니다."

"제가 말씀드린 영혼의 의미를 알고 계신가요?"

"물론입니다. 불교도는 인간의 영혼이 과거에도 미래에도 영원히 존재한다고 믿습니다."

"열반에 들어가도 그렇습니까?"

"그렇습니다."

이런 대화를 나누고 있을 때 이 사찰의 주지 - 나이가 많아 보였다 - 가 젊은 스님 두 명과 함께 들어왔다. 젊은 학생이 나를 주지에게 소개한다. 빡빡 밀어버린 머리가 빛나는 세 사람은 내게 깊이 머리를 숙였다. 그리고 마치 불상처럼 다다미 위에 앉았다. 나는 이 사람들이 미소를 짓지 않는다는 사실을 알았다. 일본에 와서 웃지 않는 사람을 만난 것은 이번이 처음이었다. 세 사람 모두 조각상처럼 무표정하다. 그들은 내가 무슨 말을 할 때나 주의 깊게 응시한다. 내가 경전의 번역 등에 대한 이야기를 할 때에도 그들의 눈빛은 조금도 바뀌지 않았다. 젊은 학생이 내가 말한 내용을 통역할 때에도 그들은 아무 말도 하지 않는다. 그때 차와 과자가 나왔다.

내가 자리에서 일어나 돌아가려고 하자 모두 함께 일어난다. 계단 부근에서 학생이 나의 이름과 숙소를 물었다. 그리고 한마디 한다.

"다음번에 이곳에 오시면 뵐 수 없을 것 같습니다. 며칠 안에 저는 이 사찰에서 나가기로 되어 있습니다. 선생님의 숙소로 제가 찾아뵙겠습니다."

"당신 이름은?"

"아키라라고 불러주십시오."

잠시 걷다가 뒤를 돌아다보고 예를 표시하자 네 명은 깊게 머리를 숙였다. 한 명은 검은 머리, 다른 세 명은 반짝반짝 빛이 나는 머리였다. 그중에 아키라만 웃고 있었다.

*

"테라(사찰)?"

돌층계를 모두 내려가서 다시 인력거에 타자마자 커다란 모자를 쓴 차가 물었다. 아직 사찰이 보고 싶냐고 묻는 것이다. 물론 보고 싶다. 본존불상을 아직 보지 못했다.

"그래! 차! 사찰이다."

이래서 다시 신비로운 상점가, 독특한 민가, 다양한 형태의 문자가 늘어선 기나긴 파노라마가 시작되었다. 차가 과연 어떤 방향으로 달리는 것인지 짐작이 가지 않았다. 그저 길이 점점 좁아진다는 것과 버드나무에 매달린 비둘기집처럼 조그만 민가가 몇 채 있고 다리 대여섯 개를 건너 언덕 아래에서 인력거가 멈추어 섰다는 정도만 알 뿐이다. 여기도 높은 돌층계가 있다. 이곳은 아까 보았던 사찰의 정문과는 다른 상징적인 건축물이 문과 문 사이에 서 있다. 건축물 대부분이 단순한 선의 구조를 이루고 있는 게 놀랍다. 조형물도 없고 채색도 없고 물론 글자도 써 있지 않다. 그럼에도 놀라울 정도로 장엄하고 신비한 아름다움이 느껴진다. 이것이 바로 도리이(鳥居)[5]다.

"미야(宮)!" 차가 말한다.

이곳은 사찰이 아니라 이 나라의 전통적인 신들을 제사 지내는 곳이다. 나는 지금 신도(神道)의 상징 앞에 서 있다. 도리이를 실제로 본 것은 이번이 처음이다. 도리이를 사진이나 판화로도 본 적이 없는 사람들에게 이것을 어떻게 설명해야 할까? 둥근 기둥 두 개가 서 있고, 그 둘을 횡목으로 잇는다. 횡목은 기둥의 꼭대기를 잇는 게 아니라 조금 아래쪽을 잇는다. 좌우로도

---

5 도리이: 신사의 입구에 기둥을 세워 만든 문.-역주

횡목과 기둥은 조금 어설프게 연결되어 있다. 이게 바로 도리이다. 재료는 돌이나 나무, 금속이다. 어떤 재료를 쓴다고 해도 도리이의 구조상 특성은 바뀌지 않는다. 그러나 이 정도의 설명으로는 도리이의 인상, 장엄함, 문으로서의 심오한 의미를 제대로 전달할 수 없다. 처음 도리이를 보는 사람은 무언가 아름다운 한자가 공중에 떠 있다는 생각이 들 것이다. 도리이를 구성하는 모든 선은 생동감 넘치는 문자의 품격을 그대로 간직하고 있다.

도리이를 지나 100여 단의 층계를 올라가면 제2의 도리이가 나타난다. 도리이에는 금(禁)줄 아래쪽으로 늘어져 있다. 이 신사(神社)의 금줄은 직경 2인치(약 5cm) 정도이고, 양끝은 뱀 모양이며 아래로 내려갈수록 점점 얇아진다. 금줄은 도리이의 소재와 관계가 깊다. 즉 도리이를 금으로 만들면 금줄 역시 소재는 금이어야 한다. 그러나 일본 전통에 의하면 금줄은 부들로 만드는 게 일반적이다. 금줄을 부들로 만드는 전통은 태양의 신인 아마테라스 오미카미(天照大御神)[6]와 밀접히 관련되어 있다. 일본인은 이 태양의 신을 가장 존경하며 일본 전통의 핵심이라고 생각한다. 이런 유래는 바질 홀 체임벌린 교수[7]가 번역한 신도의 고대신화에 잘 나타나 있다.

이 도리이를 지나 앞으로 나가면 언덕 위에 공원이나 유원지처럼 보이는 장소가 나타난다. 오른편에는 조그만 신사가 보인다. 그 건물의 문은 모두 닫혀 있다. 신사를 찾아간다고 해도 보통 때에는 사람들이 없기 때문에 실망할

---

6 아마테라스 오미카미: 일본 신화에 나오는 태양의 신으로 일본의 고유종교인 신도의 최고 신이다. 아마테라스는 하늘에서 빛을 낸다는 의미다. 그녀는 이자나기의 왼쪽 눈에서 태어났으며 최고 통치자였다. 일본 천황과 일본인들은 자신들이 아마테라스의 혈통을 이어받았다고 주장한다.-역주
7 바질 홀 체임벌린 교수(1850~1935): 영국인. 도쿄대학 교수. 19세기 말부터 20세기 초의 가장 유명한 일본 연구자. 하이쿠(俳句)와 『고사기(古事記)』를 영어로 번역했으며 아이누족과 류큐(琉球, 현재의 오키나와) 연구자로도 유명하다.-역주

수 있다는 말을 들어 그리 실망하지는 않았다. 그보다 신사에서 내 눈을 잡아끄는 대상을 발견했다. 그것은 아름다운 꽃송이로 뒤덮인 벚나무였다. 순백의 벚꽃이 나무를 뒤덮고 있었다.

이런 아름다운 정경을 따라가자 조그마한 사당 몇 개가 나타나고 그 주위는 밭이었다. 독특한 형태의 동굴도 보인다. 동굴의 벽에는 실제로 존재하지 않는 동물인 용의 형상이 조각되어 있다. 귀엽게 생긴 분재도 있다. 작은 나무로 가득한 숲도 아주 작다. 그 안의 호수도 작아서 강이나 다리, 폭포는 안경을 쓰지 않으면 알아볼 수 없을 정도다. 이곳에는 아이들을 위한 그네도 있다. 언덕에서 조금 벗어난 곳에는 전망용 정자도 보인다. 이곳에서는 아름다운 시가지의 전경, 어선의 흰 돛이 점점이 깔린 고요한 바다의 모습이 한눈에 들어온다. 환상적인 아름다움이 내 앞에 펼쳐진다.

일본의 나무는 왜 이렇게 아름다운 것일까? 서양에서는 벚나무에 꽃이 피어도 그다지 아름답지 않다. 그러나 이 나라에서는 다르다. 마치 숨이 넘어갈 듯한 아름다움에 놀랄 따름이다. 잎사귀는 보이지 않고 그저 꽃으로만 덮여 있다. 신들이 지배하는 나라의 나무들은 아름다운 여인이 연인의 사랑을 갈구하듯 스스로를 아름답게 치장하는 버릇이 들었나 보다. 나무는 미모의 노예가 되어 스스로를 가꾸면서 인간의 마음을 매혹시켜왔다.

*

"사찰?"

"그래! 차! 사찰이다."

이번에는 일본의 보통 거리를 지나친다. 드문드문 인가가 보이는 정도다. 마을은 계곡에 접어들어 끝나는 듯하더니 이내 자취를 감춘다. 인력거는 바다가 내려다보이는 길로 접어든다. 오른편은 푸른 산이 이어지고 왼편은 바다다. 물이 나간 개펄에 사람들이 흩어져서 무언가를 채취하고 있다. 그들은 너무 멀리 있어 작은 벌레처럼 보인다. 그중에는 무언가를 가득 잡아 내가 있는 곳으로 돌아오는 사람도 있다. 여자아이들의 뺨은 영국 아이들처럼 붉다.

인력거가 앞으로 나아가자 산의 경사는 급해진다. 차는 갑자기 인력거를 세운다. 역시 돌계단 앞인데 지금까지 본 것 중에 가장 경사가 급하다.

나는 무턱대고 계단을 오르기 시작한다. 가끔 종아리의 통증을 없애기 위해 멈추어 선다. 정상에 도착했을 때에는 거의 숨이 막힐 지경이었다. 주위를 둘러보니 사자 석상 두 개가 있다. 한 마리는 입을 크게 벌린 채 포효하고 있고 다른 한 마리는 입을 굳게 다물고 있다. 세 방향이 낮은 낭떠러지에 둘러싸여 있고 그 중앙에 사찰이 있다. 고색창연한 사찰이다. 이곳에서는 폭포 소리 이외에는 아무 소리도 들리지 않는다. 바다에서 불어오는 바람은 차가워서 대낮에도 한기가 느껴진다. 바람이 불어오는 고지에 우뚝 솟은 사찰은 황량한 모습이어서 100여 년 동안은 참배자가 찾아오지 않을 듯했다.

차가 사찰의 정문을 두드리는 동안 나는 본당의 나무 계단 위에서 구두를 벗는다. 잠시 기다리고 있자 저편에서 발자국 소리와 기침 소리가 들려온다. 문이 열리고 흰옷으로 몸을 감싼 노승이 나타나 정중하게 인사를 하더니 안으로 들라고 손짓한다. 그 사람의 표정은 따뜻했다. 그는 나를 환영한다는 의미로 웃고 있었다. 그 얼굴은 내가 본 인간의 얼굴 중에서 가장 아름다웠다. 노승은 다시 기침을 한다. 그 기침 소리가 너무 심각해서 다시 이곳을 방문한다고 해도 이 노승을 만날 수 없을 것이라는 생각이 들었다.

나는 일본의 모든 건물에 매력을 느낀다. 푸른 다다미의 감촉을 느끼며 안으로 들어간다. 노인이 기침을 해가면서 오른편의 문을 열자 그윽한 향기가 풍겨온다. 노승은 안쪽으로 들라고 손짓한다. 그 주변의 화려한 치장이 눈이 부실 정도였다. 이런 곳을 통과하여 겨우 안으로 들어오기는 했으나 주변에 무엇이 있는지 분별이 가지 않았다. 그러나 노승이 불을 넣어주어서 금빛 불구(佛具)나 주변의 문자를 식별할 수 있게 되었다. 눈을 돌려 본존불상을 찾아보았다. 그러나 그곳에는 거울 한 개만이 놓여 있었다.

 그저 거울 하나만 놓여 있다니……. 이건 무얼 상징하는 것이지? 환영의 상징인가? 그렇지 않으면 우주가 우리 영혼의 반영에 불과하다는 의미일까? 또는 부처를 찾으려면 자신의 마음속을 들여다보아야 한다는 의미일까? 이런 마음속의 의문이 가시는 날은 과연 언제일까?

 돌아가려고 본당 앞의 계단에 앉아 구두를 신는데 노승이 다가온다. 그리고 정중하게 인사를 하더니 찻잔을 내민다. 나는 노승이 내민 찻잔이 시주용 함이라고 생각하면서 돈을 넣었는데 정신을 차려보니 그게 아니었다. 그러나 이런 어처구니없는 내 행동에도 노승은 친절했다. 그저 잔잔한 미소를 지으면서 찻잔을 갖고 사라지더니 새 찻잔을 들고 되돌아왔다. 노승은 찻잔에 찻물을 따르며 마시라는 몸짓을 했다.

 어느 사찰이나 참배객에게 차를 제공하는 게 보통이지만 이 조그만 절은 사정이 몹시 어려워 보였고 일상의 필수품조차도 부족한 듯했다. 바람이 거세게 부는 돌층계를 내려가면서 뒤를 돌아다보니 노승은 아직도 나를 배웅하고 있다. 그리고 심한 기침 소리가 내 귓전에 들려왔다.

 아까 거울에 비친 내 모습이 다시 떠오른다. 내가 간절히 원하는 것은 성취될 수 있을까? 문득 이런 의문이 일었다. 그것은 자신의 세계 — 자신이 꿈꾸는 세계 — 에서만 성취할 수 있는 것이 아닐까?

*

"사찰?" 차가 다시 묻는다.

"사찰이라고? 아니야. 시간이 너무 늦었어. 호텔로 가자!"

그러나 차는 돌아가는 길에 신사인지 사찰인지 구분되지 않는 조그만 건물 앞에 인력거를 멈췄다. 그곳은 일본의 가장 작은 상점 정도의 크기에 불과했다. 그러나 그곳에는 지금까지 찾아갔던 멋진 신사나 사찰에서 본 것보다 더욱 놀라운 게 있었다. 그것은 입구에 있는 입상 두 개였다. 두 입상의 몸은 피처럼 붉었고 얼굴은 악마 같았으며 발은 사자의 것이었다. 손은 금색으로 장식되어 있어 번개가 치는 듯 번쩍였고 눈은 분노로 이글거렸다. 이 악마들은 신불(神佛)의 수호신 인왕(仁王)들이다.[8] 이 두 악마 사이에 여자아이 하나가 서서 이쪽을 바라보고 있다. 쥐색 옷을 입은 가냘픈 아이의 모습은 저녁 햇살을 배경으로 마치 떠오를 듯이 보인다. 소녀의 얼굴에는 묘한 우아함이 배어 있다. 그러나 소녀는 지금 험악한 두 입상 사이에 끼어서 상상을 초월하는 효과를 내고 있다. 그 순간 나는 내가 두 인왕상을 보고 느낀 혐오감이 과연 정당한 것인지 회의에 빠졌다. 이런 예쁜 아이가 저 험악한 인왕상을 존경할 가치가 있다고 생각한다……. 인왕상 사이에 서 있다. 나는 화려한 나비와 같은 모습으로 인왕상 사이에 서 있는 가냘픈 아이를 바라보면서 인왕상의 추한 모습을 잊고 말았다. 여자아이는 이국인인 나를 천진난만하게 바라본다. 그 아이는 내가 인왕상을 천한 대상으로 여기리라고는 생각하지 못할 것이다.

"차! 호텔로 가자! 호텔로."

---

[8] 일본에서 처음으로 본 인왕상은 좀 험악한 모습이었다. 멋진 인왕상은 도쿄나 교토(京都)의 큰 사찰에서 볼 수 있다. 특히 나라(奈良), 도다이지(東大寺)의 인왕상이 유명하다.-원주

갈 길은 멀고 날이 저물었기 때문에 나는 다시 소리쳤다. 저녁 해는 이제 황금빛을 내며 저물어가고 있다. 석가상은 오늘도 보지 못했다. 아직 본존불상의 모습을 보지 못한 것이다. 내일이면 볼 수 있을지도 모른다. 목조 가옥이 늘어선 마을 한구석이나 오늘 방문하지 못한 언덕 위의 사찰에서……

해가 저물고 붉은 햇살도 자취를 감추었다. 차는 인력거를 멈추고 등불을 켠다. 인력거는 다시 달리기 시작한다. 상점 앞에 걸린 등불의 행렬은 끝없이 이어진다. 상점 간의 거리가 가깝고 건물 높이가 거의 비슷하기 때문에 등불은 실로 꿰매놓은 듯 질서 있게 보인다. 그때 귓전을 때리는 소리가 들려왔다. 깊은 내면의 소리가 담긴 종소리였다. 짧은 하루였다. 그러나 나는 문득 지금 내가 보고 있는 모든 것이 마치 마법에서나 실현될 수 있는 것이 아닐까 하는 의문이 들었다. 마치 마법책에서 따온 많은 문자들이 자기 나름대로 요술을 부리고 있는 게 아닐까? 내가 지금 조는 것도 이런 마법의 결과가 아닐까?

*

"안마! 전 - 신. 500문(文)![9]"

여성의 목소리가 들려온다. 고운 리듬을 섞어 노래하듯이 여자의 목소리는 피리 소리처럼 흘러들어온다. 서툰 영어를 구사하는 하녀가 그 의미를 설명해 주었다.

"안마! 전 - 신. 500문!"

이 소리가 나고 한동안 슬픈 피리 소리가 들려온다. 긴 한 소절이 끝나면 짧은 두 소절이 이어진다. 이 소리는 안마로 생계를 꾸려가는 가난한 맹인

---

9 문: 옛날 돈의 단위.-역주

여자가 부는 피리 소리다. 그녀는 병자나 지친 사람들에게 마사지를 해주고 생계를 꾸려간다. 이 피리 소리는 '제발 조심해 주십시오. 저는 지금 앞이 보이지 않으니 길을 가는 사람이나 인력거에게 저의 존재를 알리는 것입니다'라는 의미이다. 또 병자나 지친 사람에게 자신을 불러달라는 의미이기도 하다.

"안마! 전 - 신. 500문!"

이런 슬픈 의미에서 어떻게 저런 고운 목소리가 나올까? 저 소리에는 500문으로 지친 몸을 어루만져 피로와 고통을 풀어준다는 뜻이 담겨 있다. 500문은 5전에 상당하는 돈이다. 신기하게도 이 여인의 애절한 목소리가 한동안 귓전을 떠나지 않았다. 내게 아픈 곳이 있으면 좋겠다는 생각도 했다.

잠이 들어 꿈을 꾸었다. 난해한 한자 문구가 내 옆을 지나쳤다. 그 문자는 모두 같은 방향을 향하고 있다. 간판이나 장지문, 창문, 짚신에 실려 백색과 흑색의 문자가 내달리고 있었다. 그 문자는 모두 살아 있었고 자신의 생을 자각하고 있었다. 한 획마다 모두 움직였다. 다시 깨어나 내가 인력거를 타고 이동하고 있음을 깨닫는다. 인력거 바퀴에서는 소리가 나지 않는다. 앞으로 내달리는 차의 커다란 모자는 언제까지고 아래위로 흔들린다……

02

신들의 나라의 수도

　　마쓰에(松江)에서 하루의 시작과 함께 들려오는 소리는 마치 맥박이 뛰는 소리처럼 잠자고 있는 사람의 귓전을 파고든다. 이 소리는 부드럽고 둔하기는 하지만 규칙적이고 심오해서 들려온다기보다는 느껴진다는 표현이 적합할 듯하다. 이 소리는 베갯머리에 그 느낌이 정확히 전달된다는 면에서 맥박과 유사하다. 그것은 디딜방아에 쌀을 찧을 때 나는 소리와 비슷하다. 디딜방아는 총 15피트(약 4.5m) 정도이고 발로 누르면 시소처럼 아래 위로 움직인다. 커다란 나무망치 모양의 머리 부분을 절구공이라고 한다. 한 사내가 열심히 디딜방아를 밟아서 절구공이를 들어올린다. 절구공이가 떨어지는 규칙적이고 둔감한 이 소리는 일본인의 생활에서 들을 수 있는 소리 중 가장 애상을 불러일으키는 소리임에 틀림없다. 실제로 이 소리는 심장의 고동을 울린다.
　　그리고 나서 도코지(洞光寺)의 범종이 쿵쿵 울린다. 그다음에 내가 사는 집에서 가까운 자이모쿠초(材木町)의 조그만 암자에서 아침 공양시각을 알리는 큰북

소리가 슬프게 들려온다. 마지막으로 아침에 물건을 팔러 다니는 장사치의 함성이 들린다. "무! 순무 사려!" 무나 어디서 본 적도 없는 야채를 파는 사내. 그 옆에는 슬픈 목소리로 장작을 파는 여인이 눈에 들어온다.

*

이처럼 마을 사람들이 아침을 시작하는 소리에 일어나서 창문을 열고 밖을 내다본다. 강가의 잘 가꾸어진 정원에는 푸른 나뭇잎이 자라고 부드러운 초록색 잎은 마치 구름 같다. 강물에는 반대편의 모습이 비쳐 빛이 난다. 수면은 점차 확대되더니 호수로 바뀐다. 거기서부터 호수의 표면은 오른편으로 확대되어 산기슭까지 이어진다. 내가 서 있는 강 건너편에는 일본식 저택이 있는데 지붕이 푸른색이어서 눈에 잘 띈다. 마치 상자를 닫아놓은 듯하다.

아아! 이런 순간의 매력은 정말 굉장하다. 아지랑이 피어오르는 아침의 농염한 자태. 이런 부드러운 아지랑이는 이제 증기가 되어 움직인다. 희미한 색채의 아지랑이는 강 건너까지 이어진다. 이런 모습은 일본의 옛 화첩에 그려진 구름과 흡사하다. 강가의 물안개를 실제로 보지 못한 이라면 아마도 화첩 속의 그림을 그린 화가가 좀 과장해서 표현했다고 생각할 것이다. 이 아지랑이는 산의 모습을 희미하게 만든다. 그리고 높고 낮은 산속을 횡의 방향으로 지나간다. 이런 아지랑이의 기묘한 곡선을 일본어로는 '다나비쿠(棚引く)'라고 한다. 이 말은 '안개가 가로로 길게 뻗치다'라는 의미다. 이 때문에 호수는 실제보다 훨씬 넓어 보인다. 즉 호수는 하늘과 하나가 된다. 산봉우리가 안개 속에서 이곳저곳 섬처럼 돋아 있다.

이런 상태에서 햇빛이 비쳐들면 다양한 색의 스펙트럼이 생긴다. 강 건너편의 높은 목조 건물은 본래의 색채를 잃고 황금색으로 변한다. 해가 뜨는 방향의 수면을 바라보면 목조 다리 아래로 떠 있는 배들이 다가온다. 희미한 안개 속에서 동양의 아름다움을 드러내는 환상적인 배.

*

이번에는 내 쪽의 정원에 인접한 강둑 방향에서 박수 소리가 들려온다. 한 번, 두 번, 세 번, 네 번 들렸지만 박수를 치는 사람은 보이지 않는다. 그러나 이와 동시에 맞은편 선착장 주변에서 돌을 내리는 사람들이 보인다. 남녀가 뒤섞여 있는데 그들은 모두 푸른색 수건을 목에 두르고 있다. 그들은 손과 얼굴을 닦고 입을 씻는다. 이것은 신에게 기도를 드리기 전에 사람들이 보통 하는 행동이다. 이어서 그들은 해가 솟는 방향을 향하여 박수를 네 번 친 다음 기도를 드린다. 그 위쪽으로 설치된 좀 더 높은 다리에서는 다른 박수 소리가 들려온다. 또 다른 박수 소리가 상당히 멀리 떨어진 호화로운 배에서도 들린다. 이 배는 규모가 아주 작은 것으로 그 안에 탄 사람들은 모두 화려한 차림이다. 이제 박수 소리는 이곳저곳에서 들려온다. 일제사격이라도 하는 듯이 박수 소리는 더 격렬해진다. 이는 주변의 모든 사람이 아마테라스 오미카미에게 인사를 드리고 있었던 탓이다.

"안녕하세요! 태양의 신이시여! 오늘도 부탁드립니다. 세상을 좀 더 아름답게 만들기 위해 빛의 축복을 내려주소서."

사람들이 이런 말을 직접 하지는 않았지만 마음속으로는 이렇게 기도를 드렸으리라. 어떤 사람은 태양을 향해서만 박수를 치지만 대부분의 사람은 태양을 향해 박수를 친 다음에 신사의 본당을 향해 기도를 올린다. 또 적지 않은 사람은 얼굴을 다양한 방면으로 돌리면서 수많은 신의 이름을 외친다. 또 일부의 사람은 태양의 신을 향해 기도를 드린 후에 약사여래(藥師如來)[1]사찰

방향으로 얼굴을 돌란다. 이 약사여래는 맹인의 눈을 뜨게 하는 부처이기 때문에 이번에는 박수를 치지 않는다. 단지 손을 곱게 합장한다. 이것이 바로 불교도의 방식이다. 그러나 모든 사람은 - 불교도 역시 신도의 신자이기 때문에 - 신도의 기도 방식을 그대로 답습한다.

*

"호케쿄!"

휘파람새는 잠에서 깨어나 아침 기도를 드린다. 독자들은 이 휘파람새가 어떤 새인지 알 수 있을까? 이 새는 불교의 가르침을 전해주는 신성한 새다. 모든 휘파람새는 언제부터인지 알 수 없으나 아주 오랜 옛날부터 불교의 가르침을 실천해왔다. 모든 휘파람새는 신성한 경전의 덕을 사람들에게 들려준다.

"호케쿄!"

이 소리는 '법화경(法華經)'을 의미하는데 이는 산스크리트 어의 '삿다르마 푼다리카'로 일본의 대표적인 불교 종파인 니치렌슈(日蓮宗)[2]의 성전(聖典)이다. 이러한 신앙 고백은 아주 간결한 형태라 할 수 있다. 신성한 경전의 이름을 반복하여 외치는 것으로 충분하기 때문이다.

"호케쿄!"

단 한 구절에 불과하지만 그들은 얼마나 즐겁게 이 경전의 이름을 외치는가? 자신의 내면적인 환희를 드러내는 방법으로 이 얼마나 좋은 방법인가?

---

1 약사여래(Bhaisajyaguru): 불교에서 중생의 모든 병을 고쳐주는 부처. 즉 약사부처님(Medicine Budda)을 의미한다.-역주
2 니치렌슈: 니치렌(日蓮, 1222~1282)이 창시한 일본 불교의 대표적인 종파. 그가 주창한 불법을 근간으로 하는 대승불교의 종파이다. 현재 전 세계 190개국에 신도 2,000만 명 이상이 있다.-역주

경전에는 '법화경을 읽는 사람은 신의 공덕을 받는다. 이는 아비지옥에서 천상세계까지 3계를 조망할 수 있다는 의미이다. 또 3계의 모든 소리를 분별하여 들을 수 있게 된다'라고 써 있다.

"호케쿄!"

단 한마디에 불과하지만 경전에는 '법화경에서 배우는 공덕은 만인에게 행복을 가져다준다'고 적혀 있다.

"호케쿄!"

이렇게 한 번 소리를 지른 다음에 이 새는 환희에 넘치는 찬불가를 부른다. 그리고 잠시 쉬었다가 경전을 읽거나 자신의 감정을 표현한다. 이 모습을 여러분이 볼 수 있다면 그 힘 있는 소리에 놀랄 것이다. 왜냐하면 이 새는 조류 중에서 가장 작은 부류에 속하기 때문이다. 더욱이 이 새의 노랫소리는 강 건너 멀리서도 들린다. 등교하는 아이들도 멀리서 들려오는 이 새 소리를 들을 수 있다.

휘파람새는 기르기 쉽지 않다. 먹이는 모두 정성껏 빻아주어야 하고 또 매일 같은 시각에 정해진 분량을 주어야 한다. 이 새를 키우려면 세심한 주의가 필요하다. 이 새는 진품이다. 실제로 나는 이 새를 사고 싶었으나 쉽게 구입할 수 없었다. 그러나 다행스럽게도 이 지역에서 가장 친절한 여성이 이 새를 보내주었다. 이 지방 지사의 따님이 시름시름 앓고 있는 외국인 교사를 위로하기 위해 이 새를 보내준 것이다.

*

박수 치는 소리는 그치고 이제 하루 중에서 가장 힘든 시간이 시작된다. 다리를 건너 왕래하는 사람들의 구두 소리가 한층 시끄럽게 들려온다. 빠른 걸음으로 걷는 사람들의 발걸음 소리가 마치 무도회의 음향 같다. 이런 생각을 하면서 들어보니 실제로 무도회의 음향과 흡사하다. 사람들은 모두 발부리로 걷고 있다. 아침 햇살을 받으면서 다리 위를 걸어가는 사람들을 바라보면 실로 놀랍다. 그들의 발은 모두 조그맣고 균형이 잡혀 있어 그리스 그림에 나오는 사람들처럼 발놀림이 가볍다. 그들은 우선 발가락에 체중을 싣고 걷는다. 실제로 게다라는 일본의 전통적인 신발을 신으면 이 이외에는 달리 선택할 방법이 없다. 왜냐하면 게다를 신을 경우 발꿈치가 지면에 닿지 않기 때문에 옆에서 바라보면 게다를 신은 발은 공중에 떠서 걸어가는 느낌을 준다. 보통 사람은 게다를 신고 제자리에 서는 것조차 쉽지 않다. 그러나 일본 아이들은 적어도 3인치(약 7.6cm) 높이의 게다를 신고 빠르게 달릴 수 있다. 그들은 넘어지지도 않고 발에서 게다가 벗겨지지도 않는다. 어른이 신는 게다는 보통 높이가 5인치(약 12.7cm) 정도인데 남자들이 이런 게다를 신고 돌아다니는 모습을 보면 정말 기이하다. 그들은 발에 아무것도 신지 않은 사람처럼 자유자재로 돌아다닌다.

이런 생각을 하다가 앞을 바라보니 학교에 가는 아이들이 보인다. 귀여운 옷을 입고 발걸음을 서두르는 그들의 모습은 마치 나비가 춤이라도 추는 듯하다. 한편 범선은 희고 노란 돛을 펼친다. 선착장에 정박해 있던 증기선은 연통에서 연기를 쏟아내기 시작한다.

맞은편 선착장에 정박해 있던 조그만 증기선이 기적을 울린다. 커다란 입을 벌리고 분노의 함성을 지르는 것처럼 보인다. 이 소리를 듣고 사람들은 미소짓는다. 왜냐하면 새로 진수(進水)한 이 배는 다른 배와는 달리 시끄러운 기적 소리를 울리기 때문이다. 선량한 마쓰에 시민들은 이 배에 '오카미마루'라는 이름을 붙였다. 여기서 '마루(丸)'는 배에 붙이는 명칭이고 '오카미(狼)'는 늑대를 의미한다.

*

　무언가 조그맣고 기묘한 것이 강에서 떠내려온다. 그것이 과연 무엇인지 아는 사람은 아무도 없다.

　일본의 하층계급이 신봉하는 신은 인도에서 전해진 부처나 자비심 깊은 이 나라의 신에 제한되어 있는 것은 아니다. 수많은 잡신도 그들이 숭배하는 대상이다. 이런 상황이기 때문에 그들은 항상 재앙을 면한 것에 만족하고 불행한 상황에 빠지지 않도록 잡신에게 제물을 바친다(이런 방식은 태풍으로 2만 2,000명이 사망했는데도 서인도 제도 사람들이 태풍이 끝나면 바다에 감사의 기도를 올리는 것과 비교했을 때 그다지 불합리한 것은 아니다).

　인간은 때때로 역신이나 바람의 신, 천연두의 신 등 악령에게 기원을 드린다. 천연두에 걸렸던 사람이 병에서 회복하면 그 질병의 신에게 감사의 향연을 베푼다. 제물로 쌀과 콩을 섞어 지은 밥을 올리는데 이 음식은 곡식이나 질병의 신도 좋아하는 것이다. 제사상에 이 밥을 올릴 때는 종이돈 — 이때 돈은 적색을 사용해야만 한다. 다른 신에게는 백색 지폐를 사용한다 — 을 밥 중간에 세우거나 사발 가득 밥을 담아 상의 중앙에 놓는다. 신에게 바칠 공물이 완성되면 회복기에 접어든 환자의 집에서 상당히 떨어진 거리에 있는 나무에 걸어놓든지 아니면 강물에 떠내려 보낸다. 이것을 '신 보내기'라고 한다.

*

　철주(鐵柱)로 지탱이 되고 있는 길고 흰 다리는 첫눈에도 근대적으로 보인다. 실제로 이 다리에서는 올봄에 성대한 개통식이 열렸다. 옛날부터 전해오는 습관에 따르면 새로운 다리가 건설되었을 때 그 다리를 첫 번째로 건너는 사람은 그 지역에서 가장 행복한 사람이어야 했다. 그래서 마쓰에 시 당국은 그 누구에게도 뒤지지 않을 행복한 사람을 찾다가 두 노인을 선발했다. 두 사람은 결혼생활을 반세기 이상 했고 자식 12명을 두었는데 그중에 한 명밖에는 잃지 않았다. 이런 가장 두 사람이 아내와 이미 성인이 된 자식과 손자, 증손을 대동하고 사람들의 환호를 받으면서 불꽃과 축포가 흩날리는 다리를 건넜다.

그러나 최근에 신축된 다리보다는 옛날에 만들어진 다리가 독특한 맛을 낸다. 이곳에 있는 옛 다리는 300년 전에 만들어진 것으로 기묘한 전설이 전해진다.

게이초(慶長) 시대에 이즈모(出雲) 지방의 다이묘(大名)가 되었던 무장 호리오 요시하루(堀尾吉晴)가 이 강가 입구에 처음으로 다리를 세우려고 했다. 그러나 목수들이 아무리 힘들여 일해도 일은 조금도 진척되지 않았다. 교각을 지탱할 든든한 토대가 없었기 때문이다. 커다란 돌덩이를 물속에 던져 넣어도 아무 효과가 없었다. 낮에 던져 넣은 돌이 밤이 되면 모두 물살에 휩쓸려 갔기 때문이다. 그럼에도 어렵게 다리는 완공되었지만 교각은 곧 침하하기 시작했다. 교각이 물살을 견디지 못하고 부서진 것이다. 사람들은 사람으로 교각을 세워 물살에 깃든 신령의 분노를 잠재우려고 했다. 중앙 교각 아래의 물살이 가장 거센 곳에 남자 한 명을 산 채로 파묻고 교각을 세웠다. 그랬더니 다리는 300년 동안이나 끄덕도 하지 않았다.

인간 기둥이 된 사내는 사이가마치(雜賀町)에 사는 겐스케(源助)였다. 멀쩡한 바지를 입고 다리를 건너는 첫 번째 사람을 묻기로 결정한 상태였다. 이런 상황을 알 리 없는 겐스케는 멀쩡한 바지를 입고 다리를 건너다 희생물이 되고 말았다. 그 때문에 다리 중앙의 교각은 그의 이름을 따서 '겐스케 교각'이라고 부른다. 달빛이 비치지 않는 밤에 그 교각 주위에서 귀신 불빛을 보았다는 사람도 있다. 다른 나라와 마찬가지로 일본에서도 귀신 불빛은 푸른빛을 띠는 게 보통인데 이 교각 주위의 불빛은 붉은색이라고 한다.

*

그런데 겐스케는 사람의 이름이 아니라 어떤 연호를 딴 명칭이라는 설(說)도 있다. 사람들은 이 설에 상당히 신빙성이 있다고 믿는다. 이번에 새로운 다리가 건설될 때에도 이와 같은 일이 벌어질지 모른다고 두려워하는 사람이 많았다. 이번에도 사람으로 교각을 세울 것이고 그 대상자는 시골 사람 중에서 선택될 것이라는 소문이 퍼졌다. 또 머리카락을 옛날 식으로 묶은 사람이 선택된다는 이야기도 돌았다. 이 때문에 노인 수백 명이 머리카락을 잘랐다. 그러자 이번에는 다른 소문이 퍼졌다. 새로운 다리를 건넌 사람 중에서 천 번째에 해당하는 사람을 잡아들이라는 경찰의 비밀 지령이 이미 내려와 있다는 것이다.

신사를 참배하러 오는 농민이 올해는 조금밖에 없었다. 이 지방의 상업적인 손실도 수천 엔에 이르렀다.

*

안개는 이미 걷혀 반 마일(약 0.8km) 정도 떨어져 있는 호수 위로 아름다운 섬 하나가 보인다. 그 섬은 아주 좁은 띠처럼 생겼는데 커다란 소나무가 만들어놓은 그늘 주위로 신사가 보인다. 소나무라고 해도 우리가 보통 볼 수 있는 것과는 달리 가지가 어지럽게 흩어져 있다. 망원경으로 보면 신사의 도리이가 선명하게 보인다. 도리이 앞에는 사자상이 두 개 설치되어 있는데 그중에

하나는 머리가 깨져 있다. 아마 태풍이 불 때 파도가 덮친 듯하다. 이 조그만 섬은 미(美)와 벤덴(弁天)의 신을 제사 지내는 곳이라 하여 벤덴시마(弁天島)라고 부른다. 그러나 보통은 요메가시마(嫁が島)라고 부르는데 이는 전설에서 유래한다. 어느 날 밤 이 섬은 마치 꿈처럼 물속에서 솟구쳐 올랐는데 그 위에 여인의 익사체도 함께 떠올랐다. 이 여인은 생전에 매우 아름답고 신앙심이 깊었으나 불행한 삶을 살았다. 마을 사람들은 이것을 하늘의 뜻이라고 생각하고 이 조그만 섬을 벤덴에 바치고 이 여인을 위해 사당을 세웠다. 사당 주위에는 나무를 심고 정면에는 도리이를 세웠으며 주변에는 기묘한 모양의 커다란 돌을 장식했다.

이제 하늘은 수평선까지 푸르고 주변에는 상쾌한 봄바람이 불어온다. 자! 그렇다면 자리에서 일어나 이 고풍스러운 마을을 둘러보자.

*

대부분의 집에는 대문마다 한자로 적은 흰 종이가 붙어 있다. 모든 집의 대문에는 신도에서 사용하는 신성한 장식물이 늘어져 있다. 이것은 조그만 금줄로 다른 장식물과 함께 달려 있다. 한편 흰 종이가 갑자기 나의 흥미를 끈다. 이것은 성구(聖句)나 주문을 적은 종이로 나는 원래부터 이런 물건을 수집하는 데 열을 올려왔다. 이런 것들은 대부분 마쓰에나 그 근방의 신사나 사찰에서 만든 것이다. 사찰에서 만든 것은 성구만 보면 어느 곳에서 만든 것인지 쉽게 알 수 있다. 이곳 사람들은 신도만이 아니라 불교도 동시에 신봉하고 있기 때문이다. 그리고 한자를 전혀 알지 못하는 사람이라도 니치렌슈의 경문이라면 누구든 그 의미를 알 수 있다. 경문은 독특한 서체로 정확히 일렬 종대로 적혀 있다. 이 경문은 일본의 대표적인 무장 가토 기요마사(加藤清正)[3]

의 깃발에 써 있던 내용이다. 이 경문의 의미를 이해하는 순례자라면 이 경문의 발상지를 방문할 권리가 있다.

그렇지만 이런 경문은 보통 신도들의 것이 많다. 대부분의 집에는 외지 사람의 부정을 정화시키기 위한 경문이 붙어 있다. 경문에는 종렬로 쓴 한자 밑에 조그만 검은색과 흰색 여우가 그려져 있다. 두 여우는 서로 마주 보고 앉아 있다. 보통이라면 열쇠를 물고 있지만 이곳의 여우는 조그만 벼 이삭 묶음을 물고 있다. 이 경문은 성안에 있는 이나리(稲荷) 신사에서 받은 것으로 화재가 발생했을 때 건물이나 사람을 보호해주는 부적과 비슷한 역할을 한다. 실제로 마쓰에서 목조 가옥의 화재를 예방해주는 부적은 존재하지 않는다. 불씨 하나가 강풍을 만나면 이곳보다 큰 도시도 일시에 잿더미가 될 수 있다. 그러나 마쓰에는 이 경문 때문인지 옛날부터 화재가 없고 조그만 불도 그다지 일어나지 않는 편이다.

이 경문은 이곳에서만 유효하다. 이나리 신사에는 다음과 같은 이야기가 전해진다. 도쿠가와 이에야스(德川家康)⁴의 손자인 나오마사(直政)가 처음 이 지방의 영주로 부임하려고 마쓰에에 왔을 때 그의 앞에 아름다운 소년이 나타나 말했다. "저는 영주님을 모든 액운으로부터 지키기 위해 영주님 아버님이 계신 에치젠(越前)⁵에서 왔습니다. 그런데 저는 지금 살 곳이 없어 보문원(普

---

3 가토 기요마사(1562~1611): 일본의 무장(武將). 많은 전투에서 공을 세웠다. 시즈가타케 전투에서 뛰어난 활약을 했으며 임진왜란이 일어나자 함경도 방면으로 출병했다. 세키가하라 전투에서 도쿠가와 이에야스 측에 가담했다.-역주

4 도쿠가와 이에야스(1543~1616): 일본 에도(江戶) 막부의 초대 쇼군(將軍). 도요토미 히데요시(豊臣秀吉)가 죽자 세키가하라 전투에서 그의 지지세력을 제거하고 지방 제후를 압도하여 일본 전역의 실권을 장악했다. 그 후 에도에 막부를 개설하여 패자의 지위를 합법화했다. 여러 가지 정책으로 일본의 근대 봉건제를 확립했다.-역주

5 에치젠: 현재의 후쿠이 현(福井縣) 북쪽 지방에 해당한다.-역주

門院) 안에 머무르고 있습니다. 만일 저에게 살 곳을 마련해주신다면 성안의 모든 건물과 성밖의 가옥, 또 에도에 있는 영지도 화재의 위험으로부터 지켜드리겠습니다." 말을 마친 소년은 갑자기 사라졌다. 나오마사는 이 소년을 위해 집을 지어주었는데 이 건물이 지금도 성안에 남아 있다.

*

이번에는 좁은 골목길로 들어가보자. 이곳은 아주 고풍스러운 맛이 풍기는 곳으로 조그만 2층집들이 지면에서 솟아올라온 듯하다. 이곳이 '신자이모쿠초(新材木町, 새로운 목재로 만든 마을)'다. 물론 이 마을의 집에 사용된 재목은 150년 전에는 새것이었을지도 모르지만 지금은 화가를 매혹시킬 정도의 색조를 띠고 있다. 목조 부분은 모두 회색, 지붕은 갈색으로 부드러운 곡선이다.

거의 무너져버릴 듯한 마을의 원경은 매력적이다. 대부분의 집은 지붕보다도 높은 장대가 걸려 있다. 그 장대 사이로 그물이 매여 있다. 하늘을 배경으로 거대한 거미집을 붙여놓은 듯하다. 가만히 보고 있으니 일본의 신화나 그림에서 나올 법한 땅거미가 나타날 듯하다. 그러나 이 그물은 어망이고 이 지역은 어촌이었다. 나는 큰 다리 방향으로 걸음을 옮겼다.

*

아름답고 환상적인 자태다.

큰 다리에서 동쪽을 바라보니 하늘을 배경으로 톱날처럼 솟구친 산봉우리 저편에 우뚝 솟은 산이 보인다. 그 산의 아래쪽은 안개 때문에 전혀 보이지 않는다. 그저 허공에서 불쑥 튀어나온 듯하다. 아래쪽은 회색으로 둘러싸여 있고 위쪽은 만년설에 덮인 봉우리가 환상적인 자태를 뽐내고 있다. 이것이 바로 거봉 다이잔(大山)이다.

겨울이 다가오면 이 산은 기슭에서 봉우리까지 흰색이 된다. 이런 상태에서 이 산의 봉우리는 점점 후지 산을 닮아간다. 시인들이 이 산을 이즈모후지(出雲富士)로 부르는 이유는 바로 이 때문이다. 그러나 실제로 이 산은 이즈모에 있는 게 아니라 호키(伯耆)에 있다. 단지 호키 지방의 어느 지역에서 이 산을 바라보아도 이즈모에서 보는 것만큼 멋지지는 않다. 이 정경은 이즈모의 자랑거리이다. 그러나 이 산을 볼 수 있는 날은 맑게 갠 날뿐이다. 이 산과 관련된 전설은 상당히 많은데 산의 정상 부근에는 하늘에서 내려온 개가 산다고 한다.

*

큰 다리를 건넌 지점에 선착장이 있다. 그곳 가까이에 조그만 불당이 보인다. 이곳에는 청동으로 만든 닻이 몇 개 보이는데 만일 물에 빠져 죽은 사람의 시신이 물 위로 떠오르지 않을 때에는 이 불당에서 닻을 빌려 강바닥에 던진다. 이 덕분에 시신을 찾은 사람은 새로운 닻을 만들어 불당에 기증해야만 한다.

이곳에서 남쪽으로 반 마일(약 0.8km) 정도 떨어진 곳에 있는 신사까지는 넓은 도로로 이어져 있다. 그 신사는 학문의 신인 덴진(天神)을 모신 곳이다. 이 지역은 부유한 상인들이 사는 지역으로 좌우 어디를 둘러보아도 진한 감색 발이 정연하게 걸려 있다. 호수 방향에서 미풍이 불어올 때마다 가게의 상호나 상표에 쓰인 흰색 한자가 멋지게 흔들린다. 한편 넓은 도로를 바라보면 전주가 긴 행렬을 이룬 모습이 장관인데 거리가 멀어질수록 전주 사이의 간격이 좁아진다.

덴진을 모신 신사를 지나면 강이 나타난다. 이 지역은 강으로 구획이 나누어진다. 강에는 다리가 설치되어 있다. 강의 맞은편은 별개의 구획이다. 이 구역은 도시 뒤편의 깎아지른 듯한 절벽과 호수 인근까지 이어진다. 그러나 강과 강으로 둘러싸인 지역이 시내로, 이곳이 가장 풍요롭고 번성한 곳이다. 이곳에는 사원이 줄지어 들어선 흥미 깊은 곳도 있다. 말하자면 이곳은 강으로 둘러싸인 섬과 비슷한 지역으로 극장이나 씨름장를 비롯하여 온갖 오락시설이 구비되어 있다. 덴진마치(天神町)와 평행하여 테라마치(寺町)라는 넓은 도로가 있는데 그 동쪽에는 사원이 늘어서 있다. 기와를 올린 벽이 도로를 따라 이어지고 위풍당당한 문이 일정한 간격을 두고 모습을 드러낸다. 이런 벽의 위용과 어울려 회색의 사찰 지붕이 하늘을 배경으로 커다란 사선 모양으로 나타난다. 이곳에서는 모든 종파가 - 니치렌슈, 진언종, 선종, 천태종은 물론이고 이즈모에서 인기가 없는 진종(眞宗)까지도 - 사이좋게 공존한다. 이 지역의 모든 사찰은 경내의 뒤편이 묘지이고 거기서 동쪽으로 나가면 다시 사찰이 연이어 나타난다. 그 옆이 다시 사찰이어서 불교 건축의 전시장이라는 느낌이 든다.

나는 오늘 수시간 여러 사찰을 방문하여 아주 유익한 시간을 보냈다. 황금색 의자에 앉아 있는 불상을 보기도 하고 부적을 사기도 하고 비석에 새겨진 조각을 한동안 살펴보기도 했다. 특히 묘지에서는 마치 꿈을 꾸는 듯이 미소짓는 관음상이나 지장보살 등을 볼 수 있어 정말 행복했다.

사찰의 넓은 경내는 평민의 생활을 보고 싶어하는 사람에게는 정말 재미있는 곳이다. 아주 오랜 옛날부터 이곳은 아이들의 놀이터였다. 아이들은 이곳에서 즐겁게 놀았다. 아이들을 돌보는 보모나 조그만 동생을 등에 업은 여자아이들도 날씨가 좋으면 매일 이곳으로 몰려들었다. 더욱이 조금 큰 아이들도 합세하여 다양한 놀이를 즐겼다. 또 여름철의 해질녘이 되면 이 근방은 스모장이 된다. 스모를 좋아하는 사람은 누구든지 올 수 있다. 정상적인 스모장을 설치한 사찰도 많았다. 건강한 노동자나 기골이 장대한 직공들은 이런 경내를 찾아와 힘자랑을 했다. 지금 유명한 역사(力士) 중에는 이곳에서 처음으로 이름을 알린 사람도 있다. 이 지역에서 실력을 인정받은 장사가 있다면 다른 지역의 장사가 도전해온다. 도전자를 물리치면 인기 있는 전문 역사가 될 가능성이 높아진다.

여름의 축제나 공개연설이 행해지는 곳 역시 사찰의 경내다. 아주 귀한 장난감이 팔리는 곳도 - 물론 종교적 의미가 있는 장난감이기는 하지만 - 역시 사찰의 경내다. 또 경내에는 큰 나무가 자라고 연못에는 커다란 물고기가 있는데 물고기들은 사람의 그림자가 나타나면 먹잇감을 찾아 다가온다. 연못의 한가운데에는 신성한 연꽃이 가득하다.

더러운 진흙탕에서 자라는데도 그 꽃은 항상 순결하고 더러움을 알지 못합니다. 유혹의 한가운데에 있으면서도 언제나 순결을 잃지 않는 사람의 영혼은 이 연꽃에 비유할 수 있습니다. 사찰의 도구나 비품에 연꽃이 새겨진 것도 부처를 그린 그림에 항상 연꽃이 보이는 것도 바로 이런 이유 때문입니다. 극락에 가는 사람은 황금 연꽃으로 장식된 옥좌에 앉게 되는 것이지요(학생이 제출한 영작문).

이런 고풍스러운 곳에 나팔 소리가 들린다. 가장 외곽에 있는 사찰의 모퉁이를 돌아 총을 든 젊은이들의 대열이 다가온다. 프랑스 보병처럼 보이는 제복을 입은 이들은 4열 종대의 대형으로 행진한다. 각반을 두른 다리가 하나처럼 움직이고 모퉁이를 돌자 각 병사의 총검이 같은 각도에서 빛을 발한다. 이들은 사범학교의 학생으로 일상적인 군사훈련을 하고 있다. 교실에서는 선생님이 현미경을 이용해 세포조직을 연구하거나, 성장기의 신경조직의 분리에 관해 또 색채감각의 발달이나 글리세린 주입물의 박테리아 배양에 관해 강의를 하고 있다. 이곳의 학생들은 이런 신시대의 지식을 습득하고 있음에도 예의 바른 태도와 부모에 대한 경애심을 조금도 잃지 않았다.

*

　순례객 무리가 들어온다. 노란 부들로 짠 비옷을 입고 송이버섯 모양의 갓을 눌러써 얼굴은 보이지 않는다. 그들은 모두 지팡이를 짚고 소매는 단단히 붙잡아 맸다. 아주 독특한 차림이다. 몇 세기 이전의 여행객들도 바로 이런 차림이었을 것이다. 지금 내 눈앞에 보이는 한 가족의 모습은 100년 전에 발행된 빛바랜 그림책에서 나올 법한 고풍스러운 행렬과 그다지 다를 바가 없을 것이다.

　때때로 그들은 가게 앞에 발길을 멈추고 여러 가지 진기한 물건을 바라본다. 눈요기로는 물론 좋지만 그들에게는 돈이 없다.

　생각지도 않았던 흥미로운 물건을 바라보다가 하루가 다 가버렸다. 왠지 자신에게 불만이다. 그러나 이런 일은 가끔 날씨가 좋지 않은 날에 발생하는 드문 경우다. 주머니에 돈이 없다고 해도 진기한 물건을 보지 못하는 건 아니다. 실제로 과거 몇 세기에 걸쳐 일본인의 즐거움은 바로 이런 귀한 물건을 구입하는 데 있었다. 이 나라 사람들은 몇 세대에 걸쳐 이런 진기한 물건을 만들려고 노력해왔다. 일본인의 삶에서 주요한 목적은 어떤 물건을 통해 만족을 얻는 것이라고 할 수 있다. 보통 사람의 얼굴에는 이런 기대가 강하게 드러나 있다. 만일 이런 물건이 나타나지 않는다면 자신이 직접 찾아 나선다. 그들은 놀라울 정도로 강인한 발을 가졌고 피로를 알지 못하는 순례자다. 그들이 순례를 떠나는 이유는 신에게 기쁨을 주려는 목적보다는 귀한 물건을 보고 스스로 만족감을 얻기 위해서다. 일본의 모든 사찰은 미술관이다. 그리고 이 나라 어느 산이나 계곡에도 사찰이 있다. 그곳 어디를 가도 이들의 눈에 놀라움을 가져다줄 만한 물건이 존재한다.

가난한 농민도 1개월 동안 순례길에 오를 수 있다. 특히 벼를 심어놓고 여유가 생기면 수많은 빈자들이 순례를 떠난다. 이는 순례를 떠나는 사람들에게 조금이나마 원조를 베푸는 것이 이 나라의 전통이기 때문에 가능하다. 더욱이 언제라도 쉴 수 있는 저렴한 여인숙이 도처에 즐비하다. 이 여인숙은 순례하는 사람만 받아들일 뿐 아니라 땔나무만 준비하면 자취를 해도 아무 상관이 없다.

그러나 1개월 정도에 끝낼 수 없는 긴 순례에 나서는 사람도 많다. 관음상 33개소를 둘러본다든지 홍법대사의 88개소 행적을 찾아본다든지 하는 여정은 몇 년은 족히 걸린다. 그러나 이런 순례도 니치렌슈의 전국 사찰순례와 비교하면 아무것도 아니다. 니치렌슈의 사찰순례를 마치려면 30년은 걸린다고 한다. 아주 어린 시절에 시작해도 중년이 되어서야 마칠 수 있다는 이야기다. 마쓰에는 남녀를 합해 몇 명이 이 순례를 마쳤다고 한다. 그들은 일본 전국을 걷고 걸식과 행상을 해가면서 자신의 목표를 이루었다.

이런 긴 순례를 하고 싶은 사람은 사찰 모양의 조그만 상자에 옷이나 식량을 꾸려 등에 지고 길을 떠난다. 상자에는 징도 들어 있는데 마을을 지날 때마다 그 징을 두드리며 주문을 외운다. 그리고 종이를 준비해두었다가 자신이 방문한 사찰의 스님에게 도장을 받는다. 순례가 끝나면 도장 천 개가 찍힌 종이가 남는데 이것은 그 집안의 가보가 된다.

*

나 역시 이곳저곳 순례를 하지 않으면 안 된다. 이 도시의 주변에는 신성한 장소가 많기 때문이다.

기쓰키(杵築) 신사는 고대의 신들이 건축한 것이다. 기쓰키는 성지 중의 성지로 이 신사의 주인은 아마테라스 오미카미의 혈통을 이었다고 한다. 다음으로 이치바타(一畑). 이곳은 약사여래로 유명한 성지인데 맹인이 눈을 뜬다는 곳이기도 하다. 이곳에 올라가려면 돌계단 640개를 올라야 한다. 다음으로 기요미즈(清水). 이곳은 십일면관음이 있는 사찰로 제단 앞의 등불이 천 년 동안이나 꺼지지 않은 곳으로 유명하다. 그리고 사타(佐陀). 이곳에서는 신성한 뱀을 신에게 바쳤는데 지금도 이 뱀이 똬리를 틀고 있다고 한다. 신과 인간의 먼 조상으로서 이 나라를 만든 두 신을 모신 오오바(大庭). 그다음으로 야에가키(八重垣). 이곳은 사랑하는 사람과 결합되기를 기원하는 신사다. 거기에다가 가가우라(加賀浦)와 가가(加賀)의 명물을 모두 보고 싶다.

그러나 우선 목적지는 가가우라다. 가가에는 어떻게든 가보고 싶다. 하지만 가가에 배를 타고 가는 여행자는 거의 없다. '머리카락 세 가닥 움직일' 정도의 바람이 불어도 그곳 선착장에 배를 대지 못한다고 한다. 그래서 가가를 방문하려는 이는 바람이 전혀 불지 않는 날을 – 일본해에서는 거의 없는 일이지만 – 기다리든가 육로로 여행할 수밖에 없다. 그러나 육로 역시 도중에 커다란 난관이 기다리고 있다. 그래도 나는 가가에 가야만 한다. 가가의 해변가 동굴에 유명한 돌 불상이 있기 때문이다.

아침에 이 해변가의 부드러운 모래밭에는 아이들의 조그만 발자국이 선명하게 남아 있다고 한다. 매일 밤마다 어린아이의 영혼이 이곳의 불상까지 찾아와 불상 앞에 조그만 돌탑을 쌓아올리기 때문이라고 한다. 또 다른 동굴(바닷속에 있는 동굴)에는 어머니의 가슴에서 나오는 것처럼 젖이 뿜어져 나오는 바위가 있다. 그 바위에서는 흰 액체가 나오는데 아이들의 환영이 그걸 마신다는 이야기도 전해진다. 앞의 동굴 이야기로 돌아가서, 이 동굴을 찾는 순례자는 아이들의 신발을 가지고 와서 놓고 가는데 아이들이 이곳까지 올

때 발에 상처를 입지 말라는 뜻이라고 한다. 순례자는 아이들이 쌓아올린 돌탑이 무너지지 않도록 주의하면서 걷는다. 만약 이 돌탑이 무너지면 아이들은 울음을 터뜨릴 것이니까.

*

시내는 탁자의 표면처럼 평탄하지만 반달 모양의 낮은 산지가 양쪽에서 시내를 둘러싸고 있다. 이런 구릉지는 신록의 그늘에 가려져 있다. 이러한 곳에는 사찰과 신사가 있어 사람들의 숭배를 받는다. 한편 시내는 1만 호에 3만 5,000명 정도의 사람이 산다. 주요 거리는 약 33개이고 그보다 작은 거리는 좀 더 많다. 대부분의 거리에서 조금만 밖으로 나가면 산이나 호수를 볼 수 있다. 바라보는 위치에 따라 이런 산이나 호수는 녹색이나 청색, 회백색으로 보인다.

사람들은 인력거를 타거나 걷거나 아니면 배를 타고 쉽게 이동할 수 있다. 이 도시는 강 두 개로 분할되어 있을 뿐 아니라 종이나 횡으로 많은 물길이 뚫려 있다. 이런 물길에는 조그만 다리가 몇 개씩 설치되어 있다. 건축물에 관해 말한다면 — 사범학교, 중학교, 현청, 새 우체국처럼 서양식 건물도 있지만 — 이 도시 역시 고풍스러운 멋을 풍긴다는 측면에서 일본의 다른 도시와 그다지 다를 것이 없다. 사찰이나 여관, 상점 그리고 일반 주택도 구조적인 측면에서 일본의 다른 도시와 거의 비슷하다. 그러나 마쓰에는 원래 다이묘의 관할구역이었다. 이 때문에 봉건적인 신분질서가 건축물에 정확하게 드러나 있다. 건축물을 기준으로 살펴보면 이 도시는 세 구역으로 나뉜다. 우선 상인이나 상업에 종사하는 사람들의 구역. 이 지역은 시내의 중심으로 이들의 집은 모두 2층이다. 그리고 도시의 남동부는 거의 대부분 사찰이다. 세 번째 구역은 사족(士

族)⁶이나 이들 무리가 거주하던 곳으로 크고 유려한 집들이 늘어서 있다. 봉건시대에는 이런 운치 있는 집마다 무장한 사무라이가 5,000여 명씩은 있었을 것이다. 이 지역의 성 아랫마을에는 대략 1만 3,000명의 병력이 대기하고 있었다고 한다. 당시에는 시내 건물의 3분의 1 이상이 사무라이의 주거지로 쓰였다. 이는 마쓰에가 일본에서 가장 오래전부터 군사적인 요충지로 이용되었음을 증명한다. 시내는 호숫가를 따라 반달 모양으로 휘어져 있는데 남북 양쪽으로 한 곳씩 사무라이의 거주지가 있었다. 그러나 사무라이의 거주지에도 다른 계급의 거주지에나 있을 법한 것들이 있었다. 사무라이의 거주지가 밀집한 곳은 역시 성 주변이었다. 성은 지금도 산꼭대기에서 하늘로 솟구친 형태를 하고 있다. 몇백 년 전에 세워진 위용이 지금도 건재하다. 이 성의 겉모양은 아주 엄숙하고 내부는 기괴할 정도로 정교하다. 다른 물건에 비교한다면 거대한 불탑의 2~4층을 부순 다음에 그걸 정교하게 눌러놓은 모습이라고나 할까? 성의 최상층에는 무사의 투구, 청동으로 만든 거대한 고래 두 마리가 있고 지붕의 양끝에는 하늘로 솟구친 장식물, 신기한 기와로 장식된 차양 등이 얹어져 있다. 이런 형상의 성은 장대하고 기교하다는 측면에서 용과 비슷하다. 사실 이 성의 상하좌우로는 다양한 모습의 용이 그려져 있다. 성의 최상층 전망대에 서서 동쪽에서 남쪽으로 눈길을 돌리면 시내 전체가 한눈에 들어온다. 북쪽을 바라보니 한번에 300피트(약 91m) 아래의 길 부근까지 볼 수 있다. 길을 걷는 사람의 모습이 마치 개미처럼 보인다.

*

---

6 사족: 문벌이 높은 집안이나 그 자손. 일본에서는 주로 사무라이를 가리킨다.-역주

이런 불길한 느낌이 드는 성에는 그에 어울리는 전설이 전해진다.

원시적이고 야만적인 습관에 따라 마쓰에의 아가씨 한 명이 이 성을 쌓을 때 함께 파묻혔다는 이야기가 바로 그것이다. 아가씨의 이름은 기록에 남아 있지 않다. 그녀에 대해 알려진 것이라고는 단지 그녀가 매우 예뻤으며 춤추기를 아주 좋아했다는 점뿐이다.

그런데 성이 완공되고 나서 마쓰에에서는 그 어떤 아가씨도 춤을 추어서는 안 된다는 금지령이 선포되었다. 아가씨가 춤을 추면 성이 흔들렸기 때문이다.

*

지금도 때때로 들을 수 있는 재미있는 노래 중에는 '마쓰에의 7대 불가사의'라는 것이 있다. 이전에 사람들은 모두 이 노래를 외우고 있었다. 옛날 마쓰에는 일곱 구역으로 분할되어 있었는데 각 지역마다 아주 특이한 사람이 나타나곤 했다. 이 일곱 사람이 이 노래의 주인공이다. 지금 이 지역은 다섯 개의 종교적인 구역으로 나뉘어 있고 각각의 지역에는 신사가 하나씩 있다. 각 지역의 주민은 같은 일족으로 불리고 신사는 이들의 동일한 조상을 모시는 곳이다.

마쓰에의 모든 신사나 사찰은 신비한 전설을 갖고 있다. 어떤 지역이라도 많은 전설이 전해진다. 마쓰에의 거리 33개마다 괴담이 전해진다고 보아도 좋다. 그중에서 견본 두 개를 소개한다. 일본 민간전승의 일면을 잘 나타내는 경우이기 때문이다.

시내의 동북 지역에 있는 보문원 가까이에 아즈키토기교(小豆磨橋)라는 다리가 있다. 이 다리에는 매일 밤 이 다리 아래서 그림자처럼 보이는 여자가 앉아서 콩을 씻었다는 이야기가 전해진다. 자색의 아름다운 꽃을 피우는 아야메(菖蒲)과의 식물을 일본에서는 가키쓰바타(杜若, 제비붓꽃)라고 부른다. 그리고 이 꽃과 관련된 가키쓰바타라는 노래가 있다. 그런데 아즈키토기교 주변에서는 절대로 이 노래를 불러서는 안 된다. 지금은 잊어버렸지만 어떤 이유에서인지 이곳에 출몰하는 망령들이 이 노래를 들으면 몹시 화를 내기 때문이다. 이 지역에서 이 노래를 부르면 무서운 재앙이 닥쳤다. 옛날에 두려움을 모르는 사무라이가 있었는데 그는 어느 날 밤 그 다리 인근에서 이 노래를 불렀다. 망령이 나타날 기미가 보이지 않자 사무라이는 빙긋 웃으며 집으로 돌아갔다. 자신의 집 앞에서 사무라이는 지금까지 본 적이 없는 키 큰 미녀를 만났다. 여인은 사무라이에게 인사를 하고 상자 하나를 건넸다. 그 상자는 여자들이 보통 편지를 쓸 때 밑에 대고 쓰는 것이었다. 사무라이는 예의 바르게 인사했지만 여인은 "저는 그저 하녀에 불과한 사람입니다. 이건 저의 주인마님께서 전해드리라는 물건입니다"라고 말하고 순식간에 사라져버렸다. 상자를 여니 어린아이의 피투성이 목이 보였다. 집에 들어가니 머리가 사라진 어린 아들의 시체가 방안을 뒹굴고 있었다.

다음으로 나카하라마치(中原町) 다이오지(大雄寺)의 묘지에는 이런 이야기가 전해온다.

나카하라마치에는 조그만 사탕가게가 있는데 그곳에서는 물엿을 팔았다. 이 물엿은 보리로 만든 호박색의 시럽으로 모유가 부족한 아이들은 이걸 먹고 자랐다. 그런데 매일 늦은 밤 이 가게에 안색이 창백하고 흰옷을 입은 여자가 물엿을 사러 왔다. 가게 주인은 여인이 너무 말랐고 안색도 좋지 않아 이것저것 물어보았지만 여인은 아무 대답도 하지 않았다. 어느 날 가게 주인은 호기심이 생겨 여인의 뒤를 쫓아갔다. 여인이 사찰의 묘지로 들어가는 것을 보고 가게 주인은 무서운 생각이 들어 집으로 돌아왔다.

다음 날 밤에도 여인은 가게를 찾아왔다. 이번에는 물엿을 사지 않고 가게 주인에게 자신과 함께 가달라고 요청했다. 친구들과 함께 가게 주인은 묘지까지 갔다. 여인은 어느 묘지 가까이 가더니 이내 자취를 감췄다. 그때 땅속에서 아이 우는 소리가 들려왔다. 묘지를 파보니 그 속에는 매일 밤 가게를 찾아오던 여인의 사체가 있었고 그 옆에는 아직 살아 있는 아이가 있었다. 아이는 주인의 등불을 보고 미소를 지었다. 아이의 옆에는 물엿이 들어 있는 조그만 그릇이 놓여 있었다. 아이는 묘 속에서 태어났고 여인의 망령이 아이를 키워왔던 것이다. 사랑은 죽음보다 강하다.

*

덴진바시(天神橋)를 지나 인구가 밀집되어 있는 조그만 시내를 지난다. 거의 허물어질 듯한 사무라이의 주택을 몇 군데 지나 시내의 서남 지역을 목표로 호수와 마주보고 있는 보리밭을 지난다. 이 보리밭에서 일몰을 바라보는 것이 마쓰에 관광코스에 있을 만큼 이 보리밭은 꽤 유명하다.

일본에는 열대 지방과 같은 낙조는 없다. 빛은 꿈속에서나 비치는 것처럼 온화하고 이렇다 할 색채도 없다. 동양의 자연에 강렬한 색조는 존재하지 않는다. 바다나 하늘을 보아도 색채보다는 색의 교묘한 조화가 돋보일 뿐이다. 더욱이 이런 조화는 연기와 같은 희미한 색조이다. 이 나라 사람들은 온화한 자연에서 색조 감각을 모방했다고 해야 할 듯하다.

내 앞에는 넓고 아름다운 호수가 부드러운 빛을 내며 잠들어 있다. 화산(火山)의 영향으로 생긴 듯한 산들이 멀리 모습을 드러내고 있다. 호수의 동쪽은 이 지역에서도 가장 오래된 마을로 회색 지붕이 끝없이 이어진다. 밀집한 가옥은 호수 인근까지 들어섰고, 목조 건축물의 반대편으로도 지붕이 이어진다. 이런 전체적인 모습을 누르듯이 뒤편에는 산이 들어섰다. 그 중앙으로는 성의 윤곽이 눈에 들어온다. 해가 지기 시작하자 미묘한 색채의 변화가 물과 하늘에 나타난다.

어긋난 이빨처럼 길게 이어진 산을 배경으로 엷은 안개가 폭넓게 깔려 있다. 이 안개는 지역에 따라 붉은색이 되었다가 금색으로 변하고 희미한 녹색을 거쳐 이내 푸른 하늘에 녹아들듯이 사라진다. 호수의 한가운데는 짙은 보랏빛이고 소나무 숲이 만들어내는 조그만 섬의 실루엣이 우아한 색채로 마음에 다가온다. 그러나 좀 더 얕고 가까운 호수는 마치 선이라도 그어놓은 듯 깊은 곳과 확실히 구분된다. 선의 안쪽은 수면이 청동색, 아니 금색에 청동색이 섞여 붉은색이 되어버린 듯하다.

저녁노을빛은 5분마다 바뀐다. 놀라울 정도로 색조가 신비하게 변해간다.

*

밤거리를 걷다 보면 자주 접하는 광경이지만, 특히 축제가 열리는 밤이면 자신의 집 앞에서 무언가에 감명을 받은 듯한 군중을 만날 수 있다. 운 좋게 그들을 훔쳐본다고 해도 그리 특별할 것은 아무것도 없다. 그들 앞에는 그저 꽃이나 나뭇가지를 꽂아놓은 꽃병이 전부다. 특별한 것은 없다. 그저 그들은 꽃이 꽂혀 있는 꽃병을 보여줄 뿐이다. 일본인은 야만적인 서양인과는 달리 꽃을 인위적으로 장식하지 않는다. 그들은 자연을 진정으로 사랑하기 때문에 그런 행동은 하지 않는다. 그들은 꽃의 자연적인 매력을 살리는 데 관심이 있다. 그들은 자연스러운 상태를 존중한다. 서양에서 온 이방인이 이런 모습을 처음으로 접할 때에는 아주 기본적인 것을 보아도 그 내용을 쉽게 이해할 수 없을 것이다. 일본의 하급 노동자와 비교해도 서양인은 열등한 수준이다. 그러나 전시회를 구경하거나 대중의 취향을 이해하려고 노력하는 사이에 일본의 매력을 제대로 알게 될 것이다. 그러나 서양인 특유의 우월의식을 갖고 일본을 대한다면 일본의 매력을 제대로 이해할 수 없다. 일본 문화를 제대로 이해하려는 사람만이 꽃의 뒤편에 놓인 병풍이 램프의 밝기와 어울려 어떤 효과를 내는지 제대로 이해하게 될 것이다. 사실 병풍은 그림자의 참맛을 보여주기 위해 설치한 것이기 때문이다. 병풍 위에 비치는 가지나 꽃의 선명한 그림자는 어떤 서양의 설치 미술가도 도달할 수 없을 만한 아름다움을 드러낸다.

*

'무수한 구름이 꿈틀거리며 나오는 곳'이라는 의미의 이즈모 지방은 지금 안개가 자주 끼는 계절이다. 황혼녘이 지나면 신령스러운 안개가 호수나 육지 일대로 올라와 마치 환상처럼 만물을 덮었다가 천천히 사라진다. 돌아가는 길에 덴진바시의 난간에 기대어 서쪽으로 시선을 던지니 이미 산은 시야에서 사라진 지 오래였다. 눈에 보이는 것은 그저 희미한 물의 흐름뿐이고 그것도 이내 하늘과 하나가 되어버린다. 그런 순간 나는 나와 나란히 다리에 서 있는 여인의 손에서 흰 종잇조각이 천천히 날아가는 것을 알아차렸다. 여인은 자신의 죽은 자식을 위해 기도를 드리고 있었던 것이다. 여인의 손에서 날아가는 조그만 종잇조각에는 조그만 보살 그림이 그려져 있고 불교의 경전이 씌어 있는 듯했다. 아이가 죽으면 모친은 보살이 새겨진 조그만 판목(版木)을 사서 종이 100장에 보살을 찍어낸다. 때로는 종이에 '어떤 보살을 위해'라는 구절을 적는 경우도 있다. 이때 '어떤 보살'에 해당하는 곳에는 속세의 이름을 적지 않고 보통 계명(戒名)만 적는다. 이 계명은 승려가 죽은 자에게 부여하는 이름으로 불당에 놓인 위패에도 적혀 있다. 그러고 나서 특정한 날(대개 매장 후

49일)에 모친은 물이 흐르는 곳에 가서 물길에 이 종이를 흘려보낸다. 종이가 손에서 멀어져갈 때 '나무지장대보살(南無地藏大菩薩)'이라고 부처님의 이름을 되풀이하여 외친다.

나와 나란히 서서 저녁 햇살을 받으며 기도를 드리는 신앙심 깊은 이 여인은 아주 가난하다. 만약 그녀가 부자였더라면 배를 빌려서 호수의 넓은 수면으로 나가 종이를 흘려보냈을 것이다(이런 행위는 주변이 컴컴해지고 난 후에 벌어진다. 어떤 이유 때문인지는 알 수 없으나 경찰은 이 아름다운 의식을 제지하라는 명령을 받은 듯하다).

그렇다면 어떤 이유로 종이를 흘러가는 물에 떠내려 보내는 것일까? 천태종의 어느 고승이 설명해준 바에 따르면 원래 이 의식은 물에 빠져 죽은 사람의 영혼을 위로하기 위해 시작되었다. 그러나 요즘에는 의식의 의미가 바뀌었고 지상의 모든 영혼이 저승으로 흘러간다는 뜻을 표현하기 위해 이런 의식을 거행한다고 한다.

*

집에 돌아와 조그만 창문을 열고 밤의 경치를 바라본다. 다리 위를 걷고 있는 제등 행렬은 꼬리에 꼬리를 문 반딧불이처럼 보인다. 백 개가 넘는 불빛이 수면에 비쳐 흔들린다. 강 건너편 집의 커다란 창문 그림자에 아름다운 여인의 자태가 나타난다. 일본에서는 창문을 함부로 만들어서는 안 된다. 제대로 만들지 못하면 여인의 아름다운 그림자를 볼 수 없을 테니까.

잠시 마을에서 들려오는 소리에 집중한다. 도코지의 커다란 종소리가 높고 부드럽게 귓전에 들려온다. 술기운 때문인지 기분 좋게 노래를 부르며 밤길을 가는 사내, 밤에 장사하는 사람들의 호객 소리도 들린다.

"우-동이나 메-밀 있어요!"

이것은 따뜻한 메밀을 파는 사내가 질러대는 소리다.

"점 봐요! 점. 인상, 관상, 연담, 길흉의 점을 봐 드립니다!"

점쟁이 소리다.

"엿이요! 엿!"

아이들이 좋아하는 단맛의 호박색 시럽, 즉 물엿을 파는 사람이 손님을 부르는 소리다.

"답니다. 달아요!"

감주를 파는 사내의 높은 어조.

"카와우치(河內) 특산, 사랑의 점괘 팔아요!"

이것은 그림이 희미하게 그려진 아름다운 색지에 사랑의 점괘를 볼 수 있는 종이를 파는 사내가 질러대는 소리다. 이 색지에 불이나 램프를 가까이 가져가면 눈에 보이지 않던 글자가 나타난다. 주로 사랑의 진행 방향을 알려주는 말이 써 있다. 때로는 점을 부탁한 사람의 구미에 당기지 않는 말도 나온다. 사람들은 행운을 알리는 말이 적혀 있으면 자신의 행운을 더욱 굳게 믿게 되지만 불행을 알리는 말이 적혀 있으면 대부분 희망을 버린다. 질투심이 많은 사람이라면 이전보다 더욱 질투심을 불태우게 된다.

연못에 사는 커다란 개구리가 우는 소리와 비슷한 소리가 마을 전체에 낮게 울려 퍼진다. 아마도 게이샤들이 두드리는 작은 북소리일 것이다. 다리를 건너는 게다 소리가 폭포가 떨어지는 소리처럼 들려온다. 동쪽 하늘에서 새로운 빛이 보이기 시작한다. 산봉우리 뒤편에서 달이 떠오른다. 흰 안개와 함께 달이 떠오르는 모습은 그다지 아름답지 않다. 박수 소리가 들려온다. 길을 가던 사람들이 "달님이시여!" 하면서 달을 우러러본다. 긴 다리 위에서 달이 떠오르기를 기다리고 있던 것이다.

나는 여기서 잠을 자두기로 마음먹는다. 그리고 어느 무너진 사찰의 정원에서 '귀신놀이'를 하면서 노는 아이들의 모습을 꿈속에서 보고 싶다.

03

신주

때에 따라 두 사람이 팔로 상대방을 안은 상태에서 급행열차가 달리는 철로 위에 몸을 옆으로 누인다. 또 경우에 따라 두 사람이 마주 보고 앉아서 술을 마신 상태에서 부모나 친구에게 유서를 남기고 술에 약을 타서 마시고 영원한 잠을 잔다. 때에 따라 두 사람은 좀 더 고풍스럽고 명예로운 방법을 선택하는 경우도 있다. 남자가 사랑하는 여인을 칼로 베어버리고 자신의 칼로 스스로 목을 찔러 절명한다. 또 경우에 따라 여자의 비단 허리띠로 서로를 묶고 안은 상태에서 호수나 급류에 뛰어든다. 저승으로 떠나는 여행길에는 이렇게 다양한 방법이 있다. 이는 옛날이나 지금이나 살기 힘든 세상과 작별하는 방법임에는 틀림없다. 생의 비애로부터 벗어나는 방법에 관해 아르투어 쇼펜하우어(Arthur Schopenhauer)[1]는 기이한 이론을 세웠지만 이 나라에서 고민하는 연인

---

1 아르투어 쇼펜하우어(1788~1860): 독일의 철학자. 염세사상의 대표자. 그의 철학은 칸트의

들의 이론은 간단명료하다.

 일본인만큼 인생을 사랑하는 이들은 없다. 또 그들만큼 죽음을 두려워하지 않는 사람들도 없다. 내세에 대해 그들은 조금도 두려움을 갖고 있지 않다. 일본인이 이승을 하직하려는 이유는 그들에게 저승이 아름답고 즐거운 곳이기 때문이다. 서양인이 항상 고뇌를 거듭해온 내세에 관한 문제는 일본인의 걱정거리가 아니다. 내가 아는 어떤 젊은 연인은 내세를 신비한 체험으로 여기고 있다. 그들은 이런 내세에 끝없는 신뢰를 보내고 있다. 그들은 자신들이 불행한 삶을 견뎌낼 수 없다면 이는 다른 사람이 나빠서가 아니며, 세상이 나빠서는 더욱 아니라고 생각한다. 모든 죄는 자신에게 있다. 이런 모든 불행은 자신의 인연 때문에 발생하는 것으로 전생의 잘못 때문에 지금 고통받고 있다고 생각한다. 만일 사랑하는 두 사람이 이 세상에서 결합할 희망이 없다면 이는 전생에서 두 사람이 결혼의 약속을 깼다든가 아니면 상대에게 커다란 상처를 남겼기 때문에 발생하는 현상이라고 여기는 것이다. 이런 생각은 이단적인 사고가 아니다. 그들은 두 사람이 함께 죽는다면 내세에서는 곧 결합할 수 있을 것이라고 굳게 믿는다. 불교에서도 자살은 구원받을 수 없는 대죄이다. 그러나 죽음으로 부부가 합일한다는 사상은 석가의 가르침보다 훨씬 오래된 기원을 갖고 있다. 그런데 어떤 이유에선지 후대에 이 사상은 불교에서 많은 내용을 차용하게 된다. 결국 자살한 두 사람은 극락에서 같은 의자에 앉아 휴식을 취한다. 불교는 몇 차례나 되풀이되는 윤회를 역설한다. 몇 억이나 몇 조 해를 거친 다음에 인간의 영혼은 무한한 열반에 들어간다. 그것은

인식론에서 출발하여 피히테, 셸링, 헤겔 등의 관념론적 철학자를 공격했으나 그 역시 독일 관념론의 계보를 잇는 철학자로 분류된다. 대표작으로 『의지와 표상으로서의 세계』(1819)가 있다.-역주

흰 구름이 여름의 푸른 하늘에 합일되어가는 것과 흡사한 과정이다. 그러나 고뇌에 빠진 연인들은 열반을 생각하지 않는다. 자신들의 최고의 바람인 사랑은 단 한 번 죽음으로 성취할 수 있다고 생각한다. 하지만 이런 사람들의 생각이 모두 같은 것은 아니다. 아미타불의 보살핌 속에 극락에 들어간다고 생각하는 사람도 있지만 내세에는 새로 태어나 연인 각자가 두 번째의 청춘을 즐기다가 우연히 서로 만난다고 생각하는 사람도 있다. 또 많은 사람들, 실제로 대부분의 사람들이 생각하는 것은 대체로 막연한 내용이다. 그저 꿈속에서 맛보는 행복감과 다를 바가 없는 모호한 개념밖에 가지고 있지 않다.

　이런 연인들은 누구나 두 사람의 장례식이 동시에 치러지기를 원한다. 그러나 이런 소원은 때때로 부모나 보호자들에게 거부당하는 경우도 있다. 세상 사람들은 이를 애처로운 일이라고 생각한다. 이도 무리한 생각은 아니어서 사람들은 서로 사랑하다가 죽은 두 사람이 하나의 묘에 들어가지 못한다면 사후에 안식을 얻을 수 없다고 믿는다. 한편 두 사람이 같은 묘에 들어갈 경우에 매장의식은 사람들에게 큰 감명을 준다. 양가에서 출발한 장례 행렬이 제등 불빛을 따라 사찰 안마당에서 서로 만난다. 여기서 독경이 이어지고 엄숙한 의식이 몇 차례 행해진 후 장례를 주재하는 승려가 죽은 자들에게 무언가 말을 건넨다. 두 사람에게 동정심을 품고 있는 승려는 두 연인의 과오를 말하고 이어 봄을 맞아 피었다가 이내 져버린 그들의 청춘을 언급한다. 또 그 젊은 연인들의 내면적인 갈등을 말하고 경전을 읽는다. 경우에 따라 승려는 미래에 좀 더 즐겁고 수준 높은 생활이 가능한 곳에서 두 연인이 재회할 것이라고 예언하기도 한다. 이는 보통 사람들의 기분을 고려한 말로, 승려의 이런 말을 들으면 사람들은 눈물을 흘린다. 의식이 끝나면 두 행렬이 하나가 되어 묘지로 향하는데 그곳에는 이미 두 사람이 들어갈 곳이 파여 있다. 두 시신은 나란히 묻힌다. 그리고 장례를 집행하는 남자들이 달려들어 두 사람을 분리하고 있던 관의 경계를 없애고 하나로 만든다. 마침내 재회한 두 사람 위에 흙이 덮인다. 두 사람의 운명을 이야기해주는 시 한 수가 묘석 위에 적힌다.

*

사랑하는 남녀가 서로 협력하여 하는 자살을 보통 '정사(情死)' 또는 '신주(心中)'라고 한다. 신주 사건은 '몸을 파는 여성' 계층에서 가장 빈번하게 일어난다. 그러나 때때로 상당히 높은 계층에서 일어나는 경우도 있다. 몸을 파는 여성 사이에서 신주를 하는 사람이 나오면 이어서 두 사람이 더 신주를 한다는 속설이 있다. 이런 미신은 세 사람이 연이어 신주를 감행하는 사건으로 확대되기도 한다. 곤궁한 처지에 빠진 자신의 가족을 구하기 위해 자진하여 몸을 파는 일에 몸을 맡긴 불행한 일본 여성은 서양의 창부처럼 극단적인 타락에 빠지는 경우는 없다. 단 유럽의 야만적인 풍속이 주민들을 타락시키고 있는 항구도시 두세 곳은 예외다. 실제로 이 여성들은 오랜 시련을 거쳐 세련된 행동 지침과 섬세한 감정, 그리고 자제력을 습득했다. 이런 경향은 그녀들이 처한 악조건을 생각해보면 아주 놀라운 일이고 서양인을 감동시키기도 한다.

어제 발생한 일이지만 신주 사건이 이 조용한 지역을 놀라게 했다. 나다마치(灘町)의 의사 집안 하인이 아침에 주인 아들 방에 들어갔더니 아들이 여인의 두 팔을 안고 숨져 있었다. 이 아들은 잘못을 저질러 부모와 인연이 끊긴 상태였다. 죽은 여자는 유곽의 여인이었다. 두 사람은 어젯밤 매장되었지만 함께 묻히지는 못했다. 이는 남자의 부친이 이 사건에 대해 매우 슬프게 생각하기도 했지만 몹시 화가 나 있었기 때문이다.

여인의 이름은 '가네'였다. 그녀는 매우 아름답고 어른스러운 편이었다.

그녀를 고용한 유곽의 주인은 아주 평판이 좋지 않은 사람이었지만 그녀에게는 친절하게 대해준 듯했다. 그녀가 몸을 팔게 된 것은 모친과 어린 여동생 때문이었다. 부친이 사망하자 그녀의 집에는 아무것도 남아 있지 않았다. 그녀는 당시 17세였다. 그녀가 의사의 아들을 만난 것은 이 유곽에 온 지 1년이 지나지 않아서였다. 두 사람은 만나자마자 사랑하는 관계로 발전했다. 두 사람에게 이런 감정은 상당히 두려운 것이었다. 왜냐하면 두 사람이 부부가 될 가능성은 그다지 높지 않았기 때문이다. 이 젊은이는 의사의 아들인 것은 분명했지만 부친과 인연이 끊겨 모든 상속권은 동생에게 넘어갔다. 이 불행한 남녀는 손님과 유곽의 여인이라는 관계로 만나기 위해 갖고 있던 모든 재산을 탕진해버렸다. 여인은 유곽에 돈을 지불하기 위해 자신이 가지고 있던 옷까지 모두 팔아버렸다. 그리고 마지막으로 의사의 집에 숨어들어 함께 독을 마시고 영원한 잠에 빠졌다.

나는 이 여인의 장례 행렬이 희미한 등불을 따라 서서히 사라져가는 것을 보았다. 흰 두건과 허리띠를 두른 여인들이 긴 행렬을 이루어 장례 행렬을 따라가고 있었다.

불교도들이 상상하는 저승의 모습은 바로 흰옷을 입은 행렬이 끝없이 이어지는 것이다.

*

내 동료 중에 ≪산인신문(山陰新聞)≫ 기자가 있는데 — 이 슬픈 이야기는 이 신문에 자세히 보도되겠지만 — 그의 말에 따르면 이제 막 만들어진 묘에는 그들의 신주에 동정심을 갖고 있는 사람들이 꽃과 예쁜 나뭇가지를 바치고 있다고 한다. 그는 가볍고 얇은 종이에 아름다운 일본 문자로 무언가를 적은

종이를 봉투에서 꺼내 내 앞에 펼쳐놓더니 이렇게 말했다

"그 여인은 자신을 돌봐주던 주인에게 이 편지를 남겼습니다. 그 주인이 이 편지를 공표해도 좋다고 하기에 가지고 왔습니다. 정말 정교한 편지입니다. 그러나 저는 이 편지의 의미를 제대로 이해하지 못하겠습니다. 이 유서가 여자 특유의 문체로 되어 있기 때문입니다. 여자가 편지에 자주 쓰는 문체는 남자와는 커다란 차이가 있습니다. 여자 특유의 문체를 구사하는 것이지요. 예를 들어 남자의 편지에서 자신을 가리키는 용어는 '私', '我', '余', '僕' 등으로 자신의 지위나 상황에 따라 선택하면 되는 것이지요.² 그러나 부인들의 문장에서는 '妾(첩)'이라는 단어가 사용됩니다. 부인들의 문체는 상당히 부드럽고 다정한 느낌이 듭니다. 이런 문체의 언어는 외국어로 옮기기 어렵기 때문에 이 유서의 의미만을 전달하려고 합니다."

그는 이렇게 말하고 다음과 같이 번역해주었다.

몇 자 적습니다.
아시는 바와 같이 저는 올봄부터 다시로(田代) 님에게 제 모든 것을 드렸습니다. 그분도 역시 저를 싫어하지는 않으셨습니다. 그런데 저는 슬프게도 전생의 인연의 무게 때문에 이승에서 부부의 인연을 맺지 못한 채 오늘 저승으로 떠나게 되었습니다. 저는 어리석고 의지할 데 없는 몸이었습니다만 당신께서는 저에게 친절을 베푸셨을 뿐만 아니라 제 어머니와 여동생도 돌보아주셨습니다. 당신이 제게 베풀어주셨던 친절과 은혜의 만분의 일도 갚지 못한 채 이승을 하직하게 되어

---

2 일본에서 1인칭은 다양한 방법으로 표현할 수 있다. 특히 남자의 경우는 계층이나 개인의 취향에 따라 다양한 1인칭 대명사를 쓸 수 있다. 보통 '私(와타쿠시)'는 남녀 모두가 쓸 수 있는 1인칭 대명사인데 이 글에서 헌은 여인이 유곽의 여인이라는 점에 주목하고 있는 듯하다.-역주

정말 면목이 없습니다.

이런 저의 행동이 아주 어리석은 것임을 잘 알고 있습니다만 이런 행동 이외에는 달리 취할 방도가 없습니다. 제가 그동안 범한 잘못을 용서해주십시오. 이제 저승에 갑니다만 당신이 이승에서 베풀어주신 은혜는 결코 잊을 수 없습니다. 저승에서 당신의 은혜에 보답하고 싶습니다. 부디 제 행동에 화를 내지 말아주십시오. 적고 싶은 내용은 많지만 이만 적습니다. 갈 길이 바쁜 만큼 이만 붓을 내려놓겠습니다. 어지러운 글씨 용서해주십시오.

"이건 '신주'하는 사람의 유서로는 가장 표본이라고 할 수 있습니다." 동료는 입을 굳게 다물고 유서를 원래의 봉투에 넣으면서 말한다. 그리고 말을 덧붙인다.

"그래서 당신도 이 사건에 흥미를 갖고 있을 것이라고 생각했습니다. 밖은 점점 어두워지고 있습니다만 묘 주위가 어떤지 보러 가려고 합니다. 당신도 같이 가지 않겠습니까?"

우리는 긴 다리를 건너 테라마치의 어두운 거리를 지나 묘코지(妙興寺)의 묘지로 걸음을 서둘렀다. 걸어가는 사이에 날은 점점 어두워진다. 조그만 달이 커다란 사찰의 지붕 위에 걸려 있다.

멀리서 남자의 아름다운 목소리가 들려온다. 무언가 노래를 부르는 듯하다. 그의 목소리는 기묘한 매력이 있다. 새와 관련된 서민의 노래다. 그 목소리의 주인공은 집에 돌아가는 직공이었다. 차가운 밤공기를 뚫고 노래의 한 소절이 우리 귀에 들려온다.

손으로 가리키며 가자, 저 집을 향해
달려가면 다가오네, 내 님의 곁.

그러나 나는 그 노랫말이 무엇을 의미하는지 알 수 없다.

"저 노래는 무슨 의미지요?"

동료는 대답한다.

"사랑의 노래입니다. 앞으로 곧장 다가가자. 저 앞에 보이는 집까지. 집이 가까워지면 사랑하는 사람에게도 다가가는 것이다. 이런 의미지요."

04

영어교사의 일기에서

메이지 23년(1890년) 9월 2일

    나는 이즈모의 마쓰에에 있는 보통중학교와 사범학교에서 1년간 영어교사로 근무하기로 계약을 맺었다.

    보통중학교는 아주 커다란 서양식 목조 건물로 2층짜리였는데 짙은 회청색 페인트가 칠해져 있다. 이 학교는 학생을 300명 정도 수용할 수 있다. 교사(校舍)는 넓은 사각형 모양의 토지 한구석에 있었다. 네 방향 중에 두 쪽에는 동굴이 있고 다른 두 쪽은 아주 조용한 거리와 인접해 있다. 학교는 아주 고풍스러운 성의 바로 옆에 있었다.

    사범학교는 이보다는 당당한 위용을 자랑하는 건물인데 이 사각형 토지의 대각선 방향에 있다. 사범학교 건물은 아주 현대식이다. 이에 걸맞게 흰색 페인트가 칠해져 있다. 이 서양식 건물의 꼭대기에는 둥근 원형의 지붕이 있다. 사범학교에는 학생 150여 명이 재학 중이다. 이들은 모두 학교에서 기숙한다.

이 두 학교의 시설 사이에도 다양한 교육시설이 있지만 이에 관해서는 나중에 다시 언급할 것이다.

오늘은 학교에 처음 출근하는 날이다. 니시다 센타로(西田千太郞)[1]는 일본인 영어교사인데 그는 나에게 두 학교의 교장과 동료 교사들을 소개해주었다. 시간표나 교과서는 물론이고 필요한 문구도 모두 챙겨주었다. 수업을 시작하기 전에 지사(知事)인 코테다 야스사다(籠手田安貞)를 만나야 했다. 내 계약서에는 지사의 사무관이 서명을 했지만 원칙적으로 계약의 주체는 코테다 씨였다. 니시다는 나를 데리고 현청까지 간다. 현청은 길을 돌아 한구석에 있는 서양식 건물이다.

건물 안에 들어가 넓은 계단을 올라 어느 방에 도착한다. 서양식 융단이 깔려 있다. 방에는 창문이 달려 있고 의자에는 쿠션이 놓여 있다. 조그만 원탁 앞에 한 사람이 앉아 있고 그 주변에는 대여섯 명이 서 있다. 서 있는 사람들은 모두 일본식 옷을 입었고 겉에는 하카마를 걸치고 있다. 그들은 정말 당당한 품격이 있었는데 서양 양복을 입은 나는 스스로가 부끄러울 정도였다. 서 있는 사람들은 현청의 직원과 교사들이었고 앉아 있는 사람이 지사였다. 지사는 자리에서 일어나 나를 맞이하면서 마치 거인처럼 손을 내밀었다. 그 눈을 바라보면서 나는 이 인물을 죽을 때까지 사랑하리라고 생각했다. 소년처럼 신선하고 솔직한 얼굴에 강인함과 친절함이 드러난다. 마치 부처처럼 고요해 보인다. 이 사람과 비교해 다른 사람들은 하찮아 보였다. 코테다

---

[1] 니시다 센타로(1862~1896): 영어교사를 하다가 나중에 이 학교 교장이 된다. 그는 헌보다 나이는 어리지만 헌의 마쓰에 생활에 큰 도움을 주었다. -역주

지사에게 받은 첫인상은 이 사람이 보통 사람이 아니라는 것이었다. 일본의 옛날 영웅들은 모두 이런 얼굴이 아닐까 생각하고 있는데 지사가 내게 자리를 권한다. 니시다는 낮고 부드러운 목소리로 지사의 말을 영어로 옮겼다. 지사의 흐르는 듯한 낮은 음성에는 무엇이라 말할 수 없는 매력이 있었는데 이는 얼굴에서 받은 인상과 거의 흡사했다. 그의 모습은 바라보는 것만으로도 기분이 좋다. 급사가 차를 가지고 나온다.

니시다가 지사의 말을 통역해준다.

"지사 님은 당신이 이즈모의 역사를 아는지 물었습니다."

나는 바질 홀 체임벌린 교수가 영어로 번역한 『고사기(古事記)』[2]를 읽은 적이 있기 때문에 일본의 최고(最古) 지방인 이즈모의 역사에 관해 어느 정도 알고 있다고 대답했다. 이어 일본어 회화가 잠시 계속된다. 니시다가 지사에게 "이분은 고대의 종교와 풍속을 연구하기 위해 일본에 왔고, 특히 신도와 이즈모의 전설에 관심을 갖고 있다"고 설명해준다. 그러자 지사는 내게 기쓰키의 이즈모 다이샤(出雲大社)나 야에가키 신사(八重坦神社), 구마노 신사(熊野神社)를 방문해보는 게 어떠냐고 말하고는 질문한다.

"신사를 방문했을 때 박수를 치는데 당신은 그 유래에 관해 아는가?"

내가 모른다고 했더니 지사는 이 이야기는 『고사기』에 주석을 붙인 책에 나온다고 알려준다. 즉『고사기전(古事記傳)』제14권 32엽(葉)에 이런 내용이 적혀 있다고 한다. 나는 지사의 친절한 가르침에 정중한 예를 표했다. 잠시 주위가 조용해진 후 지사와 악수를 나누고 니시다와 학교로 돌아왔다.

---

2 『고사기』: 고대 일본의 신화, 전설, 사적을 기록한 책. 오노 야스마로(太安麻呂)가 겐메이 천황(元明天皇)의 부름을 받아 저술했다. 서기 712년 완성.-역주

 중학교에서 세 시간을 가르쳤는데 남자아이들을 가르치는 일은 예상했던 것보다 훨씬 유쾌했다. 모든 학급에 니시다가 먼저 들어가 수업을 준비해주었기 때문에 나는 일본어를 몰라도 수업하는 데 전혀 지장이 없었다. 더욱이 학생들은 내가 말하는 내용을 전부 이해하는 것 같지는 않았으나 칠판에 백묵으로 쓰는 내용은 모두 이해했다. 대부분의 학생들은 어린 시절부터 일본인 교사에게 영어를 배워왔다. 학생들은 모두 순수하고 인내심이 강해 보인다. 옛날부터 계속되어온 습관에 따라 교사가 교실에 들어오면 학급의 전원이 자리에서 일어나 예의를 표시한다. 교사는 학생들의 인사에 답례를 하고 출석을 부른다.

 니시다는 정말 친절한 사람이다. 여러 가지 면에서 나를 도와주지만 "이 정도밖에 도와드리지 못해 죄송하다"고 용서를 빈다. 물론 내게도 곤란한 문제는 있다. 예를 들어 학생들의 이름을 외우는 데 상당한 시간이 걸릴 것이다. 출석부가 있지만 난 그 이름을 발음할 수 없다. 각 학급의 이름은 외국인 교사를 배려하기 위해 교실의 출입문에 써 있지만 그 문자에 익숙해지려면 적어도 수주일은 필요할 듯하다. 당분간 니시다가 나를 교실까지 안내해주기로 되어 있다. 니시다는 긴 복도를 지나 사범학교까지 안내해주고 그곳에서 나를 도와줄 나카야마(中山) 선생을 소개해주었다.

 사범학교에서는 1주일에 4회밖에 가르치지 않지만 그래도 교무실에는 내 책상이 준비되어 있었다. 나는 곧 이 학교의 분위기에 젖어들 수 있었다. 나카야마는 학생들에게 나를 소개하기 이전에 학교에서 흥미 있을 만한 곳을 구경시켜주었다. 이 체험은 내게 아주 신선한 느낌을 주기에 충분했다.

 복도 쪽으로 안내되어 크고 밝은 분위기의 교실에 들어섰다. 그 안에는 짙은 감색 제복을 입은 학생들이 가득 들어차 있었다. 학생 전원은 조그만 책상을 앞에 두고 앉아 있었다. 교실의 한구석에 강단이 있고 학생용보다 좀 높은 책상과 의자가 보였다. 내가 책상이 놓여 있는 곳으로 다가가자 "Stand up!"이라는 소리가 들렸다. 그러자 학생 전원이 마치 기계처럼 자리에서 일어섰다.

"Bow down!" 같은 목소리가 외쳤다. 이 목소리는 팔뚝에 반장 표지를 찬 젊은 학생이 질러대는 소리다. 그러자 학생 전원이 내게 인사한다. 나도 인사를 하자 학생들은 자리에 앉는다. 이것으로 수업이 시작된다. 사범학교 교사는 수업시간마다 각 학급에서 이런 군대식 인사를 받지만 그들이 쓰는 언어는 일본어다. 나에게만 영어로 구령을 붙이는 것이다.

*

9월 22일

사범학교는 현립(縣立)으로 학생들의 시험성적과 품행을 토대로 입학이 허가된다. 그 숫자는 당연히 제한되어 있다. 학생들의 수업료, 기숙사 비용, 서적비, 학용품 심지어 의복까지 전부 무료다. 학생들은 나라의 예산으로 의식주를 제공받으며 공부한다. 그 대신에 학교를 졸업하고 5년 동안 교원으로 근무해야 한다. 그러나 입학이 허가되었다고 해서 반드시 졸업할 수 있는 것은 아니다. 1년간 시험이 3, 4회 있다. 이 시험에서 어느 정도 성적을 올리지 못하면 아무리 행실이 좋고 공부를 열심히 한다고 해도 학교를 중퇴해야 한다. 이 학교의 목표는 빠른 시일 안에 어린 학생들은 교육하는 교원을 길러내는 것이므로 학생들을 장기적인 관점에서 바라보지 않고 현실적인 성적을 중요하게 여긴다. 따라서 학생들에게는 천부적인 재능과 그것을 보증하는 높은 수준의 능력이 요구된다.

규율은 군대식으로 매우 엄하다. 학생들은 철저히 규율을 준수한다. 학교생활이 군대 수준이어서 사범학교의 졸업생들은 병역을 1년 면제한다고 병역법에 나와 있을 정도다. 사범학교 학생은 졸업과 동시에 한 사람의 병사가 되어 있다고 해도 좋다. 품행 역시 중시되어 이를 측정하기 위한 점수도 부여된다. 입학 당시는 아무리 품행이 좋지 않았다고 해도 계속 그런 상태로 있는 것은 불가능하다. 남자다움이 중시되고 조잡한 사람으로 비치면 곤란하다. 또 자립심과 자신을 통제하는 능력이 중시된다. 학생들은 말을 할 때 교사의 얼굴을 똑바로 쳐다보고 분명한 어조로 자신의 의사를 표시해야 한다. 그들은 교실 안에서 매우 훌륭하게 행동하는데 이는 교실의 설비 때문이기도 하다. 즉 책상이 너무 좁아 학생들은 팔꿈치를 책상에 대고 앉을 수 없다. 의자에는 뒤로 기대는 장치가 없어 머리를 뒤로 젖힐 수 없다. 학생들은 수업시간에 자세를 올바로 할 수밖에 없다. 또한 학생들은 몸을 청결하게 유지해야만 한다. 교사를 만나면 학생들은 제자리에 서서 무릎을 가지런히 모으고 인사를 한다.

수업 중에도 학생들의 태도에는 전혀 결점이 없다. 잡담을 하거나 허가 없이 책에서 눈을 떼는 학생도 없다. 학생의 이름을 부르면 곧 자리에서 일어나 큰 목소리로 대답한다. 조용한 상태에서 학생들의 큰 대답 소리를 들으면 나 자신도 놀랄 정도다.

사범학교의 여학생부에는 대략 학생 50여 명이 교사가 되기 위해 훈련을 받고 있다. 이곳은 바람이 잘 통하는 커다란 사각형 모양의 2층 건물로 다른 건물과는 완전히 분리되어 있다. 지나가는 사람들도 알아채지 못할 정도다. 여학생들은 서양 과학을 최신의 방법으로 배우기도 하고 일본의 전통 기예를 배우기도 한다. 자수나 복식, 일본화, 꽃꽂이 등도 배운다. 서양식 그림도 배우고 있으나 이는 이곳만이 아니라 모든 학교에서 교과목으로 채택하여 가르치고 있다. 더욱이 일본 그림의 기법과 함께 가르치고 있기 때문에 이 결과가 앞으로의 예술을 창작하는 데 좋은 영향을 끼칠 것이라고 생각된다. 일본 학생들의 그림에 대한 재능은 서양 학생보다 50%는 우수하다. 일본인은 본질적으로 예술적인 혼을 갖고 있다. 어린 시절부터 아주 어려운 문자인 한자를 배우다 보니 손은 물론이고 눈도 서양인이 생각하는 것 이상으로 발달해 있다.

이 사범학교를 본교로 하여 보통중학교와 복도로 연결되어 있는 곳이 부속 초등학교다. 이곳에는 남녀 학생이 섞여 있다. 이곳에서 사범학교의 최종학년 남녀 학생들이 교생 자격으로 어린 학생들을 가르친다. 이는 졸업하기 이전에 자신의 실질적인 직장을 체험하는 과정이다. 이해와 동정심을 가지고 이들을 바라보는 외국인의 눈에 이 초등교육의 현장보다 더 흥미로운 것은 없다. 내가 처음으로 참관했던 수업에서는 아주 조그만 여자아이들와 남자아이들이 책상에 검은 종이를 펼쳐놓고 무언가를 쓰고 있었다. 그들은 한자와 가나를 연습하고 있었는데 한 획을 제대로 쓸 때까지는 다음 단계로 넘어갈 수 없다. 한자의 획순이 틀리는 것은 절대로 허용되지 않는다. 제1과를 제대로 쓰기 훨씬 이전에 흰 종이는 전부 새까매진다. 초심자는 같은 글자를 수없이 반복해서 연습하는데 종이는 바뀌지 않는다.

옆의 교실에서는 저학년 학생들이 가위 사용법을 배우고 있다. 일본 가위는 쇠로 만들어졌는데 주로 U자형이다. 서양 가위와 비교해 사용하기가 쉽지 않다. 아이들은 앞으로 배울 모형이나 특별한 물건의 형태 등을 배우고 있었다. 꽃을 잘라 만드는 경우도 있다. 때로는 한자의 모형을 가위로 잘라 만들기도 한다.

다른 교실에서는 창가를 배우고 있다. 교사가 흑판에 분필로 악보를 그려놓고 아코디언으로 반주를 한다. 아이들은 일본의 국가인 '기미가요'를 배우고 스코틀랜드 노래를 일본어로 바꾼 곡을 배운다. 그 곡 중의 하나는 '올드 랭 사인(Auld Lang Syne)'[3]인데 이 노래는 내게 과거의 아름다웠던 추억을 떠올리게 해준다.

이 초등학교 학생들은 교복은 입지 않고 일본 옷을 입고 있다. 남자아이들은 감색, 여자아이들은 색깔이 들어 있는 옷을 입었다. 여자아이들은 하카마라는 겉옷을 입었는데 선명한 하늘색이 많다.

수업과 수업 사이에는 휴식시간이 10분 있는데 이 시간에는 얼마든지 놀 수 있다. 남자아이들은 그림자 밟기, 숨기놀이 등 재미있는 놀이를 한다. 웃고 떠들고 뛰고 씨름도 하는데 서양 아이들과 달리 싸움을 하는 아이는 없다. 여자아이들은 곳곳에 모여 공차기도 하고 원을 만들어 돌면서 노래를 부르기도 한다. 둥근 원을 만들며 부르는 조그만 노랫소리는 고요하고 부드럽다.

이런 아이들을 가르치는 젊은 남녀 교사들은 상냥한 태도로 아이들을 잘 보살펴준다. 놀다가 옷을 더럽힌 아이가 있으면 마치 형처럼 먼지를 털어주고 옷깃을 바로잡아준다.

초등학교 아이들을 가르치면서 장래의 교직을 체험하는 사범학교 여학생들은 가까운 유치원에서도 아이들을 가르치는 훈련을 받는다. 유치원은 정말 밝은 곳으로 아이들의 웃음소리가 끊이지 않고 들려온다. 그곳에는 교육상 필요한 장난감이 가득 쌓여 있다.

---

3 올드 랭 사인: 영국 스코틀랜드의 시인 로버트 번스의 가곡(1788년 작곡). 곡명은 '그리운 옛날'이라는 의미다. 헌은 아버지의 나라였던 영국에서의 체험을 떠올리며 이 노래를 듣고 있는 것이다.-역주

*

　이 정도로는 사범학교의 사정을 제대로 말했다고 할 수 없다. 엄밀하게 말해 나는 사범학교의 교원이 아니기 때문이다. 중학교에서 영어를 가르치는 일이 내 본업이다. 사범학교의 영어수업은 중학교에서 파견 온 교사가 담당한다. 그렇기 때문에 나는 사범학교 학생들을 교실에서만 만날 수 있다. 사범학교 생도들은 학교에서 밖으로 나와 교사의 사택을 방문할 수 없다는 규정이 있다. 당연히 사범학교 학생들은 중학교 학생만큼 친해지기 어렵다. 중학교 학생들은 나를 "Sir!"라고 부르지 않고 "Teacher!"라고 부르기 시작했다. 그들은 나를 집안의 형님처럼 대해준다(나는 학생들이 나를 "Master"라고 부르는 것을 좋아하지 않았다. 교사는 주인이라는 뜻이 아니기 때문이다). 중학교의 교무실에서 내 책상은 니시다의 옆에 있는데 나는 이 초라한 자리가 마음에 들었다. 사범학교의 교무실은 넓고 밝아서 기분은 좋지만 왠지 내 자리가 아닌 듯한 느낌이다.

　중학교 교무실의 벽에는 가나가 빼곡이 적힌 지도가 걸려 있다. 진화론에 기초한 동물학의 다양한 이론이 적힌 커다란 표도 몇 장인가 눈에 띈다. 검은 표찰이 걸려 있는 커다란 틀이 보인다. 표찰이 빈틈없이 걸려 있어 틀이 있는 지조차 알 수 없을 정도다. 이 표찰에는 교사의 성명과 과목과 학급, 그리고 시간표가 흰 글씨로 써 있다. 정교한 표찰이기 때문에 이것을 간단하게 바꾸는 것으로 시간표가 일목요연하게 변경된다. 표찰의 의도는 얼마든지 이해하지만 문자가 전부 한자와 가나로 적혀 있어 의미는 전혀 알 수 없다. 난 일본어로 내 이름과 숫자 정도를 깨우치기 위해 간단한 문자를 배웠다.

　어떤 교사의 책상 위에는 광택 있는 청색과 백색의 조그만 화로가 놓여 있다. 그 안에는 붉게 타는 숯불이 들어 있다. 교사들은 모두 수업과 수업 사이의 휴식시간에 담뱃대를 꺼내 담배를 피운다. 담뱃대는 놋쇠나 철, 또는 은으로 만든 듯했다. 이외에도 교사들은 화롯가에서 차를 마시며 피로를 푼다.

니시다 이외에 교사 한두 명은 영어를 알고 있어 때때로 휴식시간에 내게 잡담을 건네기도 했으나 누구와도 대화를 나누지 않는 경우도 많다. 수업 한 시간을 끝내고 나면 말하는 것보다 담배를 피우는 편이 좋기 때문이다. 이런 순간에 교무실에서 들려오는 소리는 시계의 초침 소리와 담뱃재를 털기 위해 담뱃대를 화로에 두드리는 소리가 전부다.

*

10월 15일

오늘은 1년에 한 번 열리는 시마네 현(島根縣)의 운동회를 참관했다. 이 행사는 니노마루 광장에서 열렸다. 어제 둥근 경주용 트랙을 따라 말뚝을 설치했다. 허들도 만들었다. 귀빈을 위해 자리 수천 개를 만들었고 일몰 전에는 지사가 앉을 천장이 있는 자리까지 설치했다. 마치 서커스 무대를 만들기라도 하는 듯 자리가 1단에서 2, 3단까지 계속 위로 올라가는 모양새다. 지사가 앉을 자리의 옆에는 꽃과 깃발이 장식되어 있었다. 인근 40km 정도의 초등학교 학생이 전부 모였는데 정말 놀라울 정도의 인파였다. 무려 남녀 학생 6,000여 명이 경기에 참가하기 위해 입장했다고 한다. 이 학생들의 교사나 부모, 친척이 벤치에 앉아 있는 모습은 정말 장관이다. 이 광장을 내려다볼 수 있는 성벽 위에는 더 많은 구경꾼이 모여 있다. 아마 시 인구의 3분의 1은 모인 듯했다.

경기의 시작과 종료를 알리는 신호는 권총 소리였다. 경기장 네 곳에서 동시에 경기 네 종류가 열렸다. 이곳은 정말 넓어서 1개 군단 병사를 수용할 만한 크기다. 각 경기의 우승자에게는 지사가 직접 상을 주었다.

각 학교의 학급 대표 선수들이 겨루는 경주도 있다. 육상경기에서 1등을 차지한 학생은 본교 5반의 사카네(坂根)로 다른 경쟁자들을 40m나 따돌리고 골인했다. 사카네는 우리 학교 육상경기의 챔피언인데 운동뿐만 아니라 다른 면에서도 아주 훌륭한 청년이다. 그런 만큼 사카네가 두 손 가득 상품을 안고 내려올 때에는 정말 기뻤다. 그는 검도에서도 우승했다. 이 경기는 각 선수의 왼쪽 어깨에 붙여놓은 조그만 토기를 깨는 것으로 승부가 결정된다. 그는 중학교 고학년생이 벌이는 도약경기에서도 상을 탔다.

이 밖에도 입상자는 수백 명에 이르렀기 때문에 상이 몇 백 개나 수여되었다. 그중에는 한 사람의 왼발과 다른 사람의 오른발을 끈으로 묶고 두 사람이 한 쌍이 되어 달리는 경기도 있다. 이 이외에도 다양한 경기가 열렸다. 조그만 여자아이를 위한 경기도 있었다. 색색의 옷을 입어 마치 나비처럼 보이는 아이들이 경기를 벌였다. 그 경기는 아이들이 달리면서 잔디에 뿌려놓은 수많은 공 가운데 3가지 색깔의 공을 3개씩 골라 전부 9개를 줍는 것이었다.

그다음으로 줄다리기가 열렸다. 양편에 학생 100명이 편성되었다. 서로 격렬하게 줄을 잡아당긴다. 이날의 최대 장관은 아령체조였다. 어린 학생들 6,000여 명이 500열로 늘어서 일시에 두 손으로 아령을 들어올렸다가 아래로 내린다. 조그만 구령대 위에 선 체조교사의 구령으로 학생들이 일시에 앞으로 나왔다가 뒤로 물러선다. 학생 6,000명이 아령을 흔들면서 번호를 외친다. "12, 34, 56, 78."

마지막으로 '성(城) 탈취' 경기가 벌어졌다. 이미 만들어놓은 성 모형 15개가 있는데 이를 공격해 불태우는 것이다. 소년들은 두 조로 나뉘어 나무로 만든 공으로 성을 공격한다. 이 공이 성을 관통하는 동시에 공에 장착된 장치에서 불이 타오른다. 먼저 성이 타버린 측이 패배하게 된다.

행사는 오전 8시에 시작되어 오후 5시에 끝났다. 1만여 명이 기미가요를 제창하고 마지막으로 천황황후폐하 만세를 세 번 외치고 흩어졌다. 일본인은 서양인과 달리 응원을 할 때 고함을 지르지 않는다. 그저 단순히 말을 건넬 뿐이다. 이 소리가 대합창을 연상시킨다.

*

식물학이나 지질학 등 여러 과학교육이 일본의 가장 변방에서 매일 이뤄지고 있다는 사실이 놀랍다. 최신 현미경을 사용해 야채의 조직적 성질을 연구하기도 하고 식물생리학이나 화학도 연구한다. 또 교사는 학생들을 정기적으로 시골에 데리고 가서 학기 중에 그들이 학생들에게 가르쳐준 내용을 현장에서 직접 설명해주기도 한다.

농업은 유명한 삿포로 농학교(札幌農學校)[4] 출신이 가르치는데 학교 당국이 순수하게 교육적인 목적으로 구입한 농장에서 실질적인 수업이 행해지고 있다. 지리학 수업에는 호수나 산, 해안의 절벽을 탐방하는 내용도 포함되어 있다. 이런 수업을 통해 학생들은 지층의 형태나 암석의 역사 등을 배운다. 박물관학도 최신 최고의 방법으로 수업이 진행되며 역시 현미경이 구비되어 있다. 이런 교육의 성과는 즉각 나타난다. 어떤 학생은 이제 고작 열여섯 살이지만, 도쿄대학 교수를 위해 200종류 이상이나 되는 해양식물을 자발적으로 분류했다. 다른 한 학생도 열일곱 살에 불과하나 별도의 참고서도 보지 않고 마쓰에 근교에 서식하는 나비류의 일람표를 적어 내게 주었다. 나중에

---

4 삿포로 농학교: 메이지 8년(1875년) 삿포로에서 문을 연 학교. 초기에 우수한 농학자와 식물학자를 배출했다. 이러한 사실이 당시 외국인에게도 '유명'했다는 사실을 이 일기를 통해 알 수 있다.-역주

이를 점검해 보았는데 실수가 하나도 없었다.

*

　문부대신을 통해 천황폐하는 대규모의 모든 공립학교에 메이지 23년(1890년) 10월 30일부로 칙어를 내렸다. 이를 계기로 각 학교의 교사나 학생은 '교육에 관한 칙어'를 낭독하게 되었다.
　오전 8시 우리 중학교 관계자는 전원 강당에 모여 지사를 기다렸다. 지사는 천황의 칙어를 각 학교에서 낭독하도록 되어 있다.
　곧 지사가 현청의 공무원들과 함께 모습을 드러냈다. 우리는 모두 자리에서 일어나 지사에게 경례하고 이어 국가를 불렀다.
　지사가 연단에 올라 칙어를 꺼내든다. 한문과 가나가 뒤섞인 두루마리로 비단 보자기로 덮여 있다. 천천히 비단 보자기를 치우고 공손한 태도로 칙어를 이마 부근까지 들어올린다. 그리고 두루마리를 펼쳐들고 다시 이마 부근까지 집어올린 다음 엄숙하고 심오한 어조로 한 글자씩 읽어가기 시작한다.

　짐이 생각건대 우리 황조, 황종은 나라를 세움이 유구했고 덕을 베풂이 깊고 두터웠다. 우리 신민은 충과 효를 극진히 하고 억조가 마음을 하나로 하여 세세토록 그 아름다움을 국체의 정화로서 삼아야 하며 교육의 연원 또한 여기에 있다. 그대들 신민은 부모에게 효하고 형제간에 우애하고 부부간에 상화하고 친구간에 상신하라. 공검으로써 지신하며 박애를 모두에게 미치게 하여 학문을 닦고 업을 익혀 이로써 지능을 계발하고 덕을 성취하고 나아가 공익을 넓혀 세상의 임무를 열어 항상 국헌을 중히 여기고 국법을 준수하고 일단 유사시에는 의용을 공히 받들어 이로써 천양무궁의 황운을 부익해야 한다.

이와 같이 하면 홀로 짐의 충량한 신민이 될 뿐만 아니라 또한 이로써 너희 조상의 유풍을 현창하기에 족할 것이다. 이 도는 실로 우리 황조, 황종의 유훈이자 자손, 신민이 함께 준수해야 할 바로서 이를 고금을 통해 벗어나지 않으며 이를 중외에 베풀어 거역하지 않는다. 짐은 너희 신민과 함께 삼가 마음에 새겨 그 덕을 하나로 할 것을 간절히 바란다.

그러고 나서 지사와 교장이 폐하가 발표한 칙어의 의미를 설명하고 이것을 암기하라고 전원에게 훈시했다.

이 행사가 끝나자 해산했다. 오늘은 수업이 없다. 평상시처럼 수업을 했다면 오늘 행사의 의미가 반감되었을지도 모른다.

*

근대 일본의 교육제도에서 모든 교육은 상대방에게 철저하게 친절과 배려를 베풀 것을 가르친다. 교사는 글자 그대로 '교사(教師)'이지, 영어의 지배관계를 의미하는 '주인(主人)'이 아니다. 학생에게 교사는 형과 비슷한 존재이다. 교사는 자신의 생각을 학생에게 강요해서는 안 된다. 질책이나 비판도 하지 않으며 벌을 주는 경우도 거의 없다. 일본의 교사는 학생을 때리지 않는다. 그런 행동을 하면 교사라는 직책을 잃을지도 모른다. 교사는 사람들 앞에서 화를 내면 안 된다. 그런 행동을 하면 학생들의 비웃음을 사거나 동료의 빈축을 사기 때문이다. 실제로 일본 학교에서 징벌은 존재하지 않는다. 나쁜 짓을 한 아이들은 쉬는 시간에도 교실 밖으로 나갈 수 없는 벌을 받는다. 그러나 이런 가벼운 벌조차도 교사가 직접 처벌하는 것이 아니라 교사의 요청을 받아 교장이 부과하는 형식을 취한다. 이런 벌을 주는 목적은 즐거운 놀이시간을 빼앗아 학생에게 고통을 주려는 것이 아니라 모든 학생에게 잘못된 행동의 표본을 보여주려는 것이다. 대부분의 경우 동년배 앞에서 이런 고통을 겪으면 두 번 다시 벌을 받을 만한 행동은 하지 않게 된다. 학습능력이 부진한 학생에게 여분의 숙제를 강요하거나 400~500행을 받아 적도록 하는 잔혹한 처벌은 일본에서는 거의 없다. 이런 처벌은 우선 학생들이 받아들이지 않을 것이다. 교육 당국의 일반적인 방침은 학생들에게 벌을 주지 않으면서 말을 듣도록 만드는 것이다. 만일 학생들이 말을 듣지 않으면 제적하도록 정해놓았지만 퇴학을 당하는 학생은 거의 없다.

학교에서 집에 돌아갈 때 성 주변의 광장을 지나가다 보면 아주 귀여운 학생들을 자주 본다. 남자아이 30여 명으로 구성된 학급으로 전원이 기모노를 입고 게다를 신었는데 모자는 쓰지 않았다. 이런 아이들이 일본의 전통 옷을 입은 미모의 젊은 여자 선생님에게 노래와 행진 방법을 배우고 있다. 아이들은 노래를 부르면서 대열을 만들고 조그만 발로 박자를 맞춘다. 선생님은 기분 좋은 목소리로 대열의 선두에 서서 1절을 부른다. 그러면 아이들은 선생님의 노랫소리에 맞추어 노래를 따라 부른다. 선생님이 이번에는 2절을 부른다. 그러면 아이들은 모두 그걸 되풀이한다. 만일 누군가가 틀리면 다시 같은 소절을 되풀이한다.

그들이 부르는 노래는 일본에서 가장 고귀한 영웅인 충신 구스노키 마사시게(楠木正成)[5]에 관한 노래다.

---

5 구스노키 마사시게(1294~1336): 일본의 가마쿠라 시대(謙倉時代) 말기의 무장. 고다이고(後醍醐天皇) 천황을 도와 가마쿠라 막부를 멸망시키는 데 공을 세운 인물로 천황에 대한 충성심을 상징하는 존재이다.-역주

*

　　일본의 교사들은 엄한 편이다. 하지만 학생들이 교사에게 일방적으로 순응하는 것은 아니다. 이런 경향은 영국이나 미국 사람에게 특이하게 들릴지도 모르겠다. 그러나 일본에는 톰 브라운 학교가 없다. 일본의 공립 보통학교는 에드몬도 데 아미치스(Edmondo De Amicis)가 『쿠오레(Cuore)』에서 묘사한 이탈리아의 이상적인 학교와 상당히 비슷하다.[6] 서양에서 규율은 (강제로라도) 필요한 것이라는 인식이 강한 반면, 일본 학생에게는 강제성보다 자립이 요구된다. 서양에서는 교사가 학생을 쫓아내지만 일본에서는 학생이 교사를 추방하는 일이 자주 일어난다. 공립학교는 모두 열기로 가득한 공간으로 교장과 교사는 대통령과 내각 각료와 비슷한 관계이다. 교장과 교사는 도쿄의 문부성 교육국의 추천을 받아 현 당국이 임명한다. 그러나 현실적으로 교사가 자신의 지위를 유지하기 위해서는 능력과 품성의 측면에서 학생들에게 좋은 평가를 받아야 한다. 교사에게 이런 자질이 부족할 때 혁명이 일어나 그 교사는 해고되고 만다. 일본에 사는 서양 사람들은 일본 학생들이 이런 권력을 너무 남용하는 것이 아니냐고 말한다. 이런 서양 사람들은 영국식 학교가 좋다고 생각하는 것이다. 내 판단에 따르면 교사에게 반항하는 학생이 나온다고 해도 학생들은 그 나름대로 이성을 지킨다. 학생들은 자신이 싫어하는 교사라고 해도

---

[6] 일본의 중학교가 토머스 휴스(Thomas Hughes, 1822~1896)의 『톰 브라운의 학창 시절(Tom Brown's School Days)』(1857)에서 묘사된 영국풍의 공립학교보다 에드몬도 데 아미치스(1846~1908)가 『쿠오레』(1886)에서 묘사한 학교와 비슷하다는 헌의 관점이 드러나 있다. 휴스는 아놀드 박사가 교장으로 재직하던 럭비학교에서 공부를 한 다음 옥스퍼드에 진학했다. 『톰 브라운의 학창 시절』은 공립학교가 어떤 곳인지를 영국인에게 알려준 작품이다. 데 아미치스는 헌과 동시대의 이탈리아 사람으로 『쿠오레』로 세계적인 반향을 불러일으켰다. 헌은 1889년 9월에 쓴 편지에서 이 책을 읽고 난 감회를 밝히고 있다.-역주

그에게 모욕을 주지는 않는다. 또 교실에서 소동을 벌이지도 않는다. 그 대신 교사가 해임되기까지 출석을 거부한다. 이런 요구를 할 때에도 학생들의 개인적인 감정이 1차적인 이유가 되는 경우는 흔하지 않다. 교사의 태도에 문제가 있어도 그 교사가 능력이 있고 공평하다면 학생들은 교사에게 복종하고 교사는 학생들의 존경을 받는다. 학생들은 교사의 능력을 금방 알아차린다. 아무리 교사의 태도가 좋다고 해도 지식이 없다면 학생들은 그 교사를 용서하지 않는다. 가까운 학교에서 화학교사를 해고해달라는 학생들의 요구가 있었다. 학생들은 솔직한 태도로 이렇게 말했다. "선생님은 우리에게 친절한 태도로 열심히 가르쳐주셨기 때문에 아주 좋았다. 그러나 우리가 배우고 싶은 내용에 대해 잘 모르시는 듯하다. 우리의 질문에 제대로 답변해주지 못했고 실험도 제대로 하지 못하셨다. 이전의 선생님은 이런 내용을 확실하게 가르쳐주셨다. 다른 선생님으로 바꾸어주셨으면 한다." 조사해보니 역시 학생들의 말이 옳았다. 젊은 교사는 대학을 졸업한 학사로 추천장의 내용도 그다지 나쁘지 않았으나 자신이 가르쳐야 할 분야의 지식이 충분치 않았고 교사로서의 경험도 전혀 없었다. 일본에서 교사로서의 성공 여부는 학위로 보증받지 못한다. 그것보다는 자신이 얼마나 실제적인 지식을 갖고 있으며 그 지식을 얼만큼 단순명쾌하게 전달할 수 있느냐에 좌우된다.

*

11월 3일

오늘은 천황의 탄신일인 천장절(天長節)이다. 일본의 모든 집에는 깃발이 걸렸다. 학교 수업은 없다. 그래도 오전 8시에 모든 학생과 교직원이 보통중학교 강당에 모여 천황의 탄신일에 맞춰 기념식을 한다.

강당의 연단에는 촌스러운 색깔의 견직물로 뒤덮인 책상이 놓여 있고 그 위에는 금색 액자 속에 든 천황과 황후의 초상화가 늘어서 있다.

곧 지사가 행사장에 입장한다. 그는 금색 자수가 들어간 정장을 입었는데 마치 프랑스 장군처럼 보인다. 그 뒤로 마쓰에 시장, 군사령관, 경찰서장, 현청의 관리들이 이어진다. 그들은 조용히 연단 좌우의 자리를 찾아 들어간다. 그러자 오르간 연주자는 장중하고 아름다운 선율의 국가를 연주하기 시작한다. 참석자는 모두 이 우아한 국가를 부른다. 아주 오랫동안 일본인의 숭상을 받아온 신성한 노래다.

> 천황의 세상이 천 대에서 팔천 대까지
> 돌이 큰 바위가 되어 이끼가 낄 때까지
> 영원히 계속되도록.

국가 제창이 끝났다. 지사는 천천히 위엄 있는 발걸음으로 연단의 오른쪽 중앙에 놓인 천황의 사진 앞으로 다가가더니 머리를 최대한 숙여 인사를 한다. 그리고 세 걸음 앞으로 다시 다가가 그 자리에 멈춰 서서 인사를 한다. 잠시 후 지사는 자신이 서 있는 곳에서 다시 세 걸음 앞으로 다가가더니 더욱 공손한 자세로 인사를 한다. 그리고 앞을 바라본 채로 뒤로 여섯 걸음 물러나와 다시 인사를 한 다음에 자리로 돌아왔다.

지사가 인사를 마치자 교사들은 여섯 명이 한 조가 되어 지사가 했던 행위를 되풀이했다. 전원이 천황에 대한 인사를 마치자 지사는 연단에 올라가 학생들에게 천황과 국가, 교사에 대한 학생들의 의무에 관해 아주 짧은 말로 훈시를 했다. 그리고 다시 국가를 제창하고 기념식은 끝났다. 이제 남은 시간은 자율적으로 보내면 된다.

*

메이지 24년(1891년) 3월 1일

　보통중학교 학생은 대부분은 통학한다. 아침에 학교에 갔다가 집에 돌아와 점심을 먹고 다시 오후수업을 들으러 학교에 간다. 시내에 사는 학생들은 모두 자신의 가족과 생활한다. 그러나 시내에 친척이 없는 시골 출신 학생도 많다. 이들을 위해 학교는 기숙사를 제공하고 사감을 두어 학생들의 도덕적인 규율을 유지시킨다. 집안이 부유한 경우는 별도의 하숙집을 구해 생활해도 괜찮다. 그러나 학교의 기숙사 밖에서 생활하는 학생은 그다지 많지 않다.
　교육 - 그것도 아주 우수한 - 의 비용이 일본처럼 싼 나라는 세계 어디에도 없다. 서양의 경비와 비교해보면 일본 이즈모 지방 학생들은 매우 적은 비용으로 생활하고 있다. 그들이 사용하는 비용을 알면 서양인들은 깜짝 놀랄 것이다. 미국 달러로 환산하여 20달러만 있으면 1년간의 식비와 방을 빌리는 비용으로 충분하다. 학생이 내야 하는 비용은 수업료를 포함하여 한 달에 7달러다. 만일 아주 가난한 학생이 있다면 교복을 입지 않아도 된다. 그러나 고학년 학생은 대부분 교복을 입고 있다. 교모와 구두를 포함한 교복의 가격은 싼 것이 3엔 50전 정도다. 구두를 살 수 없는 학생은 게다를 신어도 된다. 그러나 학교에 있을 때에는 시끄러운 소리가 나는 목제 게다보다 짚으로 만든 신발을 신어야 한다.

　그렇지만 보통중학교에서 배우는 지식이 그렇게 쉽게 얻어지는 것은 아니다. 메이지 시대 이즈모의 학생들이 쌀밥과 두부를 먹으며 배워야 하는 근대과학의 지식은 원래 육식을 하는 서양인들이 발견하고 개발해 종합한 것이라는 사실을 잊어서는 안 된다. 서양이 강요한 문명을 일본 것으로 만들기 위해서 일본의 교육자는 우선 영양부족이라는 잔혹한 문제를 해결해야만 한다. 허버트 스펜서(Herbert Spencer)[7]가 지적한 바와 같이 인간의 에너지는 지적인 능력과는 관계없이 섭취하는 음식의 영양가에 좌우된다. 역사적으로 볼 때 영양을 충분하게 섭취한 인종은 역동적이었으며 지배자로 군림해왔다. 세계의 미래를 지배하는 것은 두뇌인데 두뇌의 활동은 무엇을 먹느냐에 좌우된다. 세계를 움직일 만한 사상은 결코 빵과 물로 이룩된 것이 아니다. 그것은 쇠고기, 양고기, 햄과 계란, 돼지고기와 푸딩에 의해 만들어지고 충분한 양의 포도주, 강한 맥주, 진한 커피의 자극을 받아 새롭게 태동된 것이다. 성장기의 아이나 청소년은 어른보다도 좀 더 영양분이 많은 식사를 해야 한다. 이는 과학적으로도 이미 검증된 사실이다. 특히 학생의 경우 두뇌를 사용하는 만큼 체력 소모를 보충하기 위해 강력한 영양분이 필요하다는 것은 말할 나위도 없다.

　일본의 학생들은 공부 때문에 얼마나 많은 육체적인 에너지를 쓰는가? 이는 서구의 학생들이 소모하는 에너지 그 이상이다. 우선 일본 학생들은 한자, 가타카나, 히라가나 세 종류의 문자 — 일본의 문헌을 이루고 있는 이 세 문자의

---

7 허버트 스펜서(1820~1903): 영국의 사회학자, 철학자. 『종합철학체계』로 유명한데 이는 36년간에 걸쳐 쓴 대작이다. 성운(星雲)의 생성에서부터 도덕원리 전개에 이르기까지 모든 것을 진화의 원리에 따라 조직적으로 서술했다.-역주

양은 영어의 알파벳과 비교했을 때 엄청난 것이다-를 배워야 하는데 이러한 필수 지식을 습득하는 데 7년이 필요하다. 자국어로 된 문학이나 문헌도 배워야 한다. 또 문어(文語)와 구어(口語)라는 자국어의 이중체계를 습득해야만 한다. 역사나 도덕도 공부해야 한다. 이는 당연한 일이다. 이런 동양의 학문 이외에 일본 학생들의 수업과목에는 외국의 역사, 지리, 산술, 천문, 물리, 기하, 박물(博物), 농업, 화학, 도화(圖畵), 수학 등이 포함된다. 더욱이 불행한 일은 영어까지 공부해야 한다는 사실이다. 영어가 일본인에게 얼마나 공부하기 어려운 언어인가는 일본어 구조에 익숙하지 않은 사람에게는 상상이 가지 않을 정도다. 일본어와 영어는 언어 자체가 완전히 달라서 일본어의 간단한 의미도 영어로 직역하면 그 뜻을 알 수 없게 되어버릴 정도다. 그러나 일본 학생들은 영국의 학생이라면 연명하지도 못할 정도의 초라한 식사를 해가면서 이런 모든 과목을 공부해야 한다. 아주 추운 겨울에도 교실에는 초라한 난로 한 개가 고작이고 남루한 홑옷을 입은 채로 공부해야 한다. 일본 학생들이 정상적인 교육과정을 거친다 해도 서양 학생들에 비해 학문적인 성취가 뒤떨어지는 것은 이런 사실을 감안할 때 전혀 놀랄 일이 아니다. 그러나 지금 일본의 젊은 육체와 두뇌는 대부분 쓰러질 지경이다. 더욱이 이런 대상은 우둔한 학생이 아니다. 학교가 자랑으로 여기는 학급의 수석이 쓰러져가고 있다.

*

그래도 학교의 예산이 허락하는 한 학생들이 건강한 상태에서 즐겁게 공부할 수 있도록 다양한 조치가 이뤄지고 있다. 운동이나 오락을 즐길 기회도 충분히 주어진다. 수업과목은 매우 많지만 수업시간은 그다지 길지 않다. 1일 5시간의 수업 중에 한 시간은 군사훈련이다. 정부가 지급하는 실물 소총과 총검을 사용하기 때문에 학생들은 이 시간을 즐긴다. 중학교 가까이에 멋진 운동장이 있는데 링, 평행봉, 도마(跳馬) 등의 설비를 갖추고 있다. 중학교에는 체조교사 두 명이 근무한다. 조정과목도 있는데 날씨가 좋은 날이면 학생들은 아름다운 호반에서 노를 저으며 놀 수도 있다. 굉장한 규모의 검도장도 있는데 지사가 검도대회를 주최하기도 한다. 지사는 거구이지만 검도의 달인이다. 이들이 하는 검도는 두 손으로 칼을 쥐고 물체를 베는 경우가 대부분이다. 죽도는 긴 대나무를 가죽으로 감은 것인데 고대 로마의 집정관이 쥐었던 칼과 비슷하다. 검도는 아주 격렬한 운동이기 때문에 ─ 서양의 펜싱보다도 움직임이 격렬하다 ─ 머리나 상반신에 보호장구를 착용하는 게 보통이다. 또한 검도를 하려면 상당히 민첩해야 한다. 건강에 좋은 또 다른 운동은 도보다. 이는 명소를 찾아 먼 길을 걷는 것으로 주로 수업이 없는 날에 편성된다. 학생들은 대오를 이루어 마을을 출발한다. 이때 대체로 학생들이 좋아하는 교사가 같은 조에 편성된다. 때때로 학교의 하급 직원이 요리 담당으로 동행하는 경우도 있다. 이들은 150km에서 200km 떨어진 곳까지 여행하기도 한다. 따라서 이런 경우에 신체가 건강하지 못한 사람은 참가할 수 없다. 맨발에 짚신을 신고 가는 게 보통인데 짚신이 발에 딱 맞아 불편한 상황은 발생하지 않는다. 물집이 잡히는 경우도 없다. 밤에는 사찰에서 자고 식사는 병사처럼 들판에서 한다.

　이런 험한 훈련에 참가하지 않는 학생은 학교의 도서실에서 독서에 빠져든다. 학생들이 편집하여 발행하는 월간 잡지도 있다. 학생회에서는 학생들의 흥미를 끌 만한 다양한 화제를 두고 토론회가 열리기도 한다.

*

중학교 3학년에서 5학년까지의 학생들은 매주 한 번 내가 그들에게 부여한 주제를 토대로 영작문을 쓴다. 과제는 원칙적으로 일본에 관한 내용이다. 일본인에게 영어가 얼마나 어려운 언어인가를 생각해볼 때 학생 몇 명이 써내는 영작문은 수준이 매우 높다. 그들의 작문에는 학생 개인보다는 일본인의 국민적 감정이 나타나서 흥미를 끈다. 즉 학생들의 작문에는 집단적인 정서가 들어 있다. 일본 보통중학교 학생들의 작문을 보고 가장 놀란 것은 글 속에 개성이 존재하지 않는다는 점이다. 20여 명의 작문은 필적까지 거의 비슷해서 이들이 혹시 가족이 아닐까 하는 의문이 들기까지 한다. 예외적인 작문은 거의 없다. 학급에서 수석을 차지하는 학생이 쓴 영작문을 살펴보자. 조그만 실수는 내가 교정했다.

THE MOON

The Moon appears melancholy to those who are sad, and joyous to those who are happy. The Moon makes memories of home come to those who travel, and creates homesickness. So when the Emperor Godaigo, having been banished to Oki by the traitor Hojo, beheld the moonlight upon the seashore, he cried out, 'The Moon is heartless!'

The sight of the Moon makes an immeasurable feeling in our hearts when we look up at it through the clear air of a beauteous night.

Our hearts ought to be pure and calm like the light of the Moon.

Poets often compare the Moon to a Japanese [metal] mirror(kagami). And indeed its shape in the same when it is full.

The refined man amuses himself with the Moon. He seeks some house looking out upon water, to watch the Moon, and to make verses about it.

The best places from which to see the Moon are Tsukigashi, and the mountain Obasute.

The light of the Moon shines alike upon foul and pure, upon high and low. That beautiful Lamp is neither yours nor mine, but everybody's.

When we look at the Moon we should remember that its waxing and its waning are the signs of the truth that the culmination of all things is likewise the beginning of their decline.

일본의 교육과정을 전혀 알지 못하는 사람은 이런 작문에 독창적인 사고력과 상상력이 나타나 있다고 생각할지 모르나 사실은 그렇지 않다. '달'이라는 주제에 대해 학생 대부분이 같은 사고와 비유를 활용하고 있다. 동일한 주제에 대해 학생들이 제출한 작문의 내용은 거의 비슷하다. 그렇다고 그들의 작문에 매력이 없다는 말은 아니다. 일반적으로 일본 학생들은 독창적이지 못하다. 글을 쓸 때 무슨 생각을 해야 하는지는 이미 수세기 전에 정해진 상태다. 그 일부는 중국에서 만들어진 것이고 일부는 자국에서 완성된 것이다. 일본인은 어린 시절부터 자연을 어떤 방법으로 보고 느껴야 하는지에 관해 모범이 되는 전형을 배운다. 즉 옛날 유명한 가인(歌人), 시인, 화가들이 자연을 어떻게 보았는지를 배운다. 일본 학생들은 자국의 고대문학에 나오는 가인들의 유명한 시구를 토대로 자연을 바라보게 된다.

'첫눈과 고양이의 발자국과 매화의 봉오리'라는 시구가 있다. 일본의 어린아이들은 눈 위에 고양이 발자국과 매화의 봉오리가 어울린다는 사실을 대부분 알고 있다. 이런 비유는 고대문학에 나오는 구절이기 때문에 이를 뛰어넘는 구절이 나오기는 어렵다. 따라서 일본 학생들의 예술적 능력은 옛 구절을 얼마나 잘 기억해내 적절하게 조합해내느냐에 달렸다.

그리고 일본 학생들은 무슨 글을 쓰든지 교훈을 찾으라는 교육을 받아왔다. 나는 영작문 시간에 여러 주제를 학생들에게 제시했다. 학생들은 주제가 자국의 전통적인 것과 관련이 있으면 무조건 교훈적인 결론을 뽑아냈다. 그들에게 '반디'라는 주제를 제시하면 즐겁게 글을 썼다. 등잔을 켤 돈이 없어 반디를 모아 그 불빛 아래에서 열심히 공부한 사람이 대학자가 되었다는 이야기가 어김없이 등장한다. 이는 중국에서 전해 내려오는 이야기다. 영작문 시간에 학생들이 제출한 작문 중에서 교훈적인 발상이 들어간 것을 아래에 예로 들어 둔다. 원문에 들어 있는 문법적인 오류는 대체로 수정했으나 학생의 개성적인 표현은 그대로 살렸다.

THE BOTAN

The botan[Japanese peony] is large and beautiful to see. But it has a disagreeable smell. This should make us remember that what is only outwardly beautiful in human society should not attract us. To be attracted by beauty only may lead us into fearful and fatal misfortune. The best place to see the botan is the island of Daikonshima in the lake Nakaumi. There in the season of its flowering all the island is red with its blossoms.

THE DRAGON

When the Dragon tries to ride the clouds and come into heaven there happens immediately a furious storm. When the Dragon dwells on the ground it is supposed to take the form of a stone or other object. But when it wants to rise it calls a cloud. Its body is composed of parts of many animals. It has the eyes of a tiger and the horns of a deer and the body of a crocodile and the claws of an eagle and two trunks like the trunk of an elephant. It has a moral. We should try to be like the dragon, and find out and adopt all the good qualities of others.

용(龍)에 관한 에세이의 끝부분에는 "용이 있다고는 생각하지 않습니다만 용에 관한 이야기나 기괴한 그림은 많이 남아 있습니다"라고 부연한 작문도 있다.

MOSQUITOES

On summer nights we hear the sound of faint voices; and little things come and sting our bodies very violently. We call them ka(in English 'mosquitoes'). I think the sting is useful for us, because if we begin to sleep, the ka shall come sting us, uttering a small voice. 쓰hen we shall be bringed back to study by the sting.

다음은 16세 소년이 쓴 작문이다. 앞에서 예로 든 '목단'이나 '용', '모기'와 같은 제재를 다룬 작품은 아니다. 그런 만큼 학생의 순수한 생각이 잘 드러나 있다.

EUROPEAN AND JAPANESE CUSTOMS

European wear very narrow clothes and they wear shoes always in the house. Japanese wear clothes which are very lenient and they do not shoe except when they walk out-of-the-door.

What we think very strange is that in Europe every wife loves her husband more than her parents. In Nippon there is no wife who more loves not her parents than her husband.

And Europeans walk out in the road with there wives, which we utterly refuse to, except on the festival of Hachiman.

The Japanese woman is treated by man as a servant, while the European woman is respected as a master. I think these customs are both bad. We think it is very much trouble to treat European ladies. And we do not know why ladies are so much respected by Europeans.

교실에서 외국에 관한 것을 주제로 나누는 대화는 이 영작문처럼 재미있다.

"선생님! 서양인은 아버지와 아내가 바다에 빠졌을 때 자신만 수영할 수 있으면 아내를 먼저 구한다는데 정말 그렇습니까?"

"그렇겠지요."

"왜 그런 행동을 하는 것입니까?"

"그 이유 중의 하나는 말이지요. 서양에서 남자는 약자, 특히 여자와 어린이를 구하는 것을 의무로 여기기 때문입니다."

"서양인은 부모보다 아내를 더욱 소중하게 생각하는 것입니까?"

"항상 그런 것은 아니지만……. 그러나 일반적으로 그렇겠지요."

"선생님! 왜 그런 행동을 하는 것입니까? 그것은 우리의 기준으로 보면 상당히 비도덕적인 일이라고 생각합니다만."

"선생님! 서양 여자는 아이를 어떻게 데리고 다니나요?"

"팔에 안고 다니지요."

"그러면 피곤하지 않습니까? 팔에 아이를 안고 얼마나 돌아다닐 수 있습니까?"

"힘이 센 여자라면 아이를 팔에 안고 몇 리를 걸을 수 있습니다."

"하지만 그런 행동을 자주 한다면 그 여자는 팔을 쓸 수 없지 않을까요?"

"그럴 수도 있겠지요."

"그렇다면 그 방법은 아주 좋지 않다고 생각합니다."

*

오후에는 나와 친한 학생들이 자주 집까지 찾아온다. 그들은 우선 집에서 일하는 사람에게 자신들이 방문했음을 알린다. 안으로 들어오라고 말하면 현관에서 신발을 벗고 나의 조그만 서재로 들어와 다다미 위에서 깊이 고개를 숙여 인사한다. 나 역시 그들과 같이 방바닥에 앉는다. 일본의 방바닥은 부드러운 매트리스와 비슷한 다다미다. 일하는 사람이 방석과 다과를 갖고 와 이들을 대접한다.

일본인처럼 무릎을 꿇고 앉으려면 특별한 훈련이 필요하다. 서양인 중에는 이런 자세에 쉽게 익숙해지지 않는 사람이 있다. 그러나 일단 익숙해지면 이 자세가 오히려 자연스럽다는 것을 알고 식사, 독서, 흡연, 담화를 할 때에도 이 자세를 취한다. 그러나 펜으로 무엇인가를 쓸 때에는 이 자세를 권장할 수 없다. 이는 일본인과 서양인이 글을 쓰는 자세가 기본적으로 다르기 때문이다. 일본의 습관에 익숙해지고 1년여가 지나자 나 역시 의자를 쓸 일이 전혀 없었다.

서로 인사를 나누고 자리에 앉으면 잠시 침묵이 지속된다. 그 침묵을 먼저 깨는 사람은 바로 나다. 어떤 학생은 뛰어난 영어실력을 보인다. 내가 한

마디를 할 때마다 천천히 그리고 확실히 발음하고 복잡한 숙어를 피하면 학생들은 내가 의도하는 바를 모두 알아차린다. 학생들에게 생소한 말을 해야 할 때에는 사전을 펼친다. 사전에는 일본어의 의미가 가나와 한자로 정교하게 기술되어 있다.

보통 나를 찾아오는 학생들은 오래 머무르지만 그렇다고 해서 내가 힘이 드는 경우는 거의 없다. 그들은 무엇을 배우러 온 학생들이 아니다. 학생들은 학교 이외의 장소에서 교사에게 무엇인가를 가르쳐달라고 말하는 것을 정직하지 못한 행동이라고 생각한다. 학생들은 내가 재미있어 할 만한 화제를 주제로 대화를 나눈다. 가끔 아무 말도 하지 않기도 한다. 무언가 즐거운 몽상을 꿈꾸고 나를 찾아온 듯한 경우에 이런 일이 일어난다. 학생들이 나의 집에 오는 이유는 서로 내면적인 소통을 하기 위해서다. 지적(知的)으로 서로 통한다는 말이 아니라 심정적으로 서로 마음이 통해 내적인 기쁨을 느낄 수 있는 상태를 만들어보기 위함이다. 그들은 내 장서와 삽화를 살펴보기도 한다. 때로 집에서 책이나 사진을 가져와 보여주는 학생도 있다. 이것들 중에는 진귀한 물건도 있다. 조상대부터 전해 내려오는 진귀한 물품은 내가 사고 싶어도 살 수 없다. 학생들은 내 집의 정원을 바라보기를 좋아하는데 정원에 관한 지식은 나보다 훌륭하다. 때때로 꽃을 사오는 학생도 있다. 학생들이 내 집에서 방해가 되는 일은 없다. 그들은 극도로 세련된 예의범절 – 프랑스인보다도 세련된 – 을 몸에 익힌 상태다. 그들은 예의도 바르지만 아주 친절하기까지 하다. 나를 즐겁게 해주기 위해 다양한 노력을 하기도 하고 집에서 귀한 물건을 가져와 나에게 보여주기를 즐긴다.

이렇게 나는 아주 진귀한 물건을 볼 수 있는 특권을 가졌는데 그중에서 아미타여래도만큼 내 눈을 끄는 물건은 없었다. 이것은 아주 커다란 그림으로 어떤 학생이 스님에게 빌려온 것이다. 그 그림에서 부처는 중생에게 무엇인가를 가르치는 듯이 한 손을 위로 치켜들고 있다. 부처의 머리 뒤편에는 커다란 달이 빛나고 있다. 그 달의 앞쪽으로는 얇은 구름이 흘러간다. 두 발의 아래쪽에는 검은 구름이 뭉개뭉개 피어난다. 색상이나 구도 모두 걸작임에 틀림없다. 그러나 이 그림의 진정한 가치는 색상이나 구도에 있지 않다. 가까이 다가가 보면 이 그림의 모든 형상은 조그만 한자로 만들어져 있다. 이 글자는 유명한 불전인 『관무량수경(觀無量壽經)』과 『아미타경(阿彌陀經)』의 전문으로 그 글자는 정말 작다. 또 부처의 옷의 이음매 부분은 '나무아미타불(南舞阿彌陀佛)'이라는 여섯 글자로 가득 채워져 있다. 이 얼마나 인내력이 필요한 일인가? 아주 먼 옛날 어두운 사찰의 한구석에서 신앙심에 불타던 신도가 애정 어린 작업으로 이 작품을 남긴 것이다.

어느 날에는 이런 일도 있었다. 학생 한 명이 자신의 부친을 설득하여 집에 있던 공자상(像)을 가지고 왔다. 이 상은 명나라 말기에 만들어진 것이라고 한다. 본래 이 상을 보고 싶은 사람은 그 집에 직접 찾아가야 하지만 이번에 처음으로 집 밖으로 가지고 나왔다고 한다. 이 아름다운 공자상은 미소를 짓고 있는데 수염이 나 있고 청동으로 만들어졌다. 공자상은 손가락을 위로 들어올리고 입술을 벌리고 있어 마치 말을 하고 있는 듯이 보인다. 게다가 아주 기묘한 중국 신발을 신고 여유로워 보이는 옷깃에는 봉황이 수놓아져 있다. 세세한 부분까지 정교하게 만들어진 것으로 중국 장인의 뛰어난 솜씨가 잘 나타나 있는 작품이다. 치아나 머리카락 하나하나가 모두 연구할 값어치가 있는 청동상이다.

다른 학생은 나를 자신의 친척집으로 데려가 나무로 깎은 고양이를 보여주었다. 이 고양이는 마치 살아 있는 듯이 보였다.

 그렇지만 이보다도 훨씬 훌륭한 고양이를 만들 수 있는 장인은 마쓰에에 많이 있을 것이라고 생각한다. 왠지 그렇게 믿고 싶었다. 그런 노(老) 장인 중에서 아라카와 주노스케(荒川重之輔)라는 노인이 있는데 그는 덴포(天保)시대[8]부터 이즈모의 다이묘를 위해 귀중한 물건들을 만들었다. 나는 학교의 동료를 통해 이 노인을 알게 되었다. 어느 날 저녁 노인은 자신의 귀중한 물건을 소맷자락에 넣고 우리 집을 찾아왔다. 그가 가지고 온 것은 몸체는 없고 머리만 있는 인형인데 곱게 채색되어 있었다. 그 인형의 뒤통수는 노인의 뒤통수를 그대로 닮아 있었는데 얼굴은 어린아이 모습이었다. 또 이마는 거의 없고 어떤 생각을 하는지 전혀 알 수 없는 얼굴이었다. 어떤 쪽에서 바라보아도 그 머리는 참으로 골계적으로 보여 보는 순간 웃음을 참을 수 없었다. 왠지 '무사태평한 사람'이라고나 할까. 영어로 말한다면 'a jolly old boy'쯤일 것이다. '무사태평한 사람'은 천성이 밝고 사소한 일에는 신경을 쓰지 않는다. 이른바 고뇌를 느끼지 못하는 사람인 것이다. 이 인형은 원본이 아니라 복사한 것인데 원본의 유래는 퇴색한 두루마리에 써 있다. 아라카와는 이 유래가 적힌 두루마리를 소맷자락에서 꺼내 보여주었다. 한 친구가 이 유래를 영어로 번역해주었다. 이 유래에는 일본인의 소박한 생활방식이나 사고방식이 잘 드러나 있다. 그 내용은 다음과 같다.

---

8 덴포시대(1830~1843): 서양 세력이 본격적으로 일본을 노리던 시대. 메이지 유신 직전으로 일본이 내부적으로 격심한 갈등을 겪었던 시기다. 일본의 입장에서 이 시대는 봉건 지배체제를 유지·강화시키기 위해 정책의 전환이 요구되던 시대이다. 당시 '덴포 태생의 노인'이라는 말이 유행했다. 이는 자기 것을 지키기 위해 융통성을 부릴 수 있었던 노인을 가리킨다.-역주

*

　이 인형은 지금부터 260년 전 교토에 사는 유명한 장인이 만든 것으로 천황에게 헌상되었다. 천황은 매일 저녁 잠자리에 들기 전에 이 인형을 베갯머리에 둘 정도로 매우 소중하게 생각했다. 그리고 이 인형을 보면서 다음과 같은 노래를 불렀다.

　이 세상 편하게 살아보세
　생각하면 할수록 또 다른 생각이 떠오르니까.

　천황이 죽고 이 인형은 근위병의 손에 넘어갔는데 지금도 그 가문에 전해진다.
　지금부터 170년 전에 세이카몬인(盛化門院)이라는 시호(諡號)로 불리던 황후가 이 인형을 빌려와 비슷한 인형을 만들어달라는 분부를 내렸다. 황후는 이 모조 인형을 진귀하게 여겨 항상 가까이 놓아두었다. 황후가 죽은 후에 모조 인형은 궁에서 황후의 시중을 들던 여인의 손에 넘어갔는데 그 사람의 이름은 기록에 남아 있지 않다. 그 여인은 나중에 무슨 이유인지 알 수 없지만 머리를 깎고 비구니가 되었고 신교인(信行院)이라고 불렸다.
　신교인을 알고 지내던 곤도(近藤)라는 사내가 이 모조 인형을 물려받았다. 한번은 내가 병에 걸린 적이 있다. 기(氣)가 쇠했기 때문에 발생한 병이었다. 그때 곤도가 병문안을 왔다.
　"우리 집에 자네 병을 낫게 할 수 있는 것이 있네."
　그는 집에 돌아가서 인형을 갖고 돌아왔고 내게 그 인형을 빌려주었다. 인형을 베갯머리에 놓고 바라보면 왠지 웃음이 나서 마음이 즐거워졌다. 나중에 나는 비구니가 된 신교인 님과도 만나 인형을 둘러싼 유래를 직접 들었다.

　학생들 중에는 일본의 민간신앙에 대해 회의주의적인 시각을 가진 이도 있다. 수호신이나 부적에 관해 교육을 받지 못한 농민층은 아직도 옛날처럼 미신을 신봉하지만 과학교육을 받은 학생들은 이런 미신을 믿지 않는다. 불교의 외적인 형태-불상이나 유품-는 학생들의 관심을 끌지 못한다. 일본에 사는 서양 사람들과 달리 일본 학생들은 불상에 대한 미술사적 관심도 없으며 종교적 전승에 관한 흥미도 없고 비교 종교학적인 문제의식도 없다. 십중팔구 일본인들은 자신의 주위에 존재하는 민간신앙을 부끄러워한다. 그러나 학생들은 깨닫지 못하지만 이러한 민간신앙의 밑바탕에는 강한 종교적 감정이 내재한다. 학생들은 지금도 이런 감정을 갖고 있으며 불교의 일원론적인 사고는 신교육에 의해 약해지는 것이 아니라 오히려 강해지고 있다. 공교육이 불교에 끼치는 영향은 그것이 신도에 미치는 양상과 다를 바가 없다. 이런 상황임에도 학생들은 모두 신도의 신자이다. 그렇다고 해서 그들이 특정 신을 열렬히 숭배하는 것은 아니다. 그렇지만 신도의 신자들이 숭배하는 가치-충의, 효행, 부모나 스승, 연장자, 조상을 섬기는 것-를 착실히 실천에 옮기고 있다. 이런 상황이라면 신도는 종교를 뛰어넘는 영역에 존재한다.

　기쓰키에 있는 이즈모 다이샤의 신전 앞에 처음으로 섰을 때-서양인으로서는 처음으로 이 신전에 출입할 수 있었다-나는 경외감에 사로잡혔다.

　'이곳은 한 민족의 아버지인 신을 모신 사당이다. 이곳은 한 국민의 과거를 모두 모아놓은 상징적인 공간인 것이다.'

　그리고 나 역시 일본 국민의 선조에게 깊은 경의를 표시했다.

　그렇다면 근대 교육을 받아 민간신앙의 차원을 뛰어넘고 있는 메이지의 뛰어난 학생들도 이런 점을 느낄까? 신도야말로-일본인이 그런 생각을 했는지는 알 수 없지만 – 가족도덕의 전부이자 충성심의 모든 것이다. 이것은 일본인의 사고를 전적으로 지배하고 있다. 이렇기 때문에 정도의 차이는 있지만 일본인의 생명은 이 의무를 수행하기 위한 수단에 불과하다. 그러나 지금 이 나라에서는 이러한 고매한 윤리적 규범에 대해 논의할 필요가 없다는 인식이 확산되고 있다.

미신에서 갑자기 해방된 결과 서양에서는 이에 대한 반동으로서 회의주의가 공격적인 형태로 나타나기 시작했다. 그렇지만 일본의 경우 이런 현상은 발생하지 않았다. 그러나 일본에도 이런 감정은 존재할 것이다. 특히 도쿄의 대학생들 사이에 이런 감정은 분명히 존재한다. 멋진 사찰의 범종 소리를 듣고 제국대학의 학생 한 명이 내 친구에게 이렇게 말했다고 한다.

"19세기에 이런 소리를 들어야 하다니 얼마나 부끄러운 일입니까?"

그러나 일본의 문화에 관심이 있는 서양인을 위해 한마디 부연하겠다. 일본에서 신교육을 받은 사람에게 불교에 관한 이야기를 늘어놓는 것은 신앙보다는 과학지식이 중요하다고 생각하는 서양 사람에게 기독교에 관해 이야기하는 것과 비슷하다. 물론 종교나 민간전승에 관심을 갖고 있는 외국인 연구자를 도와주려는 일본인 학자가 없는 것은 아니다. 그러나 이러한 전문가는 '세계를 유랑하는 자'의 호기심을 채워주려고 하지 않는다. 일본 평민의 종교적 관념이나 미신을 공부하고 싶은 사람은 자신이 직접 일본 민중과 접촉하여 지식을 습득하는 수밖에 없다. 교육받은 일본인은 이런 정보를 외국인에게 주려 하지 않는다.

*

각 학급에 내가 좋아하는 학생이 두세 명씩 있다. 그중에 누가 가장 좋은지는 말할 수 없다. 그들은 모두 그 나름대로 장점이 있다. 그러나 지금부터 말하는 학생들의 얼굴이나 이름은 내 기억 속에 오랫동안 남아 있을 것이다.

이시하라(石原)는 사무라이다. 그는 보통 학생과 확실히 구분된다. 학급에서도 매우 인망이 높다. 다른 학생과 비교하면 다소 무뚝뚝하지만 자신의 생각을 관철시킨다는 측면에서 정직하고 남자다워서 호감이 간다. 이시하라는 자신이 생각하는 것이라면 무엇이든 말한다. 그리고 자신의 내면을 있는 그대로 상대에게 말하기 때문에 경우에 따라서는 오해를 불러일으키기도 한다. 예를 들어 수업시간에 교사가 실수를 하면 그걸 있는 그대로 지적하고 좀 더 올바른 방법으로 설명할 것을 요구한다. 나를 비판한 적도 있지만 이시하라가 잘못을 범했다고 생각한 적은 없다. 우리 두 사람은 서로 취향이 맞는다. 이시하라는 내게 자주 꽃을 보내준다.

어느 날 매화 두 송이를 건네주면서 그는 다음과 같이 말했다.

"선생님이 천장절 때에 천황폐하의 사진에 인사를 드리는 것을 보았습니다. 선생님은 이전 영어 선생님과는 다르시더군요."

"어떤 식으로 다르던가요?"

"이전 선생님은 우리를 야만인이라고 하셨습니다."

"어떤 근거로 그런 말을 했을까요?"

"하느님은 기독교의 신뿐이고 비속하고 무지한 사람들이 이 이외의 신을 섬긴다고 하셨습니다."

"그분은 어디서 오신 분입니까?"

"그 선생님은 목사님으로 영국 사람이라고 하셨습니다."

"그분이 영국 국민이라면 영국의 여왕폐하를 존경해야만 할 것입니다. 그분은 모자를 벗지 않고서는 여왕님의 사진을 모신 영국 영사의 사무실에 들어갈 수 없을 것입니다."

"그 선생님이 영국에서 무슨 일을 하던 분인지 알지 못합니다만 저희에게 그렇게 말씀하셨습니다. 우리는 천황폐하를 존경합니다. 그것이 우리의 의무이고 즐거움입니다. 천황폐하를 위해 목숨을 바칠 수 있다는 것도 우리의 행복입니다. 그러나 이전의 선생님은 우리가 단지 야만인이고 무지한 존재라고 하셨습니다. 선생님은 이에 대해 어떻게 생각하시는지요?"

"그 선생님이야말로 야만인입니다. 비속하고 무지하고 야만적인 크리스천임이 틀림없습니다. 나는 학생이 천황폐하를 존경하고 국법을 따르며 천황이 학생에게 요구하는 사항을 실천하고 조국에 충성을 바치는 것이 최고의 사회적 의무라고 믿습니다. 그리고 학생이 조상신을 모시고 일본의 종교를 지켜나가는 게 의무라고 생각합니다. 또 일본이나 천황을 위해서도 그 선생님의 악의에 가득하고 저속한 말에 분노를 표시하는 게 학생의 의무라고 생각합니다."

오타니 마사노부(大谷正信)는 내 집에 자주 오지 않는 편이지만 올 때에는 반드시 혼자 온다. 그는 체격이 호리호리하고 얼굴은 여성적이며 생각이 깊고 침착하다. 그는 진지한 표정인데 미소를 짓는 경우는 별로 없다. 나는 이 소년이 웃는 모습을 본 적이 없다. 오타니는 학급에서 1등인데 그다지 노력도 하지 않으면서 그 자리를 유지한다고 한다. 그는 한가하면 식물학 연구에 몰두한다. 그는 식물을 수집해 분류하는 게 취미다. 오타니는 음악가이기도 하다. 오타니 가문의 남자들은 모두 음악가라고 한다. 그는 서양에서는 본 적이 없는 다양한 악기를 연주할 수 있다. 대리석으로 만든 피리, 상아 피리, 멋진 외관과 절묘한 음색을 자랑하는 대나무 피리, 그리고 특이한 소리를 내는 중국 피리도 연주한다. 이 중국 피리는 하모니카와 비슷한 악기인데 대나무 관 17개로 이뤄져 있고 그 관들은 은빛 끈으로 묶여 있다. 오타니는 먼저 큰북, 작은북, 피리 등 신사나 사찰에서 연주되는 악기에 관해 설명해주었다. 큰 축제가 열리는 날에 오타니의 가족은 사찰에서 신비한 곡을 연주한다. 그러나 이 곡은 서양인의 귀에는 그다지 재미있는 노래로 들리지 않는다. 그러나 몇 번 듣고 나면 이 곡을 이해할 수 있다. 아니 이런 곡을 듣고 있으면 일본 전통음악의 매력을 느낄 수 있다. 오타니가 나의 집에 오는 이유는 대체로 법회나 축제에 나를 초대하기 위해서다. 그는 내가 이런 행사에 흥미가 있다는 것을 알고 있다.

아즈키자와(小豆澤)는 오타니와는 전혀 다르다. 두 사람은 다른 인종처럼 보인다. 아즈키자와는 어깨가 넓고 뼈대가 굵은데 그의 얼굴은 북미 인디언와 신비할 정도로 닮았다. 집안은 그다지 부유하지 않은 듯 사치한 옷차림은 하지 않는다. 단 예외적으로 책은 많이 구입한다. 그는 책값을 충당하기 위해 시간을 내서 돈을 번다. 그는 천성적인 책벌레다. 사찰 인근에 있는 중고서점에서는 옛날 책이나 원고, 인쇄물을 파는데 아즈키자와는 이런 곳을 돌아다니며 문헌이나 문서를 수집한다. 탐욕스러운 자세로 책을 읽고 항상 사람들에게 책을 빌린다. 그중에서 중요하다고 생각하는 부분은 베껴 쓰고 빌린 책은 정중하게 되돌려준다. 아즈키자와가 특히 좋아하는 분야는 각국의 철학이나 철학사(哲學史)로 이에 관한 책은 이미 몇 권이나 읽은 상태다. 일본어로 번역된 허버트 스펜서의 『제1원리(第一原理)』는 이미 읽었다. 아즈키자와에게 G. H. 루이스와 존 피스크의 책을 빌려주었더니 영어로 된 책인데도 상당 부분 이해했다. 다행스럽게도 그는 몸이 건강해 얼마든지 공부할 체력이 비축되어 있다. 정신력도 강하다. 더욱이 금욕을 몸소 실천하는 인물이다. 손님이 집에 찾아오면 차와 과일을 대접하는 것이 일본의 관습이기 때문에 나는 언제나 이 두 가지를 준비해둔다. 학생들은 기쓰키에서 생산된 과자를 가장 좋아한다. 그러나 아즈키자와는 내가 준비한 과자를 먹지 않고 언제나 이렇게 말한다.

"저는 막내이기 때문에 곧 독립해야 합니다. 아마 여러 가지 어려운 일을 참아내야 하겠지요. 그런 제가 지금 이런 맛있는 과자의 맛을 보아버린다면 장래에 상당한 고생을 하게 될 것입니다. 그래서 저는 이 과자를 먹지 않겠습니다."

아즈키자와는 인간이란 과연 어떤 존재인지를 생활이나 성격 측면에서 잘 보여준다. 그는 선천적으로 관찰력이 뛰어나서 마쓰에 주민의 신상에 관해 놀랄 정도로 잘 안다. 한번은 이미 너덜너덜해진 인쇄물을 갖고 와서 중학교 교장의 지금 생각은 그가 14년 전에 말한 내용과 정반대라고 말해주었다. 내가 교장에게 물어보니 교장은 웃으며 말했다.

"역시 아즈키자와의 소행이로군. 그 말이 맞습니다. 당시는 나도 젊었었고."

아즈키자와라는 청년은 선천적으로 노쇠한 인물처럼 보인다. 과연 그에게 젊었던 시절이 있었는지 의문이다.

아즈키자와의 친구인 요코기 도미사부로(橫木富三郞)는 내 집에 거의 오지 않는다. 항상 집에 틀어박혀 공부에 열중하기 때문이다. 그는 언제나 3학년 수석이다. 아즈키자와는 전교에서 4등이다. 아즈키자와의 말에 따르면 두 사람이 알게 된 것은 다음과 같은 계기에서였다.

"요코기가 다가오는 걸 바라보고 있는데 그는 과묵하고 힘 있게 걷더군요. 그리고 상대가 누구든 정면으로 바라보았습니다. 그 점이 개성 있다고 생각했습니다. 저는 개성이 있는 사람과 친구가 되고 싶었습니다."

역시 아즈키자와가 말한 대로다. 요코기는 겉으로는 상당히 평온해 보이지만 참으로 강한 성격을 가졌다. 요코기의 부모는 목수인데 자식을 중학교에 보낼 만한 여유가 없었다. 그러나 초등학교에 재학할 때부터 요코기의 성적은 매우 뛰어났다. 이를 안 어느 부자가 그의 학비를 대주었다고 한다. 요코기는 지금 학교의 자랑이다. 그는 정말 침착한 얼굴이다. 눈은 크고 참으로 멋진 미소를 짓는다. 수업시간에 그가 하는 질문은 매우 수준이 높은데 의표를 찌르는 듯해서 나도 그의 질문에 대답하기를 망설일 정도다. 그는 자신의 질문에 대해 납득이 될 때까지 계속해서 질문한다. 그는 자신이 정당한 행위를 하고 있다고 생각하는 한 학급의 다른 학생은 전혀 염두에 두지 않는다. 학급 학생 모두가 신임 물리교사의 수업을 거부했을 때에도 요코기만은 다른 학생과 함께 행동하기를 끝까지 거절했다. 요코기는 "신임교사는 충분한 실력을 쌓은 사람은 아니지만 곧 전근을 갈 것도 아니고 그 나름대로 수업에 최선을 다하고 있다. 그런 교사를 불행하게 하는 것은 정당한 일이 아니지 않는가?"라고 말했다고 한다. 아즈키자와는 요코기의 의견에 동조했다. 이 두 사람만 수업에 출석했고 2주일이 지나자 학급의 다른 학생도 요코기의 생각에 동참했다. 또 다른 일도 있다. 기독교 선교사가 좋지 않은 방법으로 학생들에게 개종을 강요하자 요코기는 그 선교사의 집에 찾아가 논리적인 대화로 상대를 제압해버렸다.

동급생 한 사람이 이런 요코기를 칭찬하자 그가 대답했다.

"그다지 칭찬받을 만한 일이 아니다."

요코기는 말을 이어갔다.

"도의적으로 잘못을 저지른 사람을 논박하는 것은 문제될 것이 없다. 그저 자신이 도의적으로 옳다는 것을 알고 있으면 된다."

요코기가 이렇게 말한 것을 아즈키자와가 나에게 통역해주었다.

나의 집을 찾아오는 학생 중의 또 한 명은 시다 쇼키치(志田昌吉)이다. 그는 섬세한 감수성을 갖춘 소년으로 예술적인 혼이 반짝이는 인물이다. 그림도 상당히 뛰어나다. 시다는 일본의 옛 화가들이 그린 멋진 화첩을 가지고 있다. 지난번에 나를 방문했을 때에도 미인과 유령의 판화－아주 귀중한 것이다－를 가져와 보여주었다. 시다의 아름다운 얼굴과 이 세상 사람의 것 같지 않은 손가락을 바라보고 있으면 혹시 시다가 유령이 되어버리는 것이 아닌지 불안한 생각이 들기조차 한다.

시다를 보지 못한 지도 이제 2개월이 넘었다. 병으로 몸 상태가 아주 좋지 않은 듯하다. 그는 폐가 좋지 않은데 의사가 입을 벌리지 말라고 했다고 한다. 아즈키자와가 병문안을 갔다가 시다가 자신의 머리맡에 써놓은 문장을 영어로 번역해주었다.

내 영혼의 주인은 바로 나. 나의 주인은 바로 나.
주인인 나여! 나를 방치하지 말고 치료하자. 의사의 명령에 복종하자.
_메이지 24년(1891년) 11월 9일, 시다의 병든 몸이 시다의 영혼에게

*

9월 4일

긴 여름방학이 끝나고 새 학기가 시작되었다.

여러 가지 변화가 있었는데 그중에는 지난 학기에 가르친 학생이 사망한 경우도 있었다. 학교를 졸업하고 마쓰에를 떠난 학생도 있다. 교사 몇 명이 학교를 떠났고 그 자리를 새로운 교사가 채웠다. 교장도 새로운 사람이다.

존경하는 지사도 가버렸다. 그는 동북 지방의 니가타(新潟)로 떠났는데 승진했다고 한다. 코테다는 약 7년 동안 시마네 현의 지사로 있었는데 그동안 그는 사람들의 사랑을 많이 받았다. 특히 학생들이 그를 좋아했는데 마치 그를 아버지처럼 여겼다. 사람들은 모두 강둑에 몰려서서 배를 타고 떠나는 지사에게 작별인사를 하려고 했다. 코테다가 증기선을 타려고 나아가는 골목이나 다리, 선착장 그리고 지붕 주위에 열린 창문마다 지사를 마지막으로 보려는 사람들로 가득했다. 사람들 수백 수천 명이 울고 있다. 증기선이 선착

장을 빠져나갈 때에 이런 소리가 크게 퍼져나갔다.

"아—아—아—아—"

"아—아—아—아—"

이는 본래 떠나가는 사람을 환송하기 위한 소리이지만 내게는 마쓰에 전 시민이 지사와의 이별을 안타까워하면서 우는 것처럼 들렸다. 두 번 다시 듣고 싶지 않은 애조 띤 목소리였다.

저학년 학생들의 이름과 얼굴은 내게 생소하다. 오늘 아침 갑조(甲組) 교실에서 수업을 하는데 문득 일본에 와서 처음 수업에 들어갔던 날의 기억이 선명하게 떠올랐다.

교실에서 눈앞에 앉아 있는 학생들을 지나칠 때면 신기할 정도로 기분이 좋아진다. 내 앞에 앉아 있는 학생들 중에서 아는 얼굴은 없다. 그럼에도 학생들을 바라볼 때는 기분이 좋다. 학생들의 얼굴에서는 날카로움이나 강인함이 느껴지지 않는다. 서양 사람과 비교해 일본 학생의 얼굴은 윤곽이 완만하고 부드럽다. 공격적인 얼굴도 없고 자기주장을 하려는 듯한 얼굴도 없다. 집중력이 보이지도 않고 그렇다고 무관심한 듯이 보이지도 않는다. 이미 자신의 앞가림을 하는 젊은이이기는 하지만 일본 학생은 어린아이다운 솔직함을 갖고 있다. 시골뜨기처럼 생긴 아이도 있지만 아이들의 얼굴은 매력적이다. 어떤 아이는 예쁜 여자처럼 생겼다. 그러나 일본 학생의 얼굴에서 공통적으로 나타나는 특징은 마치 불상처럼 온화한 표정이라는 점이다. 그러나 시간이 흐르면 이런 피상적인 인식은 바뀐다. 서로 안면이 트이면 학생 한 사람 한 사람이 이전에 내가 깨닫지 못한 모습을 드러낸다. 그렇지만 일본 학생을 처음 보았을 때의 인상은 계속 남아 있다. 이런 첫인상은 일본인에게 원래부터 있는 근본적인 속성인가? 일본에서 경험을 많이 쌓으면 일본인의 속성을 충분히 이해할 수 있는 날이 오리라. 생각해보니 일본인의 첫인상에는 일본의 민족혼이 숨어 있는지도 모른다. 숨이 막힐 듯한 세상에 살다가 어느 날 갑자기 밝고 자유로운 세계에 도달했다고 하자. 그때 긴장했던 신경은 여유를 찾는데 — 정신적 안도감이라고 해도 좋다 — 나와 같은 서양인은 특히 이런 세상에서 안도감을 얻는다. 나는 일본에 대한 첫인상에서 안도감을 느꼈던 것이다.

*

'문명인'의 무서운 얼굴에 관해 언급한 사람은 바로 기인(奇人) 프랑수아 마리 샤를 푸리에(François Marie Charles Fourier)[9]였다. 이런 말을 한 사람이 누구이든 그것은 관계없다. 동양인이 서양인의 얼굴을 처음 보았을 때 어떻게 느끼는지 조금이라도 생각해보았다면 그 서양인은 자신의 얼굴에 관한 지금까지의 이론이 실증되는 과정을 경험할 수 있을 것이다. 본국에서 잘 생겼다는 평가를 받았다고 해도 중국이나 일본에서 같은 평가를 받기는 힘들다. 서양인은 표정 변화를 통해 다양한 의미를 드러낸다. 그러나 동양인이 이런 서양인의 표정 변화에서 어떤 의미를 파악해내기는 힘들다. 먼저 우리가 주목해야 할 것은 이런 특성이 인종적인 측면이지 개인의 개성과 관련된 문제는 아니라는 점이다. 서양인은 눈매가 깊고 이마는 튀어나왔으며 매부리코에 무거운 턱을 갖고 있다. 이런 외모는 진화론적 의미에서 이보다 온화한 얼굴의 인종에게 맹수를 연상하게 만든다. 서양인이 보았을 때 일본인은 키가 작고 눈과 코가 매끄러워서 어린아이 같다. 실제로 요코하마(橫浜)에서 서양 상인의 심부름을

---

[9] 프랑수아 마리 샤를 푸리에(1772~1837): 프랑스의 공상적 사회주의자. 대표 저서에 『가정적 농업적 사단론(社團論)』이 있다. 상인의 아들로 태어난 그는 사회적 부(富)가 증대되는데도 많은 노동자가 가난에 허덕이는 것을 보고 자본주의 제도를 사회악의 근원이라고 생각했다. -역주

하는 원주민은 지금도 '보이(boy)'로 불란다. 일본인은 그들이 처음으로 본 붉은 머리카락의 게걸스럽고 술에 취한 듯한 서양 선원들을 술고래나 호색한으로 생각했을 것이다. 지금도 중국인은 서양 사람을 '양귀(洋鬼, 서양귀신)'라고 부른다. 서양인의 큰 키, 완력, 위압적인 태도는 서양 사람들의 얼굴에서 만들어진 이미지를 강화시킨다. 동양의 아이들은 서양인이 지나가면 '무섭다'라며 운다. 지금도 지방에 가면 서양인을 처음 보는 아이는 울음을 터뜨린다.

마쓰에에 사는 한 부인은 어린 시절의 재미있는 경험을 내게 들려주었다. "제가 아주 어린아이였을 때 마쓰에의 영주 한 분이 서양인을 군사훈련 교관으로 채용했습니다. 제 아버님도 다른 사무라이와 함께 그 서양인을 맞으러 나갔습니다. 거리에는 마을 사람들이 늘어서서 그 서양인을 보려고 기다리고 있었습니다. 왜냐하면 그때까지 이즈모에 왔던 외국인은 한 사람도 없었기 때문입니다. 우리도 모두 그 외국인을 보러 외출했습니다. 그 외국인은 배를 타고 왔습니다. 당시 이 근방에는 아직 증기선이 없었습니다. 그 외국인은 키가 컸고 큰 보폭으로 걸었습니다. 아이들은 그를 보고 울음을 터뜨렸습니다. 그의 얼굴이 일본인의 얼굴과는 상당한 차이가 있었기 때문입니다. 동생도 울음을 터뜨리면서 어머니의 품에 얼굴을 묻었습니다. 어머니는 동생을 꾸짖었습니다. "이 외국인은 아주 좋은 분이셔. 우리 영주님을 도와드리기 위해 오셨단다. 그런 분을 처음 보고 울음을 터뜨리는 건 예의에 어긋난다." 어머니의 말을 듣고도 동생은 울음을 그치지 않았습니다. 저는 그분이 무섭지 않았습니다. 그분이 제 옆을 지나칠 때 저는 얼굴을 들어 싱긋 웃어 보였습니다. 그는 아주 긴 수염을 기르고 있었습니다. 좀 기이하고 엄격해 보였지만 그래도 잘생긴 얼굴이었습니다. 그분도 제가 웃는 모습을 보더니 그 자리에 멈추어 서서 웃어주었습니다. 그리고 제 손에 무언가를 쥐어주었습니다. 그분은 큰 손으로 저의 머리와 얼굴을 어루만졌습니다. 그리고 내가 알아들을 수 없는 몇 마디를 늘어놓더니 사라졌습니다. 그분이 사라지고 나서 손을 펴보니 조그맣고 귀여운 안경이 있었습니다. 크기는 작지만 알을 통해 자세히 바라보니 의외로 크게 보였습니다. 당시 저는 그 안경이 정말 굉장한 물건이라고 생각했습니다. 지금도 그걸 소중히 간직하고 있습니다."

이렇게 말하면서 그녀는 책상의 서랍을 열어 그 조그맣고 귀여운 안경을 꺼내 보여주었다. 이 사건의 주인공은 프랑스의 육군 장교로 마쓰에 번주(藩主)의 초청을 받아 일본에 왔던 사람이다. 그러나 그가 오고 난 후 폐번치현(廢藩置縣)[10]이 실시되었고 그는 일본에 온 목적의 결실을 거둘 수 없었다. 그래도 그의 행적은 마쓰에 이곳저곳에 남아 있다. 연로한 사람들의 말에 따르면 당시 그의 말을 흉내 내어 빠른 어투가 유행한 적도 있다고 한다.

*

11월 2일

시다는 더 이상 학교에 나오지 못한다. 시다는 지금 도코지의 묘지에 있는 삼나무 그림자 아래 잠들어 있다. 그의 장례식에서 요코기는 멋있는 제문을 낭독했다.

그런데 이번에는 요코기가 쓰러졌다. 나는 그가 걱정된다. 의사는 요코기가 공부를 지나치게 해서 뇌에 이상이 생겼다고 한다. 낫는다고 해도 앞날이 걱정이다. 요코기는 아직 몸이 건강하고 어린 시절에 아팠던 경험이 있었으니

---

10 폐번치현: 1871년 전국의 번(藩)을 폐지하고 부(府)와 현(縣)으로 개편한 조치를 말한다. 이런 개편을 통해 일본은 중앙집권적인 통일국가로 발전했다.-역주

이번에도 이겨낼 수 있기를 간절히 바라고 있다. 평소에 아주 건강하던 사카네도 지난 달에 각혈했다. 지금은 괜찮은 듯하다. 그러므로 요코기도 괜찮아질 것이다. 아즈키자와가 매일 요코기의 상황을 내게 알려준다.

그렇지만 그의 병세는 나아지지 않았다. 그 젊은이의 생명은 우리의 바람과는 반대로 달려가는 듯싶었다. 요코기의 의식이 깨어 있는 시간은 아주 짧은 순간에 불과했다. 그의 부모나 친구는 베갯머리를 지키며 그가 깨어나기를 기다린다. 그리고 그가 깨어나는 순간마다 그에게 따뜻한 말을 건넨다. 때때로 친구들은 그의 얼굴을 바라보며 묻는다.

"무슨 소원이라도 있어?"

어느 날 그는 친구들의 질문에 이렇게 대답했다.

"학교에 가고 싶어. 꼭 한번 보고 싶어."

친구는 그의 뛰어난 머리가 이번 질병으로 쓸모없게 되어버렸는지도 모른다고 생각하면서 대답했다.

"이미 한밤중이야. 거기다가 달도 뜨지 않았어. 밖은 추위."

"별빛만으로도 충분해. 한 번만이라도 학교에 가보고 싶어."

주위의 모든 사람이 "그건 무리다"라고 되풀이해 말했지만 요코기는 듣지 않았다. 이것이 이승에서의 마지막 부탁이라도 되는 듯이 소년은 이 말을 되풀이했다.

옆방에서 사람들이 모여 협의했다. 장롱에서 두터운 옷을 꺼냈다. 그러고 나서 집안 사람들이 등불을 가지고 나타났다.

"도미 짱! 그렇다면 우리 함께 학교에 가보도록 하자. 뭐 학교는 가까우니까 보여주지."

소년은 솜을 넣은 따뜻한 옷을 입고 집안의 아저씨 어깨에 손을 감는다. 그는 소년을 업고 겨울 풍경이 가득한 밤거리로 나선다. 부친은 이런 일행 옆에 서서 등불을 들고 길을 서두른다. 중학교는 그다지 멀지 않다. 조그만 다리를 건너면 바로다.

커다란 회청색 학교 건물은 캄캄한 밤에 바라보니 아주 새까맣다. 그렇지만 요코기의 눈에는 이런 학교가 선명하게 들어온다. 요코기는 자신의 교실 창문을, 교실 출입구를 바라본다. 4년여 행복했던 과거를 생각해본다. 저 출입구에서 그는 신발을 갈아 신었었다.

*

요코기는 다음 날 저녁 동급생인 시다의 옆에 묻혔다.

가난한 사람이 사경을 헤매면 지인이나 인근의 사람이 그 집에 찾아와 여러 가지를 도와준다. 멀리 떨어진 친척 집으로 소식을 전하러 가는 사람도 있고 만일을 대비하여 준비하는 사람, 또 죽은 사람을 위해 스님을 부르러 가는 사람도 있다.

스님은 사자의 전령이 오기 이전에 이미 죽은 사람의 소식을 안다고 한다. 왜냐하면 죽은 사람의 영혼이 단나데라(檀那寺)에 가서 그 사찰의 문을 한 번씩 두드리기 때문이다. 전령이 와서 소식을 전하면 스님은 승복으로 갈아입고 전령에게 이렇게 말한다.

"알고 있습니다. 지금 갑니다."

이런 일이 벌어지고 있을 즈음 시신은 불단 사이에 안치된다. 악령을 쫓기 위해 사자(死者)의 칼을 두 다리 사이에 놓는다. 집안에 놓인 불단의 문이 열린다. 조상들의 위패 앞에 불을 켜고 향불을 피운다. 친구나 지인들은 이 영전 앞에 향불을 피운다. 향은 아무리 명품일지라도 이러한 용도 이외로는 쓰지 않는다.

위패를 모셔놓은 신표는 흰 종이로 만들었는데 밖에서는 보이지 않는다. 신도의 부적은 상중(喪中)에 종이로 덮어 보이지 않게 한다. 그 사이에 집안 사람은 누구 한 사람이라도 신사로 참배를 가서는 안 된다. 도리이 아래를 빠져나가서도 안 된다.

시신 앞에는 병풍을 세워 방의 입구와 분리한다. 그리고 가는 흰 종이에 계명을 적어 병풍에 붙인다. 만일 죽은 사람이 젊은이일 때는 병풍을 거꾸로 세우지만 노인인 경우에는 이렇게 하지 않는다.

친구나 지인은 고인의 시신 옆에서 명복을 빈다. 그 옆에 조그만 상자가 놓여 있는데 그 안에는 콩 천 개가 들어 있다. 이것은 염불을 외우는 횟수를 기억하기 위한 것이다. 망자의 영혼이 익숙하지 않은 길을 갈 때에 이승에서 염불을 외워주면 이 공덕으로 망자가 여러 가지 어려움을 극복할 수 있다고 한다.

스님이 와서 독경을 읊는다. 사람들은 이제 장례식을 치를 준비를 서두른다. 입관하기 전에 시신을 더운 물로 깨끗이 씻기고 흰옷으로 갈아입힌다. 고인의 수의는 왼섶을 안으로 들어가게 입힌다. 그래서 보통 때에 왼섶을 안으로 들어가게 옷을 입는 것은 불길함의 징조다.

목제 가마와 비슷한 기묘한 모양의 사각 관에 시신을 넣으면 망자와 혈연관계에 있는 사람들이 와서 자신의 손톱과 머리카락을 잘라 관에 넣는다. 이는 망자와 피를 나눈 사이라는 것을 상징하는 행위이다. 관 속에는 아주 적은 액수의 동전 6개를 넣는다. 이는 망자가 저승에 도착했을 때 저승의 입구를 지키고 있는 여섯 지장(地藏)에게 주기 위한 것이다.

장례 행렬이 집에서 출발한다. 스님이 이 행렬의 선두에 서서 요령을 흔든다. 고인의 위패는 남자가 든다. 행렬의 맨 앞에는 친척이나 지인 중에 남자가 선다. 그중에 어떤 사람은 흰색의 상징적인 깃발을 들고 어떤 사람은 꽃을 든다. 그들은 모두 제등을 들고 있다. 이는 이즈모 지방에서 어른이 죽었을 때 해가 떨어지고 나서 시신을 묻기 때문이다. 낮에 묻는 경우는 아이가 죽었을 때뿐이다. 이어 관이 도착한다. 묘를 파거나 장례를 생업으로 하는 사람이 상여를 맞는다. 행렬의 뒤쪽에는 여자들이 선다.

여자들은 머리부터 손톱 끝까지 흰 천으로 몸을 감싸 마치 유령처럼 보인다. 이러한 이즈모의 흰 장례 행렬이 제등의 불빛에 비쳐드는 모습보다 우울한 것은 없다. 굉장히 우울한 광경이어서 한번 그 모습을 본 사람은 꿈에서도 이 광경을 떠올리게 된다.

시신이 사찰에 도착하면 관은 사찰 정문의 돌 제단에 자리를 잡고 다시 한 번 법요가 열린다. 그때 들려오는 독경 소리는 서글픈 노래 같다. 독경을 마친 장례 행렬은 다시 사찰의 공터를 돌아 묘지로 향한다. 그렇지만 시신이 매장되는 것은 1주야가 지난 다음이다. 혹시 망자가 되살아날 가능성이 있는지 여부를 판가름하기 위해서다.

이즈모에서 화장하는 경우는 거의 없다. 이 지역의 이런 전통은 상당히 뿌리 깊은 것처럼 보인다.

*

나 역시 마지막으로 작별인사를 한다. 요코기는 흰옷을 입은 채 누워 있다. 저승길로 떠나는 여행을 준비하고 있는지 그는 흰 띠로 허리를 졸라매고 있었다. 비록 눈을 감고 있었지만 그의 얼굴에 떠오른 미소는 영어 수업시간 당시 내 설명에 납득했을 때에 짓던 온화한 표정이었다. 지금 그의 얼굴에 떠오른 미소는 이전에 짓던 표정보다 감미로운 듯한 느낌도 든다. 아마도 그가 갑자기 신비한 세계로 들어가 많은 지식을 깨닫게 되었기 때문이리라. 그리고 이

도코지에서는 금색 불상이 향불 연기 아래서 감미로운 미소를 짓고 있다.

*

12월 23일

도코지의 커다란 종(鐘)이 요코기의 추도회를 알리려는 듯 규칙적으로 울린다. 청동으로 만든 종이 울리는 소리는 마치 벼락 소리처럼 호수를 건너 지붕을 지나 마을을 둘러싸고 있는 언덕에 부딪친 다음 통곡 소리처럼 부서져간다.

이 추도회는 감동적인 행사이다. 이 의식이 일본 불교에 채용된 것은 아주 오래전의 일이지만 아직까지도 지속되고 있다. 이 의식에는 상당한 비용이 든다. 그러나 요코기의 집안은 매우 가난했다. 그래서 교사와 학생들이 모금해서 이 행사의 비용을 충당했다. 이즈모의 선종(禪宗)에 속하는 스님들 대부분이 도코지에 모였다. 마쓰에 시의 교사나 학생은 모두 이 절의 본당에 모여 제단의 좌우에 자리를 잡고 앉았다. 그리고 본당 밖의 넓고 긴 계단에는 이들이 벗어놓은 구두와 짚신이 천 켤레나 나란히 자리를 잡았다.

사찰의 정문 앞에는 높은 불상이 있는데 이와 마주한 자리에 새로운 관음상이 자리를 잡았다. 그 관음상 위에 소년의 위패가 금색 문자로 반짝이고 있었다. 그 관음상 바로 앞에 조그만 탁자가 놓여 있고 그곳에는 분향용 향로가 과일이나 과자, 쌀, 꽃 등과 함께 올라가 있다. 탁자의 좌우에는 높고 아름다운 꽃병이 있는데 거기에는 생화가 꽂혀 있다. 본존불상 앞에는 커다란 촛대에 불이 밝혀져 있다. 촛대는 잘 간수되어 있었던 것 같다. 구불구불 촛대를 기어오르는 괴물 — 어찌 보면 내려가는 듯이 보이기도 한다 — 아래쪽에는 불교 전설에서 말하는 명상에 빠진 학, 만년을 산다는 거북, 신의 사자(使者)인

시슴이 조각된 향로에서 흰 연기가 솟아오른다. 이런 상황을 배경으로 한쪽 구석에서 불상이 희미한 미소를 짓고 있다.

불상과 본존상 사이에는 조그만 탁자가 놓여 있다. 이 탁자를 사이에 두고 양쪽에 스님들이 줄을 맞추어 앉아 있다. 까까머리의 스님들이 찬란히 빛을 내는 가사를 입고 두 열로 늘어앉아 있는 모습은 장관이다.

커다랗게 울리던 종소리가 그치자 죽은 자의 영혼에게 음식을 바치는 의식이 이뤄지고 독경은 그치지 않는다. 그리고 갑자기 규칙적으로 무엇인가를 두드리는 소리가 들리고 애조 띤 가락이 울려온다. 그 소리는 목어(木魚)를 두드리는 소리다. 목어란 커다란 목제 물고기로 표면에는 옻칠을 하고 금박을 입혔다. 이것은 돌고래를 그로테스크하게 변형시킨 것으로 두 개를 맞부딪쳐 박자를 맞춘다. 지금 들려오는 독경은 묘법연화경(妙法蓮華經)의 관음경(觀音經)이다. 법회를 주도하는 스님이 떨리는 목소리로 독경을 외우면 많은 스님이 아주 낮은 목소리로 이를 따라한다. 이 독경 소리는 마치 큰 파도가 중얼거리는 소리 같다.

목어의 둔한 소리가 그치고 인상적인 독경 소리도 멈춘다. 추도회에 참석한 승려가 한 사람 한 사람-그중에는 유명한 사찰의 명승도 있다-이 위패 가까이 다가가 머리를 숙이고 분향한다. 그리고 한 사람씩 짧은 독경을 외우는데 그 첫마디는 고인의 계명문자가 보통이다.

그러고 나서 승려들은 각자 자리로 돌아가 잠시 자세를 가다듬은 다음 고인의 영혼을 향해 제문을 낭독한다. 처음에는 각 학급에서 뽑힌 학생이 제문을 낭독한다. 대표자는 자리에서 일어나 불단 앞의 탁자에 다가간 다음 본존불상에 인사를 드리고 주머니에서 종이를 꺼내든다. 그리고 한문을 읽을 때의 애절한 어조로 제문을 낭독한다. 한 사람씩 고인에 대한 애절한 사연을 탄식과 희망의 어조로 낭독한다. 마지막에는 학생 대표의 한 사람인 사범학교의 어른스러운 여학생이 자리에서 일어나 부드러운 음성으로 낭독한다. 제문 낭독이 끝나면 본존불상 앞의 탁자에 제문을 올려놓고 인사를 한 다음 물러나온다.

그다음은 교사들 차례다. 노인이 탁자 앞으로 나아간다. 그는 한문교사인 가타야마 쇼케이(片山尙絅)다. 그는 한시로도 유명하고 교사로서도 학생들의 존경을 받고 있다. 학생들은 모두 이 노교사를 친아버지처럼 사랑하기 때문에 가타야마 옹이 제문을 읽기 시작했을 때 주위는 숙연한 분위기였다. 가타야마 선생의 긴 제문이 끝나자 학생들은 흐느껴 울었는데 이 소리를 제압이라도 하려는 듯이 목어 소리가 본당에 울려 퍼졌다. 의식을 주도하는 승려가 독경을 외우기 시작했다. 이 독경은 삶과 죽음이라는 대해(大海)를 건너가는 승리의 노래이기도 하다. 목어 소리와 독경 소리가 어우러지는 한편 아래 방향에서는 승려 수백 명이 독경을 외우기 시작했다. 마치 파도가 밀려왔다가 되돌아가는 소리 같다.

모든 생명체는 영원히 생명을 유지하지 못한다. 태어난 사람은 반드시 죽어야만 한다. 삶이란 바로 죽음이 아니고 무엇이랴. 그리고 죽은 사람은 스스로의 사라짐을 즐거움으로 여겨야만 하리라. 독경 소리는 마치 이런 말을 하고 있는 듯하다.

05

일본해의 해변에서

오늘은 음력 7월 15일로 호키 지방에 왔다. 담갈색 길이 낮은 해안의 절벽 방향으로 꺾여 있다. 이곳이 바로 일본해이다. 앞으로 나아가면 갈수록 왼편에는 광활한 일본해가 펼쳐진다. 짙푸른 수평선에서 푸른 파도가 밀려든다. 저 수평선의 저편에는 이곳과 같은 태양빛이 내리쬐고 있을 조선 반도가 있을 것이다. 때때로 절벽으로 흰 파도가 휘몰아쳐 온다. 오른편에는 이와 다른 바다가 펼쳐져 있다. 나무로 뒤덮인 언덕에는 수증기가 피어오르고 그 뒤편에는 거대한 봉우리가 자리를 잡고 있다. 그 봉우리의 아래편에는 숲이 바다처럼 펼쳐져 있고 바다에는 이와 비슷한 상태로 끝없이 파도가 이어진다. 조선에서 불어오는 강력한 바람이 수면을 흔든다.

지난 1주일 동안 하늘이 흐린 적은 없었지만 바다는 수일간 험한 상태였다. 파도 소리는 육지의 구석구석까지 들려왔다. 마치 바다가 혼잣말을 하고 있는 듯했다. 이 지역 사람들에게 물어보니 음력 7월 15일 백중맞이를 하는 3일간은 이처럼 파도가 거세다고 한다. 백중맞이란 죽은 자들의 축제일로 음력으로 따지면 7월 13일에서 15일 중에 한 날이다. 그리고 16일에 'Ships of Souls'로 번역할 수 있는 정령선(精靈舟)[1]을 띄워 보낸 후에는 아무도 바다에 들어갈 수 없다. 이런 상태에서는 배를 빌릴 수도 없다. 어부들은 모두 집에 틀어박힌다. 이는 이날에는 바다가 죽은 자들의 통로가 된다는 의미이다. 사자들은 바다를 건너 신비한 땅으로 돌아가야 한다. 이런 이유로 이날의 바다는 '신령스러운 바다'가 된다. 신령스러운 바다는 'the Buddha-Flood' 또는 'the Tide of the Returning Ghosts'로 번역될 만하다. 그렇기 때문에 음력 7월 16일 밤의 바다는 파도가 고요하든 거칠든 귀신들이 활개를 치는 공간이 된다.

*

그러나 이런 일도 발생한다. 한시라도 빨리 항구에 도착하려고 미친 듯이 달렸지만 배가 아직 선착장에서 멀리 떨어져 있는 경우가 있다. 이때 죽은 자들은 배를 높이 둘러싸고 손을 내밀며 이렇게 속삭인다.

"통을 좀 줘! 통을. 통을 줘!"

이 요청을 거절해서는 안 된다. 그러나 통을 건네주기 전에는 속을 비워야 한다. 만일 일이 잘못 되어 속이 비지 않은 통이 바다에 떨어지면 배 안에 탄 사람들은 절대로 구원받을 수 없다. 사자들이 그 통을 이용하여 배에 물을 퍼붓고 침몰시킬 것이기 때문이다.

이 신령스러운 시기에 사람들이 두려워해야 하는 대상은 단지 죽은 자만이 아니다. 마력(魔力)이 강한 대상이나 물속에 산다는 상상의 동물도 있다.

---

1 정령선: 음력 7월 16일에 제물이나 등롱을 실어 강이나 바다로 띄워 보낼 때 쓰는 짚으로 만든 배.-역주

수영을 하는 사람은 이 시기만이 아니라 1년 중 언제라도 만날 수 있는 물속에 사는 상상의 동물을 두려워한다. 이 물속에 사는 동물은 깊은 심연에서 손을 뻗쳐 사람을 끌어들인 뒤 잡아먹는다. 이 동물은 사람의 창자만 먹는다.

이 물속의 상상의 동물에게 붙잡힌 사람의 시체는 며칠이 지나서야 해변에 떠오른다. 시체는 바위에 부딪치지 않고 물고기의 공격을 받지 않는 한 멀쩡하다. 그러나 아주 가볍고 오랫동안 햇볕을 쬐어 말라버린 표주박처럼 속이 비어 있다.

*

우리는 여행을 하며 단조로움에 시달렸다. 그러나 회색빛 묘지가 나타나자 이런 정적은 금방 깨져버렸다. 그건 아주 긴 묘지로 인력거꾼이 열심히 달려도 15분이나 걸릴 정도였다. 이런 묘지가 나타났다는 사실은 촌락이 가깝다는 의미였다. 그러나 묘지가 광대한 것과는 달리 마을은 놀라울 정도로 작았다. 실제로 묘지에 잠들어 있는 사람의 숫자가 이 마을에 사는 주민보다 수십만 명이나 많았다. 이 마을은 초가집으로 이뤄진 촌락으로 가냘픈 해안선을 따라 산재해 있고 바람을 막아주는 소나무 숲이 해안에 펼쳐진 곳이었다.

묘석이 늘어서 있다. 이 묘석은 현재가 과거에 의해 성립되고 있다는 불길한 증거인지도 모른다. 더욱이 묘석은 전부 아주 낡았다. 아주 오랫동안 같은 장소에 서 있었기 때문에 강한 바람에 변형된 듯했다. 묘석에 써 있던 문자도 사라져버렸다. 이곳을 지나치는 사람은 모두 이 바람 많은 해변에서 살다 죽은 사람들의 시신을 밟고 있는 듯한 착각에 빠진다.

백중을 맞아 묘소마다 새로운 제등이 장식되어 있다. 백색 제등은 묘지용이다. 오늘밤 이곳의 묘지는 도회지처럼 활기가 넘친다. 그렇지만 제등이 장식되어 있지 않은 묘지도 많다. 소멸한 집안의 묘나 이곳에 자손이 살지 않는 묘지가 바로 그것이다. 고인의 영혼을 불러줄 사람도 없을뿐더러 고인을 그리워하는 사람도 이 땅에 남아 있지 않은 경우이다. 이런 사람들의 업적은 모두 머나먼 과거로 사라져버렸다.

*

지금 눈앞에 보이는 촌락은 단순한 어촌에 불과하지만 그중에는 배를 몰고 나갔다가 돌아오지 못한 남편을 둔 집도 있다. 배가 파괴되어 사망한 어부들의 묘지는 가까운 곳에 있는데 그 묘지에는 죽은 어부들의 소지품이 들어 있다.

묘지에는 무엇이 묻혀 있을까? 일본의 서쪽 지방은 다른 지역에서는 거의 무관심하게 생각하는 물건을 중요하게 취급한다. 그 예로 들 만한 것은 '탯줄'이다. 이 탯줄은 아이가 태어날 때 몇 겹으로 감싼 다음 그 표지 위에 아버지와 어머니, 그리고 아이의 이름, 태어난 일시까지 기입한 후에 집안의 귀중품으로 보관한다. 딸이 시집을 가면 시댁까지 가지고 간다. 아들의 경우 탯줄은 부모가 관리한다. 탯줄의 당사자가 사망하면 시신과 함께 매장한다. 만일 탯줄의 당사자가 이국에서 사망하거나 배가 난파해 익사했을 경우에는 시신 대신 탯줄을 매장한다.

*

배가 침몰하고 그 배에 타고 있던 선원이 모두 사망하면 이 지역 사람들은 아주 신기한 의식을 치른다. 그것은 묘지의 비석 앞에 흰 제등을 달아놓는 것이다. 이곳 사람들은 익사한 사람은 저승에 도달하지 못한다고 생각한다.

익사한 사람은 모두 물결의 흐름에 스스로를 맡긴 채 영원히 떠돌아야만 한다. 그저 파도의 흐름에 스스로를 내맡길 뿐이다. 옆을 지나가는 배를 바라보며 고통을 겪기도 하고 큰 파도가 부서질 때에 미친 듯이 절규하기도 한다. 밀려오는 파도에서 물보라가 칠 때 물마루(波頭) 위에 보이는 건 그들의 흰 두 손뿐이다. 물가의 돌에서 소리가 나는 것은 죽은 영혼이 돌을 붙잡으려고 하기 때문이며 물이 밀려나갈 때에 망설이는 것처럼 보이는 것은 죽은 영혼이 물의 뒷다리를 붙잡고 있기 때문이다.

뱃사람들은 이런 이야기를 할 때 직설적으로 말하지는 않는다. 매우 두려워하는 표정을 짓고 주위를 둘러보며 말하기도 한다.

이런 이유로 뱃사람들은 배에서 고양이를 키운다. 그들의 말에 따르면 고양이에게는 귀신을 멀리 쫓아내는 능력이 있다고 한다. 고양이가 어떻게 그런 일을 하는지 제대로 설명해준 사람은 아직 만나보지 못했다. 내가 알고 있는 사실에 의하면 고양이는 죽은 사람에게 힘을 쓸 수 있다고 한다. 고양이를 시신 옆에 놓아두면 그 시신은 곧 자리에서 일어나 춤을 추기도 한다고 알려져 있다. 고양이 중에서도 세 종류의 털색을 가진 고양이를 가장 진귀한 것으로 친다. 그러나 만일 이런 고양이를 찾을 수 없을 때는 ─ 이런 고양이는 아주 귀해서 별로 없다 ─ 다른 고양이를 배에 태운다. 배가 항구로 들어올 때 대부분 고양이를 육안으로 확인할 수 있다. 고양이는 선실에서 창문을 통해 밖을 내다본다. 또 큰 배의 꽁무니 부근의 갑판에 쭈그리고 앉아 있는 경우도 있다. 이런 경우는 날씨가 좋아 바다가 평온한 날이다.

*

그러나 이런 원시적인 신앙은 불교에서 유래하는 습관과는 직접적인 관계가 없다. 16일에는 이 주변의 아주 조그만 마을에서도 정령선을 바다로 떠나보 내다. 일본의 다른 어떤 지역과 비교해보아도 이 지역의 정령선은 정교한 편이어서 만드는 데 비용이 많이 든다. 보통 정령선은 짚으로 단순하게 만드는 것이 보통이지만 이곳의 것들은 아주 정교해 실물과 거의 다름없는 경우가 많다. 어떤 것은 길이가 3, 4척으로 흰 종이로 만든 것도 있는데 그런 경우에는 고인의 계명을 적기도 한다. 배 위에는 물이 가득한 향로가 놓여 있는 경우도 있다. 배의 한쪽에는 만(卍)자 — 범어(梵語)로 스바스티카라고 한다 — 모양의 무늬가 그려진 깃발이 꽂혀 있다.

정령선의 모양이나 바다로 떠나보내는 시각(時刻), 방법은 지방에 따라 큰 차이가 있다. 대체로 정령선은 가족 중에 죽은 자가 있을 때 바다로 떠나보낸다. 조그만 등불을 배에 실은 다음 밤에 출발시킨다. 어떤 어촌에서는 정령선 대신에 제등만을 바다로 흘려보낸다. 이때 제등은 망자를 위로하기 위해 특별히 제작된 것이다.

그러나 이즈모나 이쪽 서부 지방에서 정령선은 바다에서 익사한 사람을 위한 것이다. 배를 떠나보내는 시각도 밤이 아니라 아침이다. 1년에 1번씩 10년 동안 정령선을 떠나보낸다. 11년째에는 이런 행사를 하지 않는다. 이나사(稲佐)에서 보았던 정령선은 정말 아름다웠다. 가난한 어민이 감당하기에는 벅찰 정도로 상당한 돈이 들었음직한 배였다. 그 배를 직접 만들었던 목수의 말에 따르면 익사한 사람의 친척들이 돈을 모아 매년 조그만 배를 만들어왔다고 한다.

*

우에이치(上市)라는 마치 잠을 자는 듯한 조그만 마을에 인력거를 멈췄다.

이 지역에서 유명한 신목(神木)을 보기 위해서였다. 이 신목은 낮은 언덕 위 숲 속에 있었다. 숲 속에 들어가니 깎아지른 바위로 삼면이 둘러싸인 계곡이 나타나고 그 바위 위에 아주 커다란 소나무가 보였다. 나무는 얼마나 오래되었는지 도저히 예측할 수 없을 정도다. 소나무 뿌리가 바위를 칭칭 휘감고 있다. 나뭇가지는 서로 엉켜 계곡이 푸른 소나무 잎으로 가득하다. 그중의 어떤 소나무 뿌리는 정말 기묘한 형태다. 그 뿌리의 끝은 종이로 덮여 있고 종이에는 기원의 말이 적혀 있다. 이 나무에는 해초가 제물로 바쳐져 있다. 이 뿌리가 여타의 전승에서와 같이 민간 숭배의 대상이다. 사람들이 특별히 숭배하는 대상이기 때문에 그 앞에는 도리이가 서 있고 간절한 기도문이 적혀 있다. 이 구절은 인류학자나 민속학자에게는 특별한 흥미의 대상이 될 수 있겠지만 지금 그 기도문을 여기에 옮겨 적어놓을 수는 없다. 이 나무를 숭배하는 신앙은 남근(男根) 숭배와 밀접히 연관되어 있다. 이런 숭배는 대부분의 원시민족에게서 나타나는데 옛날 일본에서도 마찬가지였다. 이런 풍습이 정부에 의해 금지된 것은 고작 1세대 전의 이야기다. 그 옆의 커다란 바위 위에는 진기한 것이 안치되어 있다. 짚으로 만든 두 남녀의 인형인데 서로 포옹하고 있다. 이 인형의 모양은 유치하다. 그리고 짚으로 머리카락을 만들어서 누가 남자이고 누가 여자인지 쉽게 구분할 수 없다. 남자 인형에는 수염이 붙어 있다. 봉건시대에 노인들은 수염을 길렀기 때문에 이 인형은 옛날의 습관을 제대로 반영하고 있다는 생각이 든다.

이 신기한 인형을 보니 그간의 사정을 알 듯도 싶다. 사랑하는 남녀가 남자의 일방적인 선언으로 이별하게 되었다. 남자는 다른 여인의 체취에 취해 이런 결정을 내렸을 것이다. 불행한 처지에 떨어진 여자는 이곳에 와서 남자가 마음을 바꿔 자신에게 되돌아오기를 빌었다. 이 기도 덕분에 두 사람은 원래의 사이를 회복했다. 사랑하는 남자를 되찾은 여자는 신목에 감사드리기 위해

이 기묘한 남녀의 인형을 만든 것이리라.

*

하마무라(浜村)라는 조그맣고 아름다운 마을에 도착했을 때 날이 저물었다. 내일부터는 내륙으로 들어가기 때문에 해변에 숙소를 잡는 것은 오늘이 마지막이다. 우리가 투숙한 숙소는 상당히 작았지만 매우 깨끗해서 기분이 좋았다. 또 가까운 곳에 온천이 있었다. 이 온천은 해안 부근에 근접해 있는데 이곳에서 마을 전체에 온수를 공급한다고 한다.

가장 좋은 방을 배정받았지만 나는 현관을 배회했다. 왜냐하면 내일 흘려보낼 정령선이 현관 한쪽에 놓여 있었기 때문이다. 조금 전에 완성된 듯 아직 지푸라기가 늘어져 있다. 계명은 아직 적혀 있지 않았다. 이 배가 숙소에서 일하는 아주머니의 남편과 동생의 것이라는 사실을 알고 놀랐다.

하마무라에서 백중맞이 축제를 볼 예정이었는데 이것이 불가능해졌다. 경찰이 이번 축제를 금지해버렸기 때문이다. 콜레라가 만연할 것을 두려워해서 공중위생 규칙이 엄중히 실행되고 있었다. 하마무라의 주민들은 온천에서 흘러드는 온수 이외에는 어떤 물도 음료수용, 요리용, 세탁용으로 사용할 수 없었다.

저녁 무렵에는 체구가 작고 목소리가 고운 어여쁜 여인이 나타났다. 이에는 검은 칠을 했고 눈썹은 밀었다(20년 전만 해도 기혼여성은 보통 이런 모습이었다). 하지만 이 여인의 얼굴은 아름답다. 젊었을 때에는 상당히 미인이었을 것이다. 하녀로 일하고 있었지만 이 여인은 이 숙소의 주인과 친척관계인 듯 마치 주인처럼 행동했다. 이 여인이 바로 자신의 남편과 동생을 위해 정령선을 흘려보내는 사람이라고 한다. 그녀의 남편과 동생은 8년 전에 집이 건너다보이는 곳에서 배가 난파하여 사망했다고 한다. 이 집안 사람들 중에는 한자를 제대로 쓸 줄 아는 이가 없어 가까이에 있는 사찰의 승려가 내일 아침 일찍 와서 계명을 써주기로 되어 있다.

여인에게 팁을 건네고 내 동반자에게 부탁하여 그녀의 신상에 관한 내용을 이것저것 물어보았다. 여인은 상당히 나이가 많은 남편과 결혼하여 한동안 행복한 결혼생활을 보냈다고 한다. 그녀의 동생은 당시 18세로 누이와 함께 살았다. 남편은 튼실한 배 한 척과 땅도 조금 갖고 있는 사람이었다. 여인은 원래부터 삼베를 잘 짰다. 세 사람의 생활은 상당히 풍족한 편이었다. 여름이 되면 어부들은 밤에 고기를 잡으러 나간다. 어선이 항구를 떠날 때 마치 별이 이어지듯 비치는 어선의 불빛은 매우 아름다웠다. 날씨가 나쁘면 배는 바다로 나가지 않는다. 그러나 경우에 따라서는 태풍이 불어 배를 대피시키기도 전에 큰 피해를 입기도 했다. 여인의 남편과 동생이 출항했던 마지막 밤에도 바다는 매우 잔잔했다. 태풍은 새벽녘에 불어왔다. 그 후의 사태에 대해 여인은 다음과 같이 말했으나 그녀의 말을 영어로 옮기기는 쉽지 않다.

남편의 배를 제외하고 마을의 모든 배는 돌아왔습니다. 남편과 동생은 다른 배보다 멀리 나갔기 때문에 빨리 돌아올 수 없었습니다. 마을 사람들은 모두 부둣가에 나가 바다를 바라보며 마지막 배가 돌아오기를 기다렸습니다. 시시각각 파도는 높아졌고 바람은 거세졌습니다. 해안에 정박했던 배를 위로 끌어올리지 않으면 파도에 휩쓸려 나갈 정도였습니다. 그때 바닷가 저편에서 남편의 배가 다가오는 게 보였습니다. 배는 매우 빠른 속도로 다가오고 있었습니다. 사람들은 모두 기뻐했습니다. 배는 이제 남편과 동생의 얼굴이 보일 정도로 가까이 다가왔습니다. 그런데 바로 그 순간 커다란 파도가 배의 허리를 덮쳤고 배는 그대로 뒤집어져 버렸습니다. 배는 물 위로 떠오르지 않았습니다. 그때 남편과 동생이 헤엄쳐 다가

오는 모습이 보였습니다. 파도가 솟구칠 때마다 두 사람의 모습이 물 위에 나타났습니다. 언덕처럼 거대한 파도가 굽이치는 대로 남편과 동생은 움직였습니다. 파도가 솟구쳐 오를 때에 두 사람은 파도 위에서 "구해줘! 구해줘!"라고 절규했습니다. 그러나 건강한 어른도 파도의 힘을 이겨낼 수는 없었습니다. 남편은 나이는 많았지만 아주 강인한 남자여서 오랫동안 파도 위에서 헤엄쳤습니다. 남편이 헤엄치던 곳은 해변에서 가까웠기 때문에 남편의 얼굴을 쉽게 확인할 수 있었습니다. 그는 공포에 질린 표정으로 "살려줘!"라고 소리쳤지만 그 누구도 남편을 도와줄 수 없었습니다. 남편은 바다로 사라졌습니다. 남편의 얼굴이 바닷속으로 사라지기 직전 그의 얼굴을 볼 수 있었습니다.

그 후에 아주 오랫동안 그 당시 보았던 남편의 얼굴이 생각나서 울면서 살았습니다. 그래서 신에게 그러한 환상을 보지 않게 해달라고 간절하게 기도드렸습니다. 지금은 그런 꿈을 꾸지 않습니다만 그래도 가끔 그때의 남편 얼굴이 떠오르곤 합니다. 이렇게 그때의 일을 생각하다 보면 눈앞에 떠오릅니다······. 당시에는 제 아들도 아주 어린아이였습니다.

더듬거리며 어렵게 말을 마친 여인의 목소리에는 울음이 뒤섞여 있었다. 여인은 갑자기 다다미에 머리를 숙여 예의를 표시한 다음 소매로 눈물을 닦았다. 그리고 잔잔한 미소를 지었다. 일본인이 예의를 표시할 때 반드시 짓는 온화한 미소였다. 여인의 미소가 내게 감동을 주었다. 그러자 이번에는 내 동반자가 화제를 바꾸어 우리의 여행에 관해 설명하기 시작했다.

"이분은 이 해안 지방의 오랜 풍습이나 옛날이야기에 관심이 있습니다."

그리고 이즈모의 이곳저곳을 여행한 이야기를 하자 여인의 기분도 바뀌는 듯했다.

여인은 우리에게 어디까지 가느냐고 물었다. 갈 수 있다면 돗토리(鳥取)까지 가고 싶다고 대답한다.

"아아! 돗토리! 그렇습니까? …… 그렇다면 이분은 그 지방에서 전해 내려오는 '돗토리의 이불'이라는 이야기를 알고 계시는지요?"

"이분은 그 이야기를 알지 못합니다. 듣고 싶어하십니다."

다음에 기록하는 내용은 내가 통역을 통하여 들은 그 지방의 전설이다.

*

이미 수년 전의 일이지만 돗토리의 조그만 여관이 개점하고 첫 손님이 들어왔다. 손님은 특별한 접대를 받았다. 여관 주인이 손님의 평판에 신경을 썼기 때문이다. 신축한 여관 주인은 매우 가난했다. 여관에 준비된 가구나 식기 같은 집기는 모두 중고품 가게에서 산 것이었다. 하지만 여관은 깨끗해서 손님은 기분이 좋았다. 손님은 즐거운 마음으로 음식을 먹고 술도 많이 마셨다. 그리고 술에 취한 상태에서 부드러운 이불이 깔린 잠자리에 들었다.

그런데 손님이 어느 정도 눈을 붙였다는 생각이 들 무렵에 아이들의 목소리가 들렸다. 아이들은 계속 같은 말을 되풀이했다.

"형! 춥지?"

"너도 춥지?"

방에 아이들이 숨어들어 왔을지도 모르겠다고 생각했으나 손님은 그다지 놀라지 않았다. 왜냐하면 이런 여관에는 문이 없고 방과 방 사이를 구분하는 것이라고는 유리창이 유일했기 때문이다. 이런 상황이니 아이들이 자신의 방에 숨어드는 것은 이상한 일이 아니었다. 손님은 가만히 귀를 기울였다. 한동안 소리가 들리지 않더니 다시 부드러운 목소리가 들려왔다.

"형! 춥지?"

그러자 동생을 위로라도 하려는 듯이 형이 부드러운 목소리로 말했다.

"너도 춥지?"

손님은 자리에서 일어나 초에 불을 붙인 다음 주변을 살펴보았다. 아무도 없었다. 창문은 모두 닫혀 있었다. 서랍을 뒤져보았으나 모두 비어 있었다. 이상한 생각이 들었지만 다시 자리에 누웠다. 등불은 끄지 않고 내버려두었다. 잠시 후 베갯머리에서 마치 꺼져가는 듯한 목소리가 들렸다.

"형! 춥지?"

"너도 춥지?"

손님은 이때 처음으로 두려움을 느꼈다. 몇 번이나 같은 대화가 되풀이하여 들렸고 그럴 때마다 두려운 생각이 들었다. 손님은 그 목소리가 자신의 이불 속에서 들려온다는 사실을 알았다. 자신이 덮고 있는 이불에서 그 소리가 들리는 것이었다.

손님은 물건을 꾸려 계단을 내려가 여관 주인을 깨웠다. 그리고 지금 일어난 사건을 말해주었다. 그러자 여관 주인은 화가 치민다는 표정으로 대답했다.

"손님의 마음에 들도록 저는 최선을 다했습니다. 정말입니다. 그러나 손님은 술을 너무 많이 마셔서 악몽을 꾸신 듯합니다."

손님은 숙박비를 지불하고 다른 여관으로 가겠다며 나가버렸다.

다음 날 저녁에 다른 손님이 찾아왔다. 그날 밤에 든 손님도 깊은 밤에 여관 주인을 깨우더니 전날의 손님과 같은 이야기를 했다. 이 손님은 술을 마시지 않는 사람이었다. 여관 주인은 이제 이런 손님까지 의도적으로 자신의 사업을 방해한다고 생각해 강력하게 반발하고 나섰다.

"손님의 마음에 맞도록 저는 최선을 다했습니다. 그런데 손님은 제 사업에 방해가 될 만한 말만 늘어놓고 계십니다. 이곳은 제 생계의 터전입니다. 손님도 아실 것입니다. 그런데 무슨 이유로 그런 말을 하십니까? 그 방에는 아무것도 없습니다."

그러자 손님은 격렬하게 화를 내며 큰 소리로 반발했다. 두 사람은 최악의 상태에서 헤어졌다.

손님이 가버린 후에 여관 주인은 이상한 생각이 들어 방에 올라가 이불을 조사해보았다. 정말 이불에서 이상한 소리가 들려왔다. 손님이 말한 것은 진짜였다. 이런 소리가 들려오는 이불은 오직 한 장뿐이었다. 그 이외에는 조용했다. 여관 주인은 그 이불을 들고 자신의 방에 들어와 덮고 자리에 누웠다. 그러자 이런 소리가 되풀이하여 들려왔다.

"형! 춥지?"
"너도 춥지?"

여관 주인은 잠을 잘 수 없었다.

날이 밝자 여관 주인은 이불가게 주인을 만나러 갔다. 그 가게에서 이 이불을 사온 것이었다. 이불가게 주인은 아무것도 알지 못했다. 그 이불은 다른 작은 가게에서 사왔다고 했다. 그 작은 가게의 주인은 어느 마을의 가난한 장사꾼에게 이불을 샀다고 했다. 여관 주인은 사정을 더 알아보기 위해 이곳저곳을 돌아다녔다.

그리고 마침내 여관 주인은 그 이불이 원래 가난한 살림을 꾸리던 한 가족의 것이라는 사실을 알게 되었다. 그 가족이 살던 지역의 어느 장사꾼이 이 이불을 사들였던 것이다. 이 이불에는 다음과 같은 사연이 있었다.

그 가난한 가족이 살던 집의 월세는 60전에 불과했다. 그러나 그 액수조차도 이 집에는 상당히 부담이었다. 이 집의 가장이 벌어들이는 돈은 한 달에 고작 2엔이나 3엔이었다. 모친은 병 때문에 일할 수가 없었다. 이 집에는 아이가 둘 있었다. 여섯 살 동생과 여덟 살 된 형이었다. 아이들은 돗토리에 친척도 전혀 없었다.

어느 겨울날 가장이 병에 걸려 일주일 만에 사망했다. 그리고 곧 매장되었다. 오랫동안 병을 앓던 모친도 남편에 이어 사망해 아이들만 달랑 남았다. 두 아이는 의지할 사람이 전혀 없었다. 이들은 살아남기 위해 팔 수 있는 물건은 모두 팔았다. 하지만 팔 수 있는 물건은 그다지 많지 않았다. 죽은 부모와 자신들의 옷, 몇 장의 솜이불과 보잘것없는 화로, 그릇 등이 전부였다. 매일 이런 물건을 팔다 보니 이제 이불 한 장밖에 남지 않았다. 이제 음식도 없고 월세는 전혀 지불할 수 없었다.

무서운 추위가 엄습했다. 눈이 많이 쌓인 날 두 아이는 밖으로 나갈 수도 없었다. 그래서 형제는 이불을 덮고 누워 서로 이런 말을 하면서 추위를 이겨내려고 했다.

"형! 춥지?"

"너도 춥지?"

집에는 온기라고는 전혀 없었다. 불을 피울 만한 것도 없었다. 어두운 밤이 다가오고 얼음처럼 차가운 바람이 이 조그만 방에 사정없이 휘몰아쳤.

두 아이는 바람을 두려워했다. 그렇지만 바람보다도 집주인이 더욱 무서웠다. 집주인은 형제를 깨운 다음 월세를 내놓으라고 난폭한 어조로 말했다. 인상이 험악한 집주인은 형제가 월세를 낼 수 없다는 사실을 알자 집에서 쫓아냈다. 그리고 이불을 빼앗고 집에 열쇠를 채워버렸다.

형제는 얇은 속옷 차림이었다. 다른 옷은 음식을 사기 위해 이미 팔아버렸기 때문이다. 그들은 갈 곳이 없었다. 그다지 멀지 않은 곳에 관음사(觀音寺)가 있었으나 눈이 너무 많이 쌓여 거기까지 갈 수 없었다. 달리 방법이 없어 형제는 집주인이 돌아가자 집으로 되돌아왔다. 그리고 처마 밑에 자리를 잡고 앉았다. 형제는 추위 속에서 껴안은 상태로 잠들어버렸다. 신은 형제에게 새 이불을 덮어주었다. 그 이불은 놀라울 정도로 희고 아름다웠다. 더 이상 형제는 춥지 않았다. 며칠 동안이나 형제는 그 상태로 잠을 잤다. 마을 사람들은 죽어 있는 형제를 발견하고 그들을 위해 관음사의 묘지에 새로운 잠자리를 마련해주었다.

여관 주인은 이런 사실을 알고 가난한 형제가 덮었던 이불을 스님에게 건네주면서 형제의 영혼을 위해 예불을 올려달라고 부탁했다. 그러자 더 이상 이불에서 형제의 목소리가 들리지 않았다.

*

옛날이야기를 듣다 보니 다른 이야기가 떠오른다. 오늘밤 나는 아주 신비한 이야기를 몇 가지나 들었다. 내 마음에 지금도 남아 있는 이야기는 일행 중의 한 사람이 들려준 것으로 이즈모의 민화였다.

옛날 이즈모의 우치다우라(持田浦)라는 마을에 한 평민이 살았다. 그는 아주 가난해서 아이가 생기는 것을 두려워했다. 그래서 아내가 아이를 낳을 때마다 강물에 버렸다. 사람들에게는 아내가 사산(死産)했다고 둘러대곤 했다. 아이는 아들일 때도 딸일 때도 있었다. 그는 언제나 밤 무렵에 아이를 강에 던졌다. 여섯 명이 이런 식으로 살해되었다.

세월이 흘러 이 평민도 살림살이가 좋아졌다. 땅도 샀고 돈을 저축할 수도 있었다. 이어 아내가 일곱 번째 아이를 낳았다. 아들이었다.

그러자 남편이 아내에게 말했다.

"이제 우리도 아이를 키울 수 있어. 나이를 먹으면 아들의 봉양도 받아야지. 더욱이 이 아이는 잘생겼으니 한번 키워볼까?"

아이는 무럭무럭 자랐다. 남편은 자신의 내면이 놀랄 정도로 변해가고 있음을 느꼈다. 아들이 매우 사랑스럽게 느껴졌기 때문이다.

어느 여름날 밤에 남자는 아들을 안고 산책길에 나섰다. 아이는 이미 5개월째였다.

커다란 달이 뜬 여름밤은 정말 아름다웠다. 남자는 큰 목소리로 말했다.
"아아! 오늘 밤은 정말 아름답구나."
그때 아이가 아버지의 얼굴을 올려다보면서 어른 같은 목소리로 말했다.
"아버지! 나를 버렸던 날도 바로 오늘 같은 달밤이었지."
이 말을 마친 아이는 다시 어린아이로 돌아간 듯 아무 말도 하지 않았다. 그 평민은 그 길로 승려가 되었다.

*

저녁을 먹고 목욕을 끝낸 다음 잠을 자기에는 너무 더운 날씨여서 혼자 산책길에 올랐다. 나는 마을 한쪽에 있는 묘지를 찾아갔다. 모래산의 정상 부근에 흙이 있었는데 그곳에 조그만 공동묘지가 있었다. 그 모래산의 측면은 곳곳이 무너져 내린 모습인데 이는 이 산이 격렬한 파도의 활동으로 만들어졌다는 사실을 말해준다.

거의 무릎까지 모래에 빠지면서 묘지에 도착했다. 더운 달밤에 바람이 불어왔다. 공양을 위한 등롱이 묘지마다 달려 있었지만 바람 때문인지 대부분 불이 꺼져 있다. 고작 몇 군데에만 불이 밝혀져 있을 뿐이다. 이 등롱은 아름다운 보살의 형태이고 상징적인 의미로 창문까지 달려 있다. 그 안에는 흰 종이를 발랐다. 나 이외에 묘지에 와 있는 사람은 아무도 없었다. 밤이 깊은 시각이기 때문이리라. 그렇지만 오늘 사람들이 이곳에 와서 묘지를 돌본 것이 틀림없다. 묘지마다 새로운 꽃이 꽂혀 있고 제대(祭臺)에는 새로운 물이 바쳐져 있다. 또 묘석을 깨끗이 닦은 흔적도 뚜렷했다. 묘지의 한구석에 조그만 쟁반이 놓여 있는 것도 보였다. 쟁반은 그릇과 잔으로 가득한데 그 안에는 정갈한 음식이 준비되어 있다. 새 젓가락까지 보인다. 아마도 마음씨 따뜻한 여인의 배려이리라. 그 여인의 발자국이 모래 위에 남아 있다.

*

아일랜드에는 이런 이야기가 전해진다. 꿈을 꾼 사람이 꿈에서 깬 후에 자신이 꾼 꿈을 떠올리려고 의도적으로 노력만 하지 않는다면 모든 꿈은 되살릴 수 있다. 그러나 의도적으로 노력한다면 꿈은 아무리 떠올리려고 해도 떠오르지 않는다. 이는 바람에 흩날린 연기가 원래의 형태로 되돌아오기 어려운 것과 같은 이치이다.

꿈 1,000개 중에서 999개는 사라진다. 그렇지만 가끔 어떤 꿈은 강한 인상을 남겨 기억에 남는다. 그런 꿈은 현실과 다를 바가 없이 선명한 색채를 띤다. 대체로 그런 꿈은 여행 중에 체험한다.

그런 꿈을 이곳 하마무라에서 꾸었다. 지금까지 내가 본 것을 기록해놓은 후의 일이다.

넓고 납작한 돌이 깔린 장소 — 아마 사찰의 경내이리라 — 에 햇살이 희미하게 비쳐든다. 내 앞에는 젊지도 늙지도 않은 여인이 커다란 회색 기둥 옆에 앉아 있다. 여인의 얼굴이 보이지 않았기 때문에 그 기둥이 무엇을 떠받들고 있는지 몰랐다. 잠시 후 내가 그 여인을 본 적이 있다는 생각이 들었다. 그녀는 이즈모 사람이었다. 그녀는 좀 이상해 보였다. 입술은 움직이는데 두 눈은 감고 있다. 나는 다시 여인을 바라보기 시작했다.

그러자 여인은 아주 기나긴 세월을 살아온 사람만이 가지고 있을 법한 깊이 있는 목소리로 노래를 부르기 시작했다. 그 노래를 듣고 있으니 어린 시절의 켈트 노래가 기억났다. 여인이 노래를 부르면서 한 손으로 검은 머리카락을 뒤로 젖히자 이내 머리카락이 바위 위에 떨어졌다. 그 머리카락은 검은색이 아니라 푸른색이었다. 마치 햇살처럼 보이는 푸른색이었다. 그 머리카락은 파도와 함께 이곳저곳으로 일렁이기 시작했다. 그 순간 갑자기 파도는 멀어졌고 여인이 내 곁을 떠나갔다는 사실을 깨달았다. 그저 내 앞에 있는 것이라고는 바다뿐이었다. 하늘은 푸른빛이었다. 소리 없이 큰 파도가 밀려들었다.

06

호키에서 오키로

오키(大木)에 가기로 결정했다.

아직 단 한 명의 선교사도 오키에 가지 않았다. 가끔 군함이 일본해를 항해하다가 오키 인근을 지나치는 경우는 있어도 지금까지 서양인이 오키에 들어갔던 적은 없다. 이것만으로도 내가 오키에 가야 할 이유는 충분했다. 그러나 주위의 일본인들 역시 오키에 대해서는 아는 게 거의 없었다. 그래서 더욱 오키에 가고 싶어졌다. 아주 먼 류큐 열도에는 일본인과는 다른 언어를 사용하는 민족이 산다는데 그곳을 제외하고 일본 제국에서 가장 알려지지 않은 곳이 바로 오키다. 이즈모와 같은 현이어서 시마네 현 지사는 취임식이 끝나면 오키를 방문하는 게 관례이다. 이 지역의 경찰장관 역시 가끔 오키를 방문한다. 마쓰에 시내의 대형 상점에서는 1년에 한 번 정도 상인들을 오키에 파견하기도 한다. 그렇지만 이 이외에도 다양한 교역이 이뤄지며 이는 모두 조그만 범선이 담당한다. 일본의 역사에서 공적으로나 상업적으로 오키는 그다지 알려진 곳은 아니다. 서부 지역의 해변에 사는 사람들 사이에는 다양한 환상문학이 전해진다. 그런 이야기는 지금도 면면히 이어지고 있다. 옛 전설에 따르면 오키 사람들의 도덕관은 평균적인 일본인과는 상당히 거리가 있다고 한다. 아무리 엄격한 수행을 하는 스님도 오키에 가면 쾌락과 담을 쌓고 지내기가 힘들 뿐 아니라 이 섬에 처음으로 오는 사람은 아무리 부자라고 해도 고향으로 돌아갈 때쯤이면 여자들의 유혹에 빠져 무일푼이 되어버린다고 한다. 제대로 알지 못하는 나라의 이곳저곳을 돌아다니며 다양한 경험을 쌓다 보니 이런 놀라운 이야기도 평범하게 들린다. 그저 오키가 '알려지지 않은 땅'이라는 의미 이외에는 특별히 마음에 와 닿지 않는다. 오키 지역의 도덕관념은 서구의 기준으로 보아도 영국 하층계급의 도덕관보다 낫다는 점은 의심할 여지가 없다. 나중에 이게 사실이라는 것을 직접 확인했다.

일본인 지인(知人) 중에서 내게 오키에 관해 이야기해줄 사람은 나타나지 않았다. 오키가 옛날부터 찬탈자에 의해 쫓겨난 제왕의 유배지라는 사실은 이미 알고 있었다. 그런데 뜻하지 않게 전에 나와 같은 학교에서 근무했던 교사가 오키에 갔다 왔다는 사실을 알게 되었다. 그뿐만 아니라 그는 볼 일이 있어 2, 3일 내로 다시 오키에 갈 것이라고 했다. 오키에 관한 그의 설명은 상당히 구체적이었고 가보지 않은 사람이 들려주는 이야기와는 차이가 있었다. 그의 말에 따르면 오키 사람들은 이즈모 사람들처럼 개방적이라고 한다. 또 마을은 매우 아름답고 멋진 공립학교도 있다는 것이다. 사람들은 순박하고 믿을 수 없을 만큼 정직하며 외부 사람에게도 상당히 친절하다고 한다. 그리고 오키 사람들은 건국 이래 일본인의 순수한 혈통을 지금까지 지켜오고 있는 것을 자랑스럽게 생각한다고 한다. 그들은 모두 신도의 신자이며 불교 역시 개개인의 믿음을 통해 명맥을 유지하고 있다. 또 아주 품격이 높은 숙소가 있어 내가 그곳에 가면 여유 있는 시간을 보낼 수 있으리라는 말도 들었다.

그는 오키에 있는 학교에서 사용할 책 한 권을 내게 주었다. 그 책에서 다음과 같은 정보를 얻었다.

*

오키는 이즈모 해안에서 100마일(약 161km) 정도 떨어진 군도(群島) 두 개를 말한다. 앞에 있는 군도를 도젠(島前)이라고 하는데 이 군도는 조그만 섬들 이외에도 치부리지마(知夫里島, 히가시노지마라고 부르기도 한다), 니시노지마(西ノ島), 나카노지마(中ノ島)라는 섬 세 개로 이뤄져 있다. 뒤에 있는 군도는 도고(島後)이다. 다른 무인도와 함께 군도 하나를 이루는데 가장 큰 섬이 주도(主島)이다. 오키라는 이름은 보통 이들 섬 전체를 가리키지만 도고만을 오키라고 부르기도 한다.

공적으로 오키는 네 개의 군(郡)으로 나뉜다. 치부리지마와 니시노지마를 합해 치부리 군(知夫里郡), 나카노지마와 그 밖의 조그만 섬을 합해 아마 군(海士郡), 도고를 오우치 군(隱地郡), 그리고 수키 군(周吉郡). 이 섬들은 대부분 산으로 이뤄져 있고 아주 일부분만 경지로 경작한다. 주요 산업은 당연히 어업으로 아주 오랜 옛날부터 주민 대다수가 어업에 종사해왔다.

겨울 수개월 동안 오우치에서 본토의 서부 지역까지 조그만 배로 항해하는 것은 매우 위험하다. 겨울에는 섬과 본토 사이의 교통이 거의 단절된다. 호키에서 오키까지 배 한 척만이 운항될 뿐이다. 호키의 경계에서 오키의 핵심 항구인 사이고(西鄕)까지의 거리는 직선으로 39리(약 15.3km)라고 한다. 객선은 본토에서 사이고까지 갈 때 섬 몇 군데에 들른다.

오키에는 마을이 많은데 그중에서 45개는 도고에 있다. 대부분의 마을은 해변에 있고 주요한 지역에는 모두 학교가 있다. 섬의 전체 인구는 3만 196명이라고 하는데 개별적인 마을 인구는 써 있지 않다.

*

이즈모 지방의 마쓰에서 호키의 사카이(境)까지는 기선으로 고작 두 시간 정도밖에 걸리지 않는다. 사카이는 시마네 현[1]의 중요한 항구이다. 하지만 이곳은 불쾌한 냄새가 풍기는 초라한 마을로 단지 접안시설이 있을 뿐이다. 산업이라고 할 만한 것도 없고 상점도 거의 보이지 않는다. 그저 아주 조그맣고 별로 흥미롭지 않은 신사가 한 군데가 있다. 건물은 창고와 대합실 그리고 더러운 여관 두세 군데가 고작이다. 여관은 항상 오사카나 바칸(馬關), 하마다(浜田), 니가타 등으로 가는 손님들로 북적인다. 이 지역에는 정기적으로 기선이 출항하지 않는다. 선주들은 시각을 정확히 지켜 선박을 운항해봤자 경제적인 관점에서 전혀 도움이 되지 않는다고 생각한다. 그렇기 때문에 손님들은 배를 타려면 항상 오랫동안 여관에 머물러야 하고 여관의 주인들은 이를 반긴다.

그러나 이즈모의 높은 육지와 호키의 낮은 해안선 사이에 위치한 항구는 참으로 아름답다. 거대한 기선 말고는 모든 배가 정박할 수 있을 만큼 항구의 안쪽이 깊다. 또 바람도 효율적으로 막아준다. 배가 나란히 늘어서 정박할 수 있도록 설비가 갖추어져 있다. 또 항구에는 조그만 선박에서 신형 기선까지 다양한 선박으로 가득하다.

다행스럽게도 나는 동료와 함께 숙소의 가장 안쪽 방을 얻을 수 있었다. 일본에서 안쪽 방은 가장 좋은 공간이다. 이 방에서는 분주한 부두의 모습이나 반대편에 있는 이즈모의 산악 지역이 건너다보였다. 또 항구의 현란한 전경을

---

1 메이지 14년(1881년) 이후는 돗토리 현.-역주

바라볼 수 있어 좋았다. 앞에 보이는 모든 경치가 큰 즐거움을 주었다. 다양한 기선과 범선이 숙소 앞에 정박해 있고 벌거숭이 차림의 인부들이 배에서 짐을 내린다. 이 사내들은 호카나 이즈모의 건강한 농부들로 그중에는 몸을 움직일 때마다 갈색의 근육이 춤을 추는 젊은이도 있다. 겉으로 보기에 열대여섯 살 정도로 짐작되는 남자아이들이 인부들을 도와 일하고 있다. 이 소년들은 일을 배우는 아이들로 아직 무거운 짐을 들 정도로 힘이 세지 않다. 푸른색 수건을 두른 인부들은 모두 혈관이 파열될 정도로 강한 근육질을 뽐낸다. 그들은 일을 하며 노래를 부른다. 그 노래는 서로 주고받는 형식으로 배에 있는 사내가 먼저 노래를 부르면 선창에 있는 사내가 짐을 받으면서 노래를 이어받는다.

받아라 받아라 이번엔 소녀다
받아라 받아라 부모다 부모다
받아라 받아라 얼씨구 절씨구 얼씨구 절씨구
받아라 받아라 마쓰에다 마쓰에다
받아라 받아라 이건 요나고(米子)다.[2]

이 노래는 좀 가벼운 짐을 나를 때에 부르는 것이고 무거운 짐을 어깨에 올려놓았을 때에는 노래가 바뀐다.

어기 어차 어기 어차
어기야 어차 어기야 어차.[3]

---

[2] '소녀'는 아주 작은 짐, '부모'는 커다란 짐, '마쓰에'와 '요나고'는 짐의 행선지를 가리킨다.-역주

사내들은 항상 3인 1조로 짐을 나른다. 그들은 짐을 잡고 들어 올릴 때에 '어기 어차'하는 구령을 붙인다. 그리고 이 구령에 힘이 들어갔을 때 한 사내의 어깨에는 무거운 짐이 올라가 있다.

인부들 사이로 미소를 짓고 있는 소년이 눈에 띈다. 소년의 아름다운 목소리가 들려오자 숙소에는 묘한 분위기가 감돈다. 여관의 손님 중에 한 소녀가 툇마루로 나와 구경을 하다가 "저 아이의 목소리는 붉은색이야"라고 소리친다. 소녀의 말을 듣고 여관의 손님 모두가 큰 소리로 웃었다. 난 문득 이와 관련된 유명한 이야기를 떠올리며 소녀의 말이 바보 같다고 느꼈다. 그러나 지금 생각해보니 소녀의 말이 그 상황과 어울릴지도 모른다는 생각이 든다.

오키로 출발하는 기선은 그날 오후에 도착했다. 그러나 잔교 근처로 다가오지는 못했다. 망원경으로 배의 뒷부분을 보니 금색의 영문자로 '오키사이고(隱岐西鄕)'라고 써 있다. 배의 크기를 가늠해보는데 나가사키(長崎)에서 온 검은 배가 내 시야를 가려버렸다.

배에서 짐을 내리는 모습을 바라보다가 '붉은 목소리'를 내는 소년 쪽으로 시선을 옮겼다. 그러나 날이 저물어 모든 사람이 일을 마무리짓고 없었기 때문에 나가사키에서 온 배를 살펴보기로 마음을 바꿨다. 그 배는 다른 배가 출항하고 난 후에 잔교에 진입해 들어왔다. 선장이나 선원은 조금도 서두르지 않았다. 그들은 모두 갑판에 들어앉아 등불 아래서 술판을 벌였다. 잠시 후 게이샤가 술자리에 끼어들자 연회가 벌어졌다. 샤미센 소리가 들려오고 그들 모두는 하나가 되어 술을 마셨다. 그들은 밤늦게까지 술자리를 이어갔다. 놀랄 정도로 술을 많이 마셨으나 누구 한 사람 난폭하게 행동하지는 않았다. 그들이 마시는 술은 양조장에서 직접 만든 것이라 쉽게 취기가 오르는 모양이었다.

---

3 보통 어부들이 힘이 들 때에 하는 말.-역주

밤늦게까지 갑판에 남아 있던 사람은 남자 세 사람에 불과했다. 그중에 한 사람은 술을 전혀 마시지 않는데 밤늦게 무언가를 먹고 싶어했다. 다행스럽게도 찹쌀떡 장수가 떡을 팔러 다니다가 배로 올라갔다. 떡이란 찐 쌀가루를 치거나 빚어서 만든 음식이다. 배가 고팠던 사내는 떡장수의 떡을 모두 샀다. 그는 동료들에게 떡을 권했다. 처음으로 떡을 받은 동료가 이렇게 말했다.

"난 말이야. 떡은 필요 없어. 술만 있으면 다른 건 아무래도 좋아."

다른 사내가 말했다.

"난 말이야. 여자만 있으면 돼. 떡이나 술은 아무 소용이 없어."

그러나 배가 고팠던 사내는 떡을 모두 펼쳐놓더니 떡장수에게 말했다.

"어이! 떡장수. 난 여자나 술은 아무래도 좋아. 떡보다 좋은 건 이 세상에 없어."

*

'오카사이고'가 정각 8시에 출항하기 때문에 지금 곧 표를 사는 편이 좋다는 연락이 들어왔다. 여관 주인이 일본의 전통적인 습관에 따라 짐을 정리하고 표를 사주어서 우리를 어려움에서 구해주었다. 1등실 요금은 80전이었다. 서둘러 아침을 먹고 나갔더니 여관의 거룻배가 도착해 있어서 우리를 태우고 본선으로 갔다.

나는 양복을 입고 시마네의 기선을 타면 좋지 않다는 것을 겪어봐서 알고 있었다. 그래서 일본의 전통 옷으로 갈아입고 신발도 갈아 신었다. 선장은 조그만 배를 능숙하게 몰아 증기선 쪽으로 다가갔다. 증기선이란 기선을 일본식으로 부르는 이름이다.

증기선이 항구 안에서 움직이는 모습을 보면 왠지 불안하다. 고작 100마일

(약 161km)의 여행이라고 해도 왠지 걱정이다. 아무리 배의 외면을 바라보아도 내부 모습은 상상이 가지 않았다. 배에 도착해 조그만 사각 구멍을 통과해 위로 올라간다. 나는 곧 내가 높이 4피트(약 1.2m), 폭 2피트(약 0.6m) 정도의 천장에 고립되어 있음을 알아차렸다. 이제 앞으로 나갈 수도 뒤로 물러설 수도 없다. 기관실과 연결되는 통로에서는 뜨거운 열기가 흘러나온다. 나는 계속해서 밀려들어오는 승객을 멍하니 바라보았다. 입구 부근은 승객들이 벗어놓은 신발로 가득하다. 1등 선실에는 정갈하게 닦은 가구와 거울이 설치되어 있었다. 또 폭 5인치(약 12.7cm) 정도의 의자가 몇 개 놓여 있고 내부는 다른 선실보다 높았다. 난 1등 선실이 이 정도의 높이라는 사실만으로도 행복했다. 그러나 지금 1등 선실은 승객들에게 완전히 점령된 상태다. 승객들은 선실의 이곳저곳에 죽은 듯이 누워 있다. 선실의 더위는 이곳이 이 세상이라고는 도저히 생각할 수 없을 정도였다. 이즈모나 인근 지역에서 배를 타고 나와 장사를 하는 사람들은 역시 인내력이 강하다. 연안이나 호수를 운행하는 배는 대체로 이런 형태일 수밖에 없을 듯하다.

나는 선실의 한쪽에 문이 열려 있는 것을 보고 그곳을 통해 밖으로 나왔다. 그곳에는 말린 뱀장어(鰻) 상자가 천장 높이까지 쌓여 있었다. 거기서 다시 방향을 틀어 배의 오른편에 있는 통로로 나왔다. 그곳에는 새장이 가득 쌓여 있었다. 미친 듯이 울어대는 새들의 소리를 들으면서 용감하게 그곳을 지나 선실의 지붕으로 나가는 길을 발견했다. 지붕 부근은 수박으로 빼빼이 들어차 있었는데 한구석에 있는 커다란 그릇이 눈에 들어왔다. 나는 그 그릇에 수박을 넣고 그 위에 앉았다. 그다지 편하지 않았다. 그렇지만 이 배가 전복된다면 이 자리에 앉아 있는 사람 정도가 살아남을 것이라는 생각이 들었다. 위급한 시기에는 아무리 신이라고 해도 사람들이 가득 엉겨 있는 배 아래쪽에까지 구원의 손길을 내밀기가 쉽지 않을 것 같았다. 사람들과 뒤엉겨 있다가 일행과 떨어져버렸으나 그들을 다시 찾기는 쉽지 않았다. 앞쪽의 2등 선실의 지붕에 3등 선실 사람들이 나와 있는 것이 보였다. 나는 앞으로 나갈 수도 뒤로 물러설 수도 없는 처지였다. 뒤로 물러서면 뱀장어 상자가 나를 습격할 듯했다. 그렇기 때문에 수박 위에 앉아 있을 수밖에 없었다.

배가 기적을 울리면서 움직이기 시작했다. 그 순간 연통에서 검은 연기가 흘러나왔다. 1등 선실은 배의 뒤편에 있어서 매연이 선실 쪽으로 들어왔다. 매연 속에서 가끔 불꽃이 일어나기도 한다. 나는 이 상황에서 벗어나는 방법은 없을까 생각해보았다. 그러나 내가 할 수 있는 일이라고는 고작 매연을 다시 한 번 쳐다보는 것뿐이었다. 사방이 장애물로 뒤덮여 언제 불행한 사고가 일어난다고 해도 전혀 이상할 일이 아니다. 이런 상황에서 조그만 배는 서서히 움직이기 시작했다. 그리고 수박이 배의 움직임에 맞춰 앞뒤로 굴러간다. 이 증기선은 악마가 설계한 것처럼 최악이다.

동료에게 이런 내 생각을 말해주었다. 그는 증기선에 있는 심부름꾼 아이 한 명을 데리고 와서 수박 위에서 햇살을 피하려는 중이었다. 그는 내 말을 듣고 난 후에 꾸짖듯이 말했다.

"그렇지 않습니다. 이 배는 효고(兵庫)에서 설계하여 건조된 것입니다. 만약 그곳에서 만들어지지 않았다면 정말 최악의 배였을 겁니다."

나는 참견하듯이 말했다.

"미안하지만 그 견해에는 동의할 수 없습니다."

"그렇지만 곧 알게 될 것입니다. 이 배의 선체는 강력한 철제로 만들어졌고 조그만 엔진은 성능이 굉장히 좋습니다. 100마일(약 161km)을 5시간 만에 주파할 수 있어요. 승선감은 그다지 좋다고 할 수는 없지만 빠르고 안전한 것은 분명합니다."

내가 반론했다.

"목선(木船)은 단층이 좋지요. 파도가 거칠다면 더욱더."

"그렇지만 날이 궂으면 운항하지 않습니다. 날이 조금이라도 궂으면 항구에 정박합니다. 때때로 한 달 동안이나 항구에 발이 묶이는 경우도 있습니다. 하지만 이런 날씨에는 위험할 까닭이 없지요."

나로서는 도저히 믿을 수 없었다. 그러나 새파란 하늘 아래에서 일본해의 연안을 따라 항해하며 장대한 경치를 바라보는 기쁨 때문에 지금까지의 모든 불쾌함을 잊어버릴 수 있었다. 부드럽게 펼쳐진 창공에는 구름 한 점 보이지 않았다. 그 아래 넓은 바다에는 파도 한 점 일지 않는다. 배가 흔들리는 것은 짐을 많이 실었기 때문이다. 배의 좌측으로 이즈모의 산이 스쳐지나간다. 신록이 어우러진 틈 사이로 어촌의 정겨운 모습이 숨어 있다. 오른편에는 몇 마일이나 이어진 호키의 해안이 보이다가 이내 사라진다. 그 사이로 거대한 피라미드의 그림자가 나타난다. 다이잔의 봉우리가 만든 그림자다.

동료는 내 팔을 끌어 왼편의 봉우리 쪽에 보이는 소나무를 가리키더니 웃으면서 노래를 불렀다. 나는 우리가 얼마나 빨리 달리는 배에 타고 있는지 이때 처음으로 알았다. 이미 배는 이 지역의 유명한 신사가 있는 미호노세키(美保關)의 소나무 앞을 지나치고 있었다. 원래 여기에는 소나무 다섯 그루가 있었다. 그중 한 그루가 바람에 뽑혀 네 그루만 남았는데 이를 이즈모의 한 시인이 노래로 만들었다. 그가 부른 노래의 가사는 다음과 같다.

언덕의 다섯 소나무 한 그루 뽑히자 네 그루
이제 뽑히지 않을 거야. 부부 소나무니까.

미호노세키에서는 조그만 잔에 소나무 다섯 그루를 새기고 그 위에 금색 문자로 '언덕의 다섯 소나무'의 노랫말을 적은 술잔을 판다. 이 이외에도 멋진 가게에서 다양한 선물을 고를 수 있다. 미호노세키 신사, 신이 물고기를 낚는 모습, 신의 웃는 얼굴 등이 그려진 도자기를 구입할 수 있다. 이곳의 신은 주로 어부들의 안전을 지켜주는 존재다. 『고사기』에서 '미호(美保)'라고 부르는 곳을 지나면 미호노세키 항이 나타난다. 정면으로 신사와 나란히 늘어선 가옥이 눈에 들어온다. 또 멀리 신사의 커다란 도리이와 사자상이 보인다. 승객 대부분은 자리에서 일어나 도리이 방향을 바라보며 박수를 치면서 신도 방식으로 기도를 올린다.

난 동료에게 물었다.

"이 사람들은 무얼 기도드리는 것입니까?"

그는 대답했다.

"행운을 비는 것입니다. '신은 자기만 부자가 되기를 바라는 사람을 비웃는다'라는 속담이 있는데 이 속담과 관련해 미호노세키에 전해지는 재미있는 이야기가 있습니다. 옛날에 아주 게으른 사람이 있었습니다. 그는 미호노세키에 가서 부자가 되게 해달라고 빌었습니다. 그날 밤에 그의 꿈에 신이 나타났습니다. 신은 한바탕 웃음을 터뜨리더니 신발 한쪽을 벗어 그에게 건네고 그걸 자세히 살펴보라고 말했습니다. 신발은 놋쇠로 만들어져 있었습니다. 그런데 닳아서 커다란 구멍이 뚫려 있었습니다. 신이 말했습니다. '넌 일하지도 않고 부자가 되고 싶어한다. 난 신이지만 한순간도 게으름뱅이였던 적이 없다. 자! 봐라! 내 신발은 놋쇠로 되어 있지만 너무 열심히 일했기 때문에 이처럼 닳은 것이다.'"

*

미호노세키의 아름다운 해안은 미호 곶과 지조자키(地藏埼)의 두 지점 사이로 펼쳐져 있다. 사람들은 지조자키를 '지장보살의 코'라고 부른다. '지장보살의 코'처럼 생긴 이 곳은 큰 파도가 밀려올 때에는 해안에서 가장 위험하다. 미호 곶은 오키로 돌아가는 배에게는 공포의 대상이다. 맑은 날에도 이곳에는 큰 파도가 친다. 그러나 내가 탄 배가 이곳을 지나칠 때에는 놀랍게도 마치 거울처럼 잔잔했다. 나는 고요한 바다를 지나치면서 기괴한 감정을 느꼈다. 마치 폭풍 전의 고요라고나 할까. 서양에서도 허리케인이 몰려오기 전에 이런 전조가 있다고 들었다.

그러나 동료는 말했다.

"수주 동안은 이런 상태일 것입니다. 6월이나 7월 초에는 바람이 심하게 붑니다. 하지만 8월 15일을 전후해서는 파도가 거칠어지는 경우가 거의 없지요. 그러나 지난주에 미호노세키에서 돌풍이 분 적이 있습니다. 사람들의 말에 의하면 신이 분노한 징조라고 하더군요."

"돌풍이 왜 불었을까요?"

"괴물 때문이라고 합니다."

"괴물?"

"그렇습니다. 그 괴물은 얼굴은 인간의 모습이고 몸은 소와 비슷하다고 합니다. 보통 그 괴물은 수소에서 태어나는데 이는 불길한 징조입니다."

"미호노세키의 신이 괴물 때문에 분노할 이유가 있었습니까?"

"박제 때문인 것 같습니다. 저는 보지 못해서 그게 어떻게 생겼는지 알 수 없지만 오사카에서 박제 전문가 일행이 왔답니다. 그들은 호랑이 다른 진기한 동물의 박제를 가지고 있었습니다. 그 일행 중의 한 사람이 미호노세키로 향하는 배에 탔다고 합니다. 기선이 항구에 도착하자 갑자기 돌풍이 불었는데 신관은 배에 부정한 물건이 실려 있기 때문에 돌풍이 불었다고 했습니다. 박제 전문가는 배에서 내릴 수 없었습니다. 그는 그대로 다시 사카이로 돌아가야만 했습니다. 그 사람이 돌아가자 하늘은 다시 맑아지고 바람이 멈추었답니다. 그래서 사람들은 신관이 말한 내용이 맞다고 생각하고 있습니다."

*

대기 중에는 생각보다 습기가 많았다. 맑은 날에는 오키에서 다이잔까지 분명하게 보인다. 그러나 배가 '지장보살의 코'를 통과할 즈음이면 다이잔은 순식간에 안개로 뒤덮인다. 2, 3분이 지나면 산은 유령처럼 모습을 감춘다. 이런 현상은 기묘한 효과를 발생시킨다. 즉 산의 정상이 시야에서 사라지면서 수평선과 하늘의 경계가 사라지는 것이다.

마침내 배는 항로상으로 해안선과 가장 가까운 지점과 평행하여 달리기 시작한다. 이즈모의 푸른 산은 후방으로 사라지고 호키의 환상적인 해안은 수평선과 하나가 된다. 여기서 기선의 놀랄 만한 속도를 언급하고 싶다. 기계음이 거의 들리지 않는 상태에서 배가 빠르게 전진하는 것은 엔진의 힘이 좋기 때문이다. 배는 거대한 파도를 타고 무겁게 움직이기 시작한다. 겉으로 보기에 바다는 아주 평온해 보이지만 눈에 보이지 않는 파도가 대양의 맥박처럼 움직이고 있다. 이즈모의 산은 회색이 되더니 어느 순간에 시야에서 사라진다.

우리는 육지에서 수천 마일이나 멀어진 것처럼 외로움을 느꼈다.

이런 생각에 빠져 있는데 내가 앉아 있는 수박 곁으로 늙은 어부가 다가왔다. 그는 어떤 배라도 8월 15일 즈음해서는 절대로 바다로 나가지 않는다고 했다. 그는 이에 대해 확고한 신념을 갖고 있는 듯 자신의 경험을 들려주었다.

"이건 내가 아주 젊었을 때의 일이지. 홋카이도(北海道)에서 이쪽으로 배를 몰고 올 때였어. 아주 긴 항해였는데 공교롭게도 이곳엔 역풍이 불고 있었어. 이 곳을 항해하던 날이 정확히 16일 밤이었지. 그때 갑자기 내 눈에 새하얗고 커다란 범선이 보였어. 그 배가 내 바로 뒤에 나타날 때까지 난 그 범선의 존재를 알지 못했어. 정말 묘한 일이었지. 왠지 믿고 싶지 않은 일이었어. 범선은 우리 배에 아주 가까이 다가왔기 때문에 그 배의 선원들이 말하는 소리까지 들릴 듯했어. 범선의 동체는 우리 배보다 훨씬 컸어. 그런데 우리 배를 추월하지는 않더군. 말을 건네보았지만 범선에서 내 말에 응답하는 선원은 없었어. 우리 배의 선원들은 모두 범선을 바라보고 있었지만 눈앞에 있는 것이 진짜 배인지 믿을 수가 없었어. 바다에는 심한 파도가 쳐서 우리 배는 몹시 흔들렸지만 그 범선은 조금도 흔들리지 않더군. 왠지 무서운 생각이 들었어. 그 순간 범선은 순식간에 모습을 감추었어.

그로부터 4년이 지난 후에는 그보다 더욱 기괴한 것을 보았지. 배를 타고 오키로 향하고 있을 때였어. 파도 때문에 일정이 늦어져 16일에도 항구에 도착하지 못한 상태였어. 아침인지 점심 무렵인지 확실치는 않아. 하늘은 어두웠고 파도는 심하게 치는데 배의 뒤편에서 광장한 속도로 달리는 기선을 보았어. 그 배는 점점 우리 배로 가까이 다가왔어. 통통거리는 엔진 소리가 선명하게 들려오더군. 그런데 그 배의 간판에는 선원이 보이지 않았어. 그 배와 우리 배와 나란히 달리고 있었어. 우리 배의 선원들은 저 배의 정체가 과연 무엇일까 의심하기 시작했지. 그 순간 그 배가 순식간에 사라졌어. 우리가 정말 배를 보았는지 의문이 들 정도였어. 그런데 가장 기묘했던 점은 배는 사라졌는데도 엔진 소리가 계속 들렸다는 거야. 통통, 통통. 이렇게 엔진 소리는 계속 들리더군.

내가 본 것은 이 정도고 나보다 여러 번 이런 광경을 목격한 뱃사람도 있지. 한 번에 배가 사라졌다가 연이어 새로운 배가 나타나는 경우도 있었다고 해. 이때 뒤에서 나타나는 배는 걱정할 필요가 없어. 하지만 앞에서 배가 갑자기 나타나면 선원은 모두 죽게 되지."

*

　우리를 둘러싼 빛나는 하늘은 거의 한 시간이나 변함이 없었다. 그런데 어느 순간 수평선에서 회색 그림자가 보이기 시작했다. 점점 커지는 그 그림자는 마치 구름처럼 보였다. 실제로 그건 구름이었으나 그 아래로 푸른 산이 형체를 드러내기 시작했다. 산봉우리들은 점점 그 숫자가 늘어났다. 그 중앙에 있는 봉우리는 다른 산보다도 세 배나 높았다. 오키의 영산(靈山)인 니시노지마의 다쿠히잔(燒火山)이다.

　동료가 다쿠히잔에 관한 전설을 이야기해주었다. 이 산의 정상에는 신을 모시는 신사가 있다. 12월 31일 밤에는 바다에서 귀신불 세 개가 나타나 이 신사로 올라간다고 한다. 신사로 올라간 귀신불은 제등에 들어가 계속 탄다. 이 불은 한꺼번에 나타나는 것이 아니라 하나씩 나타나 산의 정상으로 올라간다고 한다. 사람들은 이 불이 산으로 올라가는 모습을 보려고 배를 타고 바다로 나온다. 그러나 누구에게나 이 불이 보이는 건 아니다. 마음이 착한 사람에게는 보이지만 사악한 사람의 눈에는 보이지 않는다.

　배가 앞으로 나가자 지금까지 보이지 않았던 기묘한 모양의 조그만 배가 이곳저곳에 흩어져 있는 게 보였다. 길고 가는 낚싯배는 노란 돛이 인상적이었다. 난 나도 모르게 동료에게 저 배는 돛이 왜 이렇게 아름답냐고 물었다. 동료는 웃으면서 그건 옛날 다다미로 만들었기 때문이라고 설명해주었다. 망원경으로 자세히 살펴보니 그의 말대로 옛날에 사용하던 다다미와 같은 모양이다. 푸른 바다를 배경으로 오키의 배가 노란 돛을 펄럭이는 모습은 정말 매력적이다. 노란 나비가 날개를 팔랑이며 움직이듯이 해안을 따라 배가 전진하자 좌측에 아름다운 해안 절벽이 펼쳐졌다. 우리는 치부리지마와 나카노지마 사이를 통과하여 오키 군도를 향해 나아갔다.

*

　이곳의 첫인상은 왠지 적막했다. 서쪽에는 바닷물이 흐르는 방향과 직각으로 늘어선 높은 산이 자태를 자랑하고 있었다. 이런 산의 자태가 여름 안개와 어울려 환상적인 그림을 만들어냈다. 이곳 주위에 사람이 사는 흔적은 어디에서도 발견할 수 없었다. 그저 이끼 낀 바위와 그 위에 늘어선 산봉우리, 그리고 조그만 나무와 풀이 우거져 황량한 분위기를 자아낼 뿐이다. 주위에서는 아무 소리도 들리지 않고 그저 통통거리는 엔진 소리만이 게이샤의 북 치는 소리처럼 들려왔다. 이런 정적감은 배가 수마일이나 항해할 때까지 계속되었다. 그렇지만 큰 나무가 없기 때문에 산길에 사람의 자취가 드문드문 보이기도 했다. 왼쪽의 산비탈에 조그만 촌락이 보였다. 마침내 기선의 기적 소리가 울리더니 이내 멈췄다. 이 기적 소리는 일곱 번이나 계속되었다.

　이 촌락은 치부리지마의 치부리 마을로 원래 어부들의 기지다. 돌을 쌓아 만든 방파제가 나란히 늘어서 있었는데 커다란 나무 사이로 신사의 도리이가 보였다. 그 주위로 집 12, 13채 정도가 언덕 위에 늘어서 있다. 그 옆에 조그만 텃밭이 보인다. 이게 전부였다. 기선은 항구에 진입해 우편물을 건네주고 다시 빠져나왔다.

　주변 풍경은 생각보다 아름다웠다. 항구를 빠져나오자 해안에 늘어선 산봉우리는 점점 높아졌다. 우리는 세 개의 높은 산 사이를 지나가는 셈이었다. 멀리서 보면 산은 회색이었으나 가까이 다가가면 녹색으로 변했다. 우리는 이런 아름다운 신록이 만든 통로 사이를 항해하고 있었다. 처음에는 우리가 갈 길에 희미한 안개가 끼어 있는 듯했다. 그러나 다가가면 안개는 신록으로 변하고 장대한 통로로 바뀌어 있었다. 그 통로는 다양한 색조로 보는 이들을 유혹했다. 정말 경탄할 만한 장관이었다. 희미한 색채로 물든 정경은 어느덧

꿈속의 공간으로 바뀌고 험한 지형에 있는 바위는 환상적인 색채로 변해갔다.
 일본의 중앙부와 서부 지역의 풍광에는 다른 지역과는 다른 독특한 맛이 있다.
 때때로 외국인 여행자는 일본의 자연을 보고 이전에 자신이 보았던 기억을 되살리는 경우가 있다. 하지만 이런 기억은 이내 사라져버린다. 그건 인간의 내면에 본질적으로 숨어 있는 기억이기 때문이다. 이런 기억은 특별한 경험을 하는 순간 다시 생명력을 갖는다. 그러나 이런 상태가 그다지 기분 좋은 것은 아니다. 그건 녹음도 아니고 대지의 색깔도 아니다. 자연의 본래 색깔은 전체적으로 어두운 편이다. 커다란 숲은 음울하고 풀빛은 눈에 거슬린다. 열대 지역의 풍경에서 나타나는 불타는 듯한 신록은 존재하지 않는다. 꽃은 초목의 무거운 색깔과는 대조적으로 강렬한 빛을 낸다. 공원이나 정원을 제외하면 이곳의 신록은 기묘할 정도로 따뜻함이나 부드러움과는 상당히 거리가 있다. 영국의 잔디밭에서 볼 수 있는 신록의 풍성함은 이곳 어디에서도 찾을 수 없다.
 그러나 이런 풍경은 환상적인 색깔을 갖고 있다. 이곳의 수증기가 마법을 걸어 모든 풍경에 환상적인 색조를 집어넣은 듯하다. 우리가 보는 고대 일본 화가들의 작품은 이런 색조를 제대로 포착하여 창조해낸 기적적인 작품인 것이다. 그 때문에 일본의 농촌을 경험해보지 못한 외국인에게 일본 화가들의 그림은 신비로움 그 자체인 것이다. 일본의 옛날 그림 속의 평야는 보통 색깔과는 다르다. 이 그림을 보는 사람들은 "이런 형편없는 그림이 있나!"라고 투덜대리라. 그러나 일본을 조금이라도 안다면 "정말 훌륭한 그림이군. 현실을 정확하게 반영하고 있어!"라고 감탄할 것이다. 황색의 들판은 꽃 피는 들판을 표현한 것이고 눈처럼 흰 나무와 태양처럼 붉은 나무는 복숭아나 벚나무 꽃송이를 표현한 것이다. 이런 색깔은 한 해의 특정한 시기에만 목격할 수 있다. 1년의 대부분의 시기에 이 색깔은 나타나지 않는다. 이런 풍경에 마법을 거는 것은 바로 안개다. 일본의 풍경에는 언어로는 표현할 수 없는 신비한 아름다움이 있다. 이 아름다움의 비밀은 산의 신비한 모습이나 능선에 있는 듯하다. 산등성이는 각각 그 나름대로 개성이 있다. 일본의 산은 일정한 높이까지 도달하는 상태로 부드럽게 솟구쳐 올라가는 경우는 거의 없고 갑자기 용솟음치는 형태가 대부분이다. 여기서 우리는 '불규칙'이 주는 미묘한 매력을 느낀다. 이런 기묘한 자연경관이 일본인에게 독특한 영향을 끼쳤다. 이것이 다른 나라의 예술과 구분되는 일본만의 매력이다. 바질 홀 체임벌린 교수는 이런 특성을 서양에 알리는 게 일본인의 사명이라고 했다. 이것이 바로 일본인의 창조정신의 비밀이다. 일본 장식예술의 아름다움과 의의를 깨우친 사람은 서양의 대위법적인 예술에 전혀 매력을 느끼지 못하게 된다. 인생과 인간에게 최고의 매력이 바로 이 불규칙성에 있는 게 아닌가 다시 한 번 생각해보게 된다.

*

치부리지마에서 니시노지마의 우라고(浦鄕) 항으로 가려고 서쪽으로 방향을 잡았다. 목적지에 다가가자 다쿠히잔이 우리를 압도할 듯이 다가왔다. 멀리서 바라보면 부드럽고 아름답지만 실제 모습은 황량하기 그지없다. 이곳저곳에서 뾰족하게 드러난 바위가 보인다. 산의 정상에 햇살이 비치자 바위가 거대한 괴물처럼 모습을 드러낸다. 산의 아래쪽에는 수백 피트는 될 법한 바위가 피라미드처럼 서 있다. 이게 몬가쿠잔(文覺山)이다. 이 황량한 산의 정상에는 조그만 신사가 있다. 다쿠히잔은 '불(火) 타는(燒) 산'이라는 의미로 귀신불의 전설이나 옛날에 화산이었던 전설에서 유래한 이름이다. 몬가쿠잔은 '몬가쿠쇼닌(文覺上

人의 산이라는 의미이다. 몬가쿠쇼닌은 오키로 도망와서 몬가쿠잔에서 오랫동안 살며 자신이 저지른 죄에 대해 참회의 나날을 보냈다고 한다. 몬가쿠쇼닌이 정말 이곳에 왔는지 어떤지는 알 수 없다. 오지 않았다는 전설도 전해지기 때문이다. 몬가쿠쇼닌에 관해 전해지는 이야기는 다음과 같다.

수백 년 전에 교토에 엔도 모리토(遠藤盛遠)라는 사무라이가 있었다. 그는 존귀한 신분인 사무라이의 아내에게 첫눈에 반했다. 하지만 여인은 그의 고백에 응하지 않았다. 그는 여인을 상대로 계략을 폈다. 만일 자신의 말을 듣지 않으면 여인의 가문을 몰살시키겠다고 협박한 것이다. 엔도는 우선 여인에게 여인의 집으로 자신을 불러들이라고 했다. 그러면 여인의 남편을 살해하고 여인을 자신의 아내로 삼겠다는 것이었다.

여인은 정절을 지키기 위해 엔도의 말에 동의한 척하고 다른 책략을 생각해 냈다. 여인은 남편을 설득해서 잠시 마을을 떠나 있도록 했다. 그리고 엔도에게 편지를 써서 적당한 시간에 집에 오라고 말했다. 여인은 남편의 옷을 입고 얼굴에는 수염을 붙였다. 그리고 엔도가 집에 오기로 한 시각에 맞춰 남편의 잠자리로 들어가 자는 시늉을 했다.

엔도는 한밤중에 방에 들어가 칼을 뽑아 자는 사람의 목을 단칼에 베었다. 그는 죽은 자의 목을 집어 들었다. 자신이 목을 벤 사람의 얼굴을 자세히 살펴보니 그는 그가 그토록 사랑하는 여인이었다.

크나큰 회한이 그를 엄습했다. 그는 가까운 사찰에 달려가 자신의 죄를 참회했다. 그리고 나서 머리카락을 자르고 스님이 되어 법명을 몬가쿠(文覺)라 지었다. 세월이 흘러 그는 유명한 승려가 되었다. 사람들은 그를 존경했고 그의 이름은 전국에 퍼져 나갔다.

도쿄의 아사쿠사(淺草)에는 관음당으로 가는 조그만 길목에 멋진 인형이 서 있다. 목조 인형인데 마치 살아 있는 듯하다. 이 인형은 오른손에는 피묻은 칼을, 왼손에는 여인의 목을 들고 있다. 엔도의 모습을 묘사한 것인데 여인의 얼굴은 쉽게 잊을 수 있지만 엔도의 얼굴은 지옥의 망자 같아서 한 번 그 얼굴을 본 사람은 절대로 잊어버릴 수 없다.

*

우라고는 미호노세키와 거의 비슷한 규모이고 흥미로운 마을이다. 이 항구는 미호노세키처럼 산으로 둘러싸인 조그만 분지에 있다. 그러나 미호노세키보다는 훨씬 원시적인 마을로 그다지 색채감이 느껴지지는 않는다. 집들은 주로 언덕과 바다 사이에 간신히 끼어 있는 듯하다. 집의 주변에는 조그만 골목이 있어 간신히 통행할 수 있을 정도다. 그 순간 나는 신기한 모습을 발견하고 넋을 잃은 채 바라보았다. 집 뒤편 산기슭에 있는 황량한 묘지가 눈에 들어왔기 때문이다. 공동묘지에는 회색의 비석과 불상이 늘어섰고 묘지마다 대나무 가지에 매달린 흰색 종이깃발이 펄럭이고 있었다. 망원경을 통해 바라보니 그 깃발에는 '나무묘법연화경', '나무대자대비관세음보살', '나무아미타불'이라는 불경이 써 있었다. 이곳 사람들에게 물어보니 매년 이맘때면 다양한 장식물로 묘를 꾸미는 것이 우라고의 습관이라고 한다.

바다에는 벌거벗은 채 수영하는 사람으로 가득하다. 그들은 웃기도 하고 환성을 지르면서 나를 맞아준다. 가볍고 빠른 배가 어부들을 싣고 다가온다. 오키 사람들의 체격을 본 것도 이번이 처음이다. 남자 성인이나 아이들 모두 건장해서 강한 인상을 준다. 노를 젓는 사람이나 짐을 나르는 사람들 모두 놀라울 정도로 근육이 발달되어 있다.

기선이 우라고에 한 시간 정도 정박했기 때문에 나는 마을로 들어가 가장 좋은 식당에서 점심을 먹었다. 점심 비용으로 지불한 돈은 고작 7전(錢)이었다. 식당 주인은 찻값으로 지불한 돈을 전부 받지 않고 그 반을 부드러운 손길로 내 유카다 소매에 넣어주었다.

*

우라고에서 나카노지마에 위치한 히시우라(菱浦)로 향했다. 주변 풍경은 점점 아름다워졌다. 해협은 다양한 지형 사이를 조용히 흐르는 강물처럼 넓게 펼쳐져 있다. 이 환상적인 경치는 다양한 주변 풍경과 어우러져 예술적인 아름다움을 느끼게 해주었다. 회색의 낭떠러지는 바다와 수직으로 이어져 웅장한 자태를 뽐냈다. 히시우라에 도착할 때까지 수평선이 다시 나타나는 경우는 없었다. 설사 나타났다고 해도 두 개의 높은 곳 사이로 희미하게 보일 뿐이었다.

히시우라는 우라고보다 아름다웠다. 그러나 인구도 적고 항구라기보다는 농업이 중심인 마을이었다. 마을은 산으로 둘러싸여 있는데 그 안쪽으로 상당히 넓은 경지가 있었다. 건물과 건물 사이에는 아주 넓은 공지가 펼쳐져 있고 건물 대부분에는 밭이 딸려 있다. 바다와 붙어 있는 집들은 상당히 근대적인 건축물이다. 우라고에는 오키에서 가장 유명한 여관이 있다. 그들은 이 여관을 자랑으로 여긴다. 그리고 두 곳의 사찰과 신사가 있다. 각각 다른 사람이 이것들을 기증했다. 여관 주인인 과부가 사찰을 세웠고 이 섬에서 가장 부자인 상인이 신사를 지어 기증했다. 이 건축물은 내가 지금까지 본 것 중에서 가장 아름다웠다.

*

도고는 오키 군도의 주요한 섬으로 때에 따라 이 섬만을 오카라고 부르기도 한다. 도고는 도젠의 동북쪽 8마일(약 12.9km) 지점에 있다. 우라고를 나와 우리는 곧 그곳으로 향했다. 나카노지마와 니시노지마 사이의 깎아지른 듯한 절벽이 늘어선 환상적인 해협을 지나 넓은 바다로 나왔다. 분명 옛날에는 바윗덩이 하나였다가 어떤 강력한 충격을 받아 셋으로 나뉜 듯한 바위가 보인다. 마치 붕괴된 탑처럼 바다 위에 무너질 듯이 서 있다. 이 항구에 들어올 때에 보았던 붉은 바위는 지금도 의연히 서 있다. 이 바위는 신관(神官)의 모자를 의미하는 '에보시 바위(烏帽子岩)'이다.

바다로 나와 배가 파도에 올라탔다고 생각한 순간 다시 바닷속에서 무엇인가가 솟구치듯이 나타났다. '고모리(蝙蝠, 박쥐) 바위'가 반짝반짝 빛나는 수평선을 배경으로 모습을 드러낸 것이다. 이 바위에는 침식작용으로 생긴 듯한 구멍이 나 있다. 그 반대편에는 커다란 바위 두 개가 있는데 게가 다리를 움직이고 있는 듯한 기괴한 모습이다. 또 조그맣고 검은 물체가 보였는데 그것에 가까워지기 전에는 노를 젓는 사내인 줄만 알았다. 그 반대편에는 섬 두 개가 있었다. 무인도로 넘실거리는 파도 때문에 다가가기 힘든 마쓰시마(松島). 그보다는 높은 지형으로 거대한 붉은 절벽이 일품인 오모리시마(大森島)가 바로 그것이다. 이 섬들에는 무언가 놀라운 힘이 있는 듯하다. 배가 이 섬을 지나칠 때에 무서운 소리가 들리는 듯했다. 그러나 오모리시마의 깎아지른 듯한 절벽에서 신비한 색채감을 맛보았다. 지는 태양에 반사되어 바위의 그림자는 물에 잠기고 이런 모습이 파도에 각인이라도 되듯 빛난다. 나는 금속처럼 보이는 제비꽃 색의 바다를 떠올렸다.

날씨가 나쁘지 않으면 도젠에서 도고의 절벽은 훤하게 보인다. 안개가 끼기는 했으나 푸른 바다의 모습은 선명하다. 더욱이 거대한 다이만지 산(大滿寺山)의 봉우리가 보인다. 이곳의 어부들은 이 산을 호키의 상징으로 생각한다. 도고는 높은 산들의 진열장이다.

절벽이 급속하게 신록으로 바뀐다. 절벽을 따라 반시간 정도 동쪽으로 향했다. 그러자 생각지도 못한 광경이 나타났다. 내륙과 수로로 연결된 조그만 항구에 배들이 빼곡히 들어차 있었다.

어지럽게 들어찬 배들 사이로 가옥이 늘어서 있다. 이곳이 바로 사이고다. 곧 배가 잔교에 닿는다. 여기서 나는 1개월 만에 '오키사이고마루'와 작별을 고했다.

*

사이고는 정말 놀라운 곳이다. 그저 큰 어촌일 것이라고 생각했으나 사카이보다 훨씬 크고 잘 정비된 곳이었다. 또 다양한 측면에서 근대화된 곳이라는 인상을 받았다. 중심 거리에는 멋진 상점이 줄줄이 늘어섰고 볼품 있는 공공건물은 그 위용을 뽐낸다. 겉으로 보기에 상업이 융성한 도시였다. 건물은 대부분 2층인데 거의 상인들의 집이다. 이런 집은 대부분 번쩍번쩍 빛이 났다. 페인트를 칠하지 않은 집도 회색으로 보이지는 않는다. 지붕의 색깔 역시 새로워 보인다. 이 건물들은 모두 대화재 이후 이전보다 큰 규모로 정교하게 지어진 것이라고 한다.

사이고는 실제보다도 훨씬 규모가 큰 것 같다. 1,000가구 정도가 있는데 서부 일본에서 이 정도 숫자의 가구라면 어림잡아 5,000명이 살고 있을 터였다. 그러나 사이고는 가구 수에 비해 상당히 많은 인구가 살고 있을 것으로 추정된다. 마을은 니시마치(西町), 나카마치(中町), 히가시마치(東町) 세 지역으로 나뉜다. 그 안에는 십자로와 골목길이 많다. 이곳이 실제 크기보다 커 보이는 이유는 거리가 불규칙한 해안선을 따라 기묘하게 굽어 있기 때문이다. 이곳을 걷다 보니 실제의 거리보다 두 배는 되는 듯했다. 자신이 어디 있는지 정확하게 파악하기 어려운 경우도 있다. 사이고의 지형은 좀 특이하다. 일상적인 사고로는 상상하기 어려운 형태로 꼬불꼬불한 길이 끝없이 이어진다. 그렇기 때문에 마을을 한 바퀴 도는 일은 생각처럼 쉽지 않다. 마치 뱀의 허리처럼 굽은 길을 걷다 보면 반나절은 금세 지나간다. 야비카와(八尾川)로 마을이 양분되어 있기는 하지만 마을에는 조그만 수로가 많고 그곳마다 다리가 설치되어 있다. 마을의 뒤쪽 산에는 300명을 수용할 수 있는 기숙사가 딸린 공립학교를 포함해 큰 건물이 몇 채 서 있다. 마을의 부유한 유지가 기증한 사찰, 감옥, 병원은 오키만이 아니라 시마네 현에서도 꽤 유명하다. 이곳은 일본의 대규모 건물 중에서도 가장 아름다운 건물이 있는 곳으로 손꼽힌다. 조그맣지만 아름다운 정원도 많다.

항구에는 배가 300척가량 정박해 있다. 아직 나무로 만든 닻을 사용하는 배는 이곳의 수심이 너무 깊다고 불평한다. 그러나 군함에 승선하는 사람은 이런 말을 하지 않는다.

*

일본 서부에서 사이고만큼 살기 좋은 곳은 어디에도 없다. 동료와 둘이서 묵은 여관에 손님이라고는 우리뿐이었다. 우리는 2층의 천장이 높은 방을 배정받았다. 그 방의 한쪽 창문으로는 거리가 내다보였고 반대편으로는 야비카와의 맞은편 산의 자태를 감상할 수 있었다. 바닷바람은 밤이고 낮이고 쉬지 않고 불어왔다. 여름에는 손님에게 아름다운 부채를 제공하는 것이 일본의 습관인데 이곳은 그럴 필요가 없을 정도로 시원했다. 식사는 놀라울 정도로 맛있고 반찬도 다양했다. 내가 좋아한다면 프렌치 프라이드 포테이토가 딸린 비프 스테이크와 로스트 치킨을 주문해도 좋다는 제의를 받았다. 나는 여행

중에는 주변 사람을 곤란하게 하지 않기 위해 일본식을 먹겠다고 마음먹었기 때문에 이런 제의를 거절했다. 그러나 고작 5,000명밖에 살지 않는 이런 조그만 마을에서 도저히 가능할 것 같지 않은 제의를 받고 깜짝 놀란 것이 사실이다. 낭만적인 관점에서 보면 이런 제의를 받는 것이 그다지 유쾌한 일은 아니다. 나는 일본에서 가장 외진 곳에 들어왔고 이곳에는 근대화의 영향이 미치지 않았다고 생각했다. 그런데 이런 곳에서 프렌치 프라이드 포테이토와 비프 스테이크라는 말을 들은 것은 정말 실망이었다. 이곳에 신문이나 전보가 없다는 사실을 나중에 확인하고도 이런 실망감은 사라지지 않았다.

이런 쾌적한 곳에도 방해물이 있었다. 어디에선가 풍겨오는 악취가 바로 그것이다. 이 악취는 비료로 사용하는 썩은 생선에서 나는 냄새였다. 굉장한 분량의 오징어 내장이 야비카와 옆 밭에 거름으로 이용되고 있었다. 거침없이 불어오는 바람이 이 악취를 온 마을로 확산시킨다. 여름에는 보통 집에서 사용하는 방향제도 거의 효과가 없다. 이 마을에 2, 3일 머무르면 이 냄새에 익숙해지지만 두세 시간 정도 마을을 떠났다가 되돌아오면 다시 이 냄새를 받아들이는 데 적응해야 한다.

*

사이고에 도착한 다음 날, 젊은 의사가 찾아왔다. 그는 나를 초대하여 함께 식사하고 싶다고 말했다. 그는 내가 사이고에 머무는 최초의 외국인이기 때문에 자신의 가족이 나를 만나면 매우 기뻐할 것이라고 솔직하게 말했다. 이 사내는 호기심을 자극하는 인물이기도 하고 신뢰할 수 있는 사람으로 보였다. 나는 그의 멋진 저택에서 맛있는 식사를 하고 선물도 많이 받아 돌아왔다. 지나친 선물이어서 거절하려고 했으나 도저히 불가능했다. 선물 중에 편자만큼은 상대의 기분을 상하게 하는 한이 있더라도 받지 않기로 했다. 편자는 아주 고가(高價)일 뿐만 아니라 귀한 물건이라는 것을 알고 있었기 때문에 도저히 받을 수가 없었다.[4] 내가 강하게 사양하자 포기했는지 나중에 내 숙소로 조그만 편자 모형 두 개를 보내왔다. 그가 보내온 선물을 되돌려보내는 것은 일본의 예의에 어긋나는 일이다. 사이고를 떠나기 전에 나는 이 젊은 의사에게 생각지도 못한 대접을 받았다.

그 후에 사이고의 공립학교 교사 한 명이 나를 찾아왔다. 그는 내가 오키에 관심이 있다는 사실을 알고 있었다. 그래서 자신이 만든 섬의 지도 두 장과 사이고에 관한 책을 가지고 왔다. 또 자신이 직접 채집한 곤충을 선물로 주었다. 전혀 알지도 못하는 사람에게 순수한 선의를 베푸는 곳은 세계에서 일본뿐일 것이다.

세 번째 방문자는 나의 동료를 찾아온 사람으로 그 역시 아주 개성 있는 인물이었다. 그러나 그는 나에게 큰 고통을 주었다. 우리는 함께 앉아 담배를 피웠다. 그는 허리춤에서 멋진 담뱃갑과 담뱃대를 꺼내더니 정성스럽게 담배를 끼워 넣기 시작했다. 담뱃대에는 재미있는 그림이 새겨져 있었고 담뱃대의 재질은 검은 산호처럼 보였다. 담뱃갑은 세 가지 색깔의 줄로 묶여 있었고 투명한 석영으로 만든 것이었다. 난 그걸 보고 감탄했는데 그는 갑자기 소매에서 조그만 칼을 꺼내들었다. 그리고 담뱃갑의 아름다운 줄을 잘라내더니 담뱃대와 함께 내게 건네주었다. 담뱃갑을 묶고 있던 아름다운 줄이 잘려나가는 순간 나는 내 신경이 잘려나가는 듯한 아픔을 맛보았다. 난 그에게 다양한

---

[4] 편자는 말발굽 보호용으로만 사용되는 것은 아니다. 편자는 성실하게 노력한 데 대한 행운을 의미한다. 말발굽이 닳도록 훈련하고 노력하면 전쟁에서 반드시 승리한다는 신념을 상징하기도 한다.-역주

선물을 받았다. 그렇지만 이번 일을 통해 오키에서는 상대의 어떤 물건을 드러내놓고 칭찬하면 안 된다는 교훈을 얻었다. 왜냐하면 그들은 내 칭찬을 듣고 바로 그 물건에 손상을 입히기 때문이다.

*

일본의 어느 지방에 가도 방언이 있다. 오키는 매우 고립된 지역이기 때문에 예상대로 이곳의 방언은 독특했다. 사이고에서는 이즈모 방언이 폭넓게 사용된다. 이곳에 사는 사람들의 풍속이나 습관은 이즈모와 유사하다. 실제로 이즈모 출신의 사람도 많은데 이들이 상권을 장악하고 있다. 여자들은 이즈모 지방의 여인들만큼 매력적이지는 않다. 아름다운 여자아이 몇 명을 발견했으나 그들은 모두 이곳 출신이 아니라고 한다.

내가 방문했던 어촌 중에서 오키 사람들의 신체적인 특징이 가장 인상에 남는다. 어디를 가도 강인한 체격의 남자와 힘이 넘쳐날 듯한 여자들로 가득했다. 이는 이곳 사람들이 영양가 있는 음식을 싼값에 먹을 수 있다는 점과 생활하기 좋은 기후, 그리고 끊임없이 몸을 움직인다는 것과 관계가 있는 듯하다. 오키에서 산다는 것은 즐거운 일이기 때문에 다른 지역에서 근무하던 사람들도 이곳에서 일할 기회가 있으면 아무 거리낌 없이 이주해온다. 날씨가 좋으면 어선은 일몰 2시간 전에 바다로 나간다. 이런 수많은 어선의 행렬은 장관이었다. 배를 몰고 나가는 사람들이 전부 여자라는 사실도 신기하다. 더욱이 그녀들의 노 젓는 기술은 대대로 이어진 이 지역의 전통을 고려하지 않으면 이해할 수 없다. 다음으로 놀라운 것은 어선의 숫자이다. 하룻밤에 항구를 빠져나가는 불빛이 눈에 보이는 것만 350개에 이른다. 그 하나하나가 모두 배 한 척이다. 그리고 해안에 붙어 있는 마을 45곳에서 이런 광경을 목격할 수 있다. 실제로 이곳의 주민 대부분은 여름밤에 바다 위에서 생활한다. 낚시의 계절에 이즈모에서 하마다까지 빠른 기선을 타고 여행을 하다 보면 이런 광경을 직접 목격할 수 있다. 100마일(약 161km)에 이르는 수평선에 불빛이 빼곡하며 땀 흘리며 일하는 어민들을 볼 수 있다.

이곳에 사는 사람들은 척박한 현실에서 활력을 잃어버리기보다는 오히려 강건한 성격을 만들어낸 듯하다. 그러나 이 지역의 말과 소는 지속적으로 퇴화해왔다. 이곳의 말과 소는 아주 조그맣다. 소는 이즈모의 송아지만 하며 송아지는 이즈모의 산양과 비슷한 크기다. 말―정상적인 말이라기보다는 조랑말 수준이라고 할 수 있다―은 이곳의 특산물로 아주 조그맣고 강인한 인상을 준다. 이보다 좀 더 큰 말도 있다고 하나 아직 보지 못했다. 이 말이 외부에서 유입된 종인지 알 수 없다. 일본의 옛이야기에 따르면 사무라이 사사키 다카쓰나(佐佐木高綱)의 군마(軍馬)가 유명하다. 섬사람들은 이 군마가 오키의 토박이 말이라고 주장하지만 신빙성이 있는 말은 아닌 듯하다. 전설에 따르면 이 말은 오키에서 미호노세키까지 헤엄쳐서 건넜다고 한다.

*

일본의 각 지역에는 그곳의 명물이나 명소가 있다. 명물이란 그 지역의 특산물로 자연적인 것도 있고 공예품도 있다. 명소는 그 지역의 유명한 곳으로 종교, 전설, 역사와 관계가 있고 행락지로도 손색이 없는 장소다. 신사나 사찰, 정원, 고목, 기암 같은 것이 명소다. 또 아름다운 경치를 조망할 수 있는 시간이나 장소도 역시 명소다. 이 밖에도 봄날의 매화, 여름밤의 반딧불이, 가을의 단풍, 수면에 달그림자가 비쳐드는 곳 역시 명소다.

오키의 명물은 히노미사키(日御碕)와 마찬가지로 마른 오징어다. 이것은 중국이나 일본에서도 수요가 많은 식품이다. 오키나 히노미사키, 미호노세키의 오징어는 암갈색을 띤다. 미호노세키에서 잡히는 오징어는 하얗고 보통 평균 15인치(약 38cm) 정도다. 오카나 히노미사키의 오징어는 거의 12인치(약 30cm)를 넘지 않고 맛이 좋다. 미호노세키와 히노미사키의 어업에 관해서는 알려진 것이 없으나 오키의 어업은 일본뿐만 아니라 조선이나 중국에도 널리 알려진 상태다. 이 섬들은 번영을 누리고 있다. 아주 좁은 해변에서 3만 명이 먹고사는 것도 바다라는 경지를 잘 경작하고 있기 때문이다. 막대한 양의 오징어가 본토로 흘러들어간다. 그러나 오키의 최대 고객은 중국이다. 만일 오징어 공급이 중단된다면 중국은 큰 손해를 입을 것이다. 그러나 현재의 상태로 보면 수천 년 동안 오징어를 잡아도 괜찮을 만큼 많은 양이 어획되고 있다. 오징어 수백 톤을 잡아 건조시켜 매일 배에 쌓아놓기도 하고 수백 에이커의 땅은 오징어를 통해 비옥한 땅으로 바뀐다. 어떤 경찰관이 오징어에 관해 재미있는 이야기를 들려주었다. 사이고의 북동쪽 해안 지방에서는 하룻밤에 어부 한 명이 오징어 2,000마리를 잡아 올린다고 한다. 두세 번 망을 들어 올리면 배가 오징어의 무게를 이기지 못하고 부서지는 경우도 있어 신중하게 작업하지 않으면 안 된다. 그러나 이 지역에서는 암갈색의 오징어 이외에 다른 종류도 잡힌다. 그건 바로 문어다. 나카무라(中村)라는 어촌 주변에서는 한 마리에 15관(약 56kg)이나 나가는 문어가 잡히기도 한다. 문어는 험악하게 생겼지만 인간에게 피해를 주지는 않는다.

　오키의 또 다른 명물은 마제석(馬蹄石)이라는 검은 돌이다. 이 돌은 좀 더 많이 알려졌을 법도 한데 아직까지 모르는 이가 많다. 이 돌은 도고에서만 발견되며 그다지 크지 않다. 이것으로 다양한 공예품을 만들 수 있다. 벼루나 잔, 작은 상자, 조그만 받침대, 꽃병을 만들기도 한다. 또 장식물을 만들기도 하는데 이런 경우 정교한 세공은 필수적이다.

처음 캐낸 마제석은 색깔이나 형상이 선명한데 그 모습이 말의 말굽과 유사하다 하여 이런 이름이 붙었다('마제'란 말발굽을 의미한다). 마제석의 유래에 관해서는 기묘한 이야기가 전해진다. 사무라이 사사키 다카쓰나의 애마인 겐지(源氏) – 신마(神馬)로 손꼽힌다 – 의 말발굽이 닿은 돌이 마제석으로 변했다는 이야기인데 다음과 같다. 겐지의 망아지가 도고의 깊은 바닷물에 빠져 죽었다. 겐지는 바다에 비친 자신의 머리를 새끼로 착각해 바다로 뛰어들었다. 오랫동안 찾았으나 새끼의 모습은 흔적도 발견할 수 없었다. 바다 밑의 단단한 바위가 이런 어미 말의 모성애에 감동했는지 겐지의 발굽이 닿은 바위는 모두 마제석으로 바뀌었다.

오키의 또 다른 명물은 산호의 일종인 해초이다. 마제석보다는 아름답지는 않지만 이 해초를 가공하여 담뱃대나 붓꽂이 등을 만들 수 있다. 이 해초를 갈면 검은 칠을 한 것처럼 빛이 난다. 그리고 이 해초로 만든 제품은 아주 비싸다. 반면 자개로 만든 세공품은 아주 싸다. 이것도 오키의 명물 중 하나다. 전복 껍질 역시 이곳에서는 아주 크게 자란다. 이걸 정교하게 가공하면 다양한 공예품을 만들 수 있다.

*

마쓰에에서 출판된 소형 책자를 보면 오키의 볼거리는 대체로 세 가지이다. 치부리지마에는 흥미를 끌 만한 대상이 없다. 쓰바메자토(都万目里)의 '턱 없는 지장보살'은 수세대에 걸쳐 명소로 꼽혀왔으며 유이무라(油井村)의 단교(檀鏡)폭포, 시모무라(下村)의 다마와카스(玉若酢) 신사 앞에 있는 거대한 삼나무, 그리고 조그만 호수도 명소로 친다. 나카노지마의 아마무라(海士村)에는 이곳으로 유배를 왔던 고토바 천황(後鳥羽天皇)[5]의 능이 있다. 또 스케쿠로(助九

郎)라는 신하의 저택도 남아 있다. 유배된 천황은 한동안 이곳에서 살았는데 그의 유품이 지금까지 전해지고 있다. 니시노지마의 베후(別府)에는 유배된 고다이고 천황[6]을 모신 신사가 있다. 또 다쿠히잔의 정상에는 도쿠가와 이에야스를 모신 신사가 있는데 구름이 없는 날이면 이곳에서 오키 군도의 모든 경치를 볼 수 있다고 한다. 치부리는 가난한 작은 마을로 오키의 기선이 사이고까지 갈 때에 항상 기항하는 곳이다. 이 마을은 오키 군도에서 가장 재미있는 전설의 무대이기도 하다.

560년 전에 이곳에 유배된 고토바 천황은 감시자의 눈을 피해 치부리까지 도망쳐 왔다. 이 조그만 마을에 사는 햇볕에 검게 그을린 어부들은 자신의 목숨을 바쳐 천황을 구했다. 그들은 배에 마른 오징어를 가득 실었다(지금도 이즈모나 호키에서는 그들의 자손이 조상들이 그랬던 것처럼 오징어를 배에 실어 나르고 있다). 천황은 어부들이 자신을 이즈모나 호키에 무사하게 상륙시켜준다면 그에 상응하는 보답을 하기로 약속했다. 어부들은 배에 천황을 태웠다. 그러나 배가 출항하고 얼마 지나지 않아 그들은 뒤쫓아 오는 배를 발견했다. 그들은 천황에게 낮게 엎드리라고 말하고 천황의 등에 마른 오징어를 높이 쌓아 올렸다. 뒤쫓아온 사람들은 어선에 올라와 이곳저곳을 조사했지만 지독한 냄새가 나는 오징어에는 손을 댈 생각조차 하지 않았다. 치부리 어부들은 심한 심문을 당했지만 거짓말을 해서 위기에서 벗어났다. 천황은 오징어 덕분에 유배지에서 탈출할 수 있었다.

---

5 고토바 천황(1180~1239): 일본의 제82대 천황.-역주
6 고다이고 천황(1288~1339): 일본의 가마쿠라 막부 말기에서 남북조 시대 초기에 재위했던 제96대 천황.-역주

　　　　　　　　　　＊

　명소를 구경하려고 하니 오히려 가까운 곳에 있는 것을 구경하기 어려운 경우가 많았다. 오키 군도에는 대부분 정상적인 도로가 없고 산길이 고작이었다. 그렇기 때문에 인력거도 다닐 수 없다. 사이고의 한 의사가 타고 다니는 인력거가 있기는 했지만 이것은 마을을 돌아다닐 때만 썼다. 가마 역시 그 의사가 갖고 있는 게 유일했다. 힘센 농부의 증언에 따르면 이곳은 길이 험하고 날이 덥기 때문에 가만히 있어도 정신을 잃을 정도라고 한다. 조그만 말을 한 마리 빌릴 수는 있다. 그러나 이즈모에서 이미 경험한 일인데 그저 폭포를 구경하려고 말을 타고 소나무가 우거진 산길로 들어가 고개와 협곡을 넘는 것은 그다지 즐거운 일이 아니다. 왠지 그런 경험은 하고 싶지 않았다. 단교폭포를 보러가는 것은 포기하고 '턱 없는 지장보살'을 보러 가기로 결정했다.
　'턱 없는 지장보살'에 관한 이야기를 처음 들은 것은 마쓰에에 있을 때였다. 나는 당시 이가 너무 아파 정신을 못 차릴 정도로 우왕좌왕하고 있었다. 동료는 그런 나를 동정하면서 이런 이야기를 들려주었다.
　"이가 아픈 사람은 '턱 없는 지장보살'을 찾아가 기도를 드리면 됩니다. '턱 없는 지장보살'은 오키에 있지만 이즈모 사람들도 알고 있습니다. 호수나 강, 바다 등의 물이 흐르는 곳에 배를 띄우면 그 배는 물살을 타고 오키까지 흘러오니까요. '턱 없는 지장보살'은 턱이 없는 보살을 뜻합니다. 전생에서 지장보살은 아래턱이 몹시 아팠다고 합니다. 그래서 턱을 잘라냈다지요. 그런 상태에서 보살은 죽음을 맞았습니다. 그렇기 때문에 오키 사람들은 이가 아프면 그 보살을 찾습니다."
　이 이야기는 내 흥미를 끌었다. 보살은 용기가 없었다. 그러나 난 왠지 그를 따라 하고 싶었다. 더욱이 이 전설에는 치통 환자에 대한 보살의 깊은 이해와 자비심이 깃들어 있었다. 난 이 전설에서 위로를 받았다.

그런데 나는 이곳에 오기 전까지 '턱 없는 지장보살'을 보러 갈 생각을 하지 않았다. 그 보살을 보기가 쉽지 않다고 들었기 때문이다. 이곳에서 지장보살에 대해 이야기해준 사람은 마쓰에 사족 출신으로 오키에 정착한 젊은 경찰과 그의 아내였다. 두 사람은 섬을 둘러보기 위해 새벽부터 집을 나와 많은 다리를 건너야 했다. 아내는 아직 열아홉 살밖에 되지 않은 가냘픈 체격의 미인이었다. 그녀는 이런 힘든 상황에서도 피곤함을 겉으로 드러내지 않았다.

이 명성 있는 지장보살에 관해 다음과 같은 이야기가 전해진다. '턱 없는 지장보살'은 원래 '턱을 고친 지장보살'이라는 이름으로 사람들의 입에 오르내렸다. 이 보살이 안치되었던 곳에 화재가 발생하여 보살은 불에 타버리고 하반신만 남았다. 지금도 이 하반신만 남은 보살상은 나이 든 농부가 부적처럼 보관하고 있다. 당시는 불교배척 운동이 강한 시기여서 사찰을 재건하기란 불가능했다. 그러나 쓰바메자토의 농부들은 그 타버린 사찰 곁에 조그만 신사를 세웠다. 사람들은 이전과 다름없이 '턱을 고친 지장보살'에게 소원을 빌었다.

이런 기묘한 이야기를 듣고 나는 지장보살의 앞에 서 있던 조그만 도리이를 떠올렸다. 일본의 중앙부에서 멀리 떨어진 지방의 신도 신자들은 신도에 불교를 융합하여 자신들의 믿음을 발전시키고 있다. 다른 지역에서 고대의 불교에 신도를 융합시키고 있는 것과 다를 바 없는 일이다.

*

조그만 배로 들어갈 수 있는 곳이라고 하여 사이(津井)의 연못과 다마와카스 신사를 보러 갔다. 그렇지만 연못은 내가 기대하던 것과는 상당히 거리가 있었다. 연못으로 들어가는 통로는 깎아지른 듯한 절벽이어서 날씨가 좋은 날이 아니면 도저히 다가갈 수 없었다. 그러나 주변의 바다는 아주 맑아서 깊은 곳에 있는 물체까지 쉽게 분별할 수 있었다. 1시간 정도 절벽을 따라 항해하자 내가 탄 조그만 배는 통로의 입구에 도착했다. 한쪽에 있는 옥석에 파도가 밀려들자 이 돌은 쉴 새 없이 움직인다. 총으로 일제사격을 가할 때 나는 소리를 내면서 돌은 앞뒤로 굴러갔다가 되돌아온다. 이런 옥석의 움직임을 멈추게 하기는 어렵다. 그러나 그곳에서 앞으로 20야드(약 18m) 정도 걸어가자 삼면이 나무로 둘러싸인 연못이 나타난다. 이 연못은 커다란 물탱크와 흡사한데 둘레가 50야드(약 45.7m) 정도였고 그다지 흥미를 끌 만한 모습은 아니다. 연못의 밑바닥은 바위가 아니라 진흙과 조그만 돌로 이뤄져 있다. 말이 빠져 죽을 정도의 깊이가 되는 곳이 있는지 살펴봤지만 그럴 만한 곳은 없다. 이곳의 깊이를 측정해보기 위해 헤엄을 쳐서 맞은편까지 건너가고 싶었다. 그러나 내가 이런 말을 하자 동행한 어부는 매우 놀라는 눈치다. 그들은 이곳이 신의 숨결이 살아 있는 신성한 연못으로 눈에 보이지 않는 괴물이 산다고 믿는 듯했다. 그러니 이런 곳에 들어가는 것은 불경스러울뿐더러 위험한 일이었다. 나는 이곳 사람의 생각을 존중하지 않으면 안 된다고 생각했다. 그래서 그저 마제석이 어디에 있는지 물어보았다. 어부는 연못의 서쪽 산을 가리켰다. 그가 가리킨 산은 이곳에서 전해지는 마제석 전설과는 상당한 거리가 있었다. 왜냐하면 거기서는 사람들의 흔적을 전혀 찾을 수 없었기 때문이다. 이곳에서 수마일 이내에 인가가 없는 것은 확실했다. 난 성지를 더럽힐 생각은 없었다.

 일본을 여행할 경우 명소에 대한 사람들의 평가를 곧이곧대로 믿는 것은 그다지 현명한 일이 아니다. 관광의 즐거움은 그 대상을 보면서 어떤 상상을 하느냐에 달려 있다. 이런 상상은 이 나라의 역사와 신화를 얼마나 알고 있느냐에 따라 결정된다. 무덤이나 바위 그리고 나무는 수백 년 동안 이곳 백성의 숭배 대상이 되어왔다. 이런 명소에는 숭배 대상과 관련된 전설이 내려온다. 깨진 쇠잔, 푸른색 청동거울, 녹슨 칼, 붉은 토기는 수많은 순례객을 불러들였다. 내가 방문한 자그마한 사찰에서 모시고 있는 보물은 작은 돌이었다. 각 돌에는 일본 문자가 빼곡히 적힌 종이가 붙어 있었다. 혹시 이 사찰의 주지가 지질학이나 광물학을 연구하는 분이 아닐까 하는 생각이 들 정도였다. 알아보니 이 돌은 주변에 흔히 있는 아무런 가치도 없는 평범한 암석이었다. 주지나 스님의 설명 역시 흥미로운 이야기는 아니었다. 그저 이 돌은 불교의 전설을 설명해주는 조잡한 암석에 불과했다.

사이의 연못에서의 경험 때문에 시모니시무라(下西村)에 대해서는 그다지 기대하지 않았다. 그러나 이번에는 내 예상이 빗나갔다. 시모니시무라는 사이고에서 배로 1시간 정도 걸리는 아름다운 어촌이다. 배는 황량해 보이지만 아름다운 해변을 따라 달렸다. 옛날에 견고한 성이 있었다는 기괴한 지형의 산 아래를 지나쳤다. 이 마을에는 지금 조그만 신사 한 채만 남아 있었다. 시모니시무라에서 다마와카스 신사까지는 걸어서 20분 정도 걸렸는데 논과 밭 사이를 가로질러야 했다. 그러나 소나무로 둘러싸인 신사는 다양한 풍경의 한가운데에 있어 상당히 인상적이었다. 신사 건물은 원래 사찰이었던 듯하다. 지금은 이곳이 오키에서 가장 유명한 신사다. 신사의 정문에는 유명한 삼나무가 서 있다. 나무는 그다지 크지 않지만 아름다웠다. 지표면에서 2야드(약 1.8m) 정도의 높이인데 나뭇가지 주변의 둘레는 45야드(약 41.1m)는 되는 듯했다. 오키의 농부들은 이곳을 다마와카스 신사라고 부르지 않고 '오스기(大杉, 큰 삼나무) 신사'라고 부른다.

전설에 따르면 이 나무는 800년 전에 한 여승이 심었다. 이 나무로 젓가락을 만들어서 밥을 먹으면 치통을 앓지 않고 장수한다고 한다.

*

　고다이고 천황을 모시는 신사는 니시노지마의 베후라는 아름다운 어촌에 있다. 이 지역은 순박한 풍속이 돋보이며 경탄할 만큼 인심이 좋다. 이곳에는 여행객을 위한 숙소가 있는데 이 지역 특유의 먹을거리가 나왔다. 차나 과자, 쌀밥이 아니라 수수나 콩 등이 나왔다. 차와 쌀밥이 나오지 않는다는 것은 아주 중요한 문제다. 베후 사람들은 체격이 건장하다. 그들은 수수나 콩을 먹고도 영양실조에 걸리지 않는다. 이곳에는 야채가 풍부하다. 남자들이 배를 몰고 고기를 잡으러 나가면 여자나 아이들은 텃밭에서 야채를 가꾼다. 생선은 얼마든지 잡을 수 있다. 이 섬에는 사찰은 없지만 조상신을 모신 곳은 몇 군데 있다.

　천황을 모신 신사는 구로키 산(黑木山) 정상에 있다. 산은 큰 소나무로 뒤덮여 있는데 산길은 험한 편이다. 나는 미끄러지지 않으려고 짚신을 신고 오르기로 했다. 신사의 주변에는 3피트(약 0.9m) 크기의 건물이 있는데 세월의 연륜 때문인지 검게 그을린 상태였다. 그 옆에는 그보다도 오래되어 보이는 건물이 보인다. 커다란 돌 두 개가 그 앞에 놓여 있는데 아무런 글자도 써 있지 않은 채 방치되어 있다. 그 안을 살펴보니 너덜너덜한 거울과 때 묻은 지폐, 조그만 제기(祭器) 등이 보였다. 그 밖에는 아무것도 없었다. 그저 해안과 산꼭대기의 그림자가 밝은 햇살에 반사되어 비쳐들 뿐이었다.

　오키의 농부들에게 이 건물은 천황이 이곳에 왔었다는 유일한 증거물이다. 돗토리의 요나고로부터 가까운 조그만 마을에서는 천황비(妃)가 유배를 떠난 남편을 그리워하다가 그곳에서 죽은 역사적 사실을 기념하여 기념비를 세운다고 한다. 이 기념비는 사람들이 경비를 모금하여 만들 예정이라고 한다. 천황비가 잠든 곳에는 이 이야기와 관계가 있는 유명한 밤나무가 서 있다. 천황비가 병들었을 때 그녀는 밤을 찾았다고 한다. 시녀가 밤을 몇 개 가져오자 그녀는 밤 한 알을 베어 물었다가 땅에 던졌다. 이 밤이 멋진 밤나무로 성장하는데 이 밤나무에 열린 밤에는 모두 잇자국이 나 있다고 한다. 나무가 충성심을 발휘한 경우라 할 수 있다. 이 나무를 '잇자국 난 밤나무'라고 부른다.

*

오키에 오기 한참 이전부터 나는 이 조그만 군도에는 도둑질과 같은 범죄가 발생하지 않는다는 사실을 알고 있었다. 오키에서는 집에 열쇠를 채우지도 않으며 날씨만 좋으면 사방의 문을 열어놓고 잔다고 한다. 이 말은 사실이었다. 도젠에는 도둑이 없고 범죄는 실제로 발생하지 않는다. 도젠과 도고를 합해 인구가 3만 196명인데 이들을 보살피는 경찰은 고작 10명이다. 이 정도면 충분하다. 경찰 한 사람이 마을 몇 군데를 관할하면서 정기적으로 자신의 구역을 순찰한다. 아주 오랫동안 경찰이 없어도 그다지 심각한 문제는 발생하지 않는 듯하다. 그들이 주로 담당하는 일은 위생규칙을 실시하고 이와 관련된 보고서를 작성하는 것이다. 주민을 체포하는 경우는 거의 생기지 않는다. 주민 간에 싸움도 발생하지 않는다.

도고에서 사소한 도둑질이 일어나는 경우는 있다. 이전에는 이곳에 감옥도 없었고 도둑질이 있었다는 말도 들은 적이 없다. 도고 사람들은 절도죄로 체포된 사람은 오키에서 태어난 사람이 아니라 본토에서 온 뜨내기라고 말한다. 사이고가 지금처럼 중요한 항구가 되기 이전에 이곳에 도둑이 없었다는 말은 진실인 듯하다. 일본 서부 지방의 무역은 기선이 왕래를 시작한 이후에 급속하게 증가해왔다. 사이고 항은 이런 상황에 힘입어 상업적 이득을 얻었으나 도덕적으로는 많은 것을 잃은 듯하다.

그럼에도 사이고에서 법에 호소할 만한 범죄가 발생하는 경우는 놀랄 만큼 적다. 사이고에 머물 때 수감자가 나오기는 했다. 그러나 수감자의 죄목은 대부분 도박과 같은 경범죄이다. 중죄를 지으면 오키에서 처벌하지 않고 이즈모 지방의 마쓰에 있는 큰 감옥으로 보낸다.

도젠의 사람들이 정직하다는 평판은 지금도 굳건히 이어지고 있다. 내가 기억하는 한 이 지역에 도둑은 없었다. 심각한 말싸움도 없었고 인생을 비참하게 만드는 범죄도 발생하지 않았다. 토지는 척박하지만 모두 유유자적한 생활을 한다. 음식물은 싸고 풍부하며 풍속은 옛날처럼 소박하다.

*

외국인의 눈에 비친 이즈모의 주택은 문단속 상태가 그다지 철저해 보이지 않는다. 일본의 동쪽 지방에서는 대나무 울타리가 폭넓게 사용되지만 이즈모에서는 그렇지 않다. 설령 이런 울타리가 설치되어 있다고 해도 건물의 약점을 지켜주지는 못한다. 벽이나 담은 그저 외부로부터 시야를 차단하고 경계를 구획 짓는 게 전부다. 누구든 이 정도는 쉽게 넘을 수 있다. 보통 일본 가옥은 간단한 칼 하나만 있으면 쉽게 침입할 수 있다. 뒷문은 부드러운 재질의 나무로 만들어졌기 때문에 한 번만 두드리면 쉽게 부서진다. 사실 일본인도 이런 재질의 문으로는 강도의 침입을 막기가 불가능하다는 것을 알고 있다. 그렇기 때문에 여유가 있는 사람은 창고를 짓는다. 창고는 방화용 건물인데 일본인은 창고가 강도의 침입을 막는 역할도 한다고 생각한다. 창고의 높은 곳에 철제 창문을 낸다. 창고는 깨끗하게 관리하지만 냄새가 나고 어둡기 때문에 주거용으로 사용하지는 않는다. 단 귀중품을 보관하는 장소로는 적합하다. 창고에서 귀중품을 훔치는 일은 간단하지 않기 때문이다.

이 지역은 집집마다 개를 키운다. 만약 개를 키우지 않는다면 강도가 이즈모 지역의 가옥에 침입하는 건 어렵지 않을 것이다. 강도도 이 사실을 알기 때문에 집에 침입할 때에는 항상 칼을 휴대한다.

강도는 칼을 사용할 일이 벌어지기를 원치 않는다. 그저 생각지도 않은 일이 생길 경우를 대비해서 휴대하는 것이다. 일단 집에 침입하면 주위를 돌아보다가 대야를 찾아낸다. 강도는 정원의 한구석에 이 대야를 뒤집어놓는다. 이렇게 하면 마법의 졸음이 집 안을 덮쳐 자신의 행위가 보이거나 들리지 않는 상태에서 강도짓을 저지를 수 있다고 믿는다.

그러나 모든 집에서는 이런 주술을 퇴치하는 방법을 안다. 주의 깊은 주부라면 매일 잠자리에 들기 전에 부엌에 가서 칼 위에 대야를 덮어씌우고 대야 옆에는 짚신을 뒤집어놓는다. 이런 주술적인 행위는 강도의 주술을 무력화시킨다. 그뿐만 아니라 강도가 집에 들어올 수는 있어도 세간을 밖으로 들고 나갈 수 없게 만드는 효과가 있다. 이 지역의 주부들은 아주 피곤하지 않다면 밤에 잠들기 전에 이런 준비를 잘 해두었는지 확인하고 하루를 마무리한다.

만일 주부가 이런 주술을 준비하지 못했거나 주술을 걸었는데도 간밤에 강도가 침입하여 세간을 훔쳐 갔다면 다른 방법이 있다. 아침 일찍 강도의 발자국을 찾아 그 자리에 쑥을 놓고 불을 지핀다. 이 주술은 강도가 발에 부상을 입어 멀리 달아나지 못하기를 바라는 것이다. 또 경찰이 쉽게 강도를 잡기를 바라는 것이기도 하다.

*

가벼운 학질은 특정한 계절에 일부 지역에서만 나타나는 질병이다. 나는 오키에서 학질이 발생하는 이유에 관해 기이한 미신이 존재한다는 이야기를 들었다. 그러나 이런 기묘한 믿음이 아주 옛날부터 이즈모나 산인도(山陰道)의 이곳저곳에서 존재했다는 것은 나중에야 알게 되었다.

학질은 아귀(餓鬼), 즉 가난귀신이 일으킨다고 알려져 왔다. 엄밀하게 말하면 아귀는 인도 불교의 '프레스타(Presta)'를 의미한다. 즉 기아와 갈증에 허덕이다 지옥에 떨어진 귀신을 지칭한다. 그러나 일본 불교에서는 살아 있는 사람들이 기억해주지 않는 귀신, 즉 후손들이 음식이나 차를 바치지 않는 귀신을 아귀라고 부른다. 이 귀신은 너무 괴로운 나머지 산 자의 체내로 들어가 그의 온기와 자양분을 빼앗으려고 한다. 몸속에 아귀가 들어온 사람은 처음에는 한기를 일으키며 몸을 떠는데 이는 이 귀신이 추위를 타기 때문이다. 그리고 한기를 느끼다가 이내 고열에 시달리는 것은 아귀가 따스함을 느끼기 때문이다. 아귀의 침입을 받은 사람은 온기와 자양분을 빼앗긴다. 그 사람의 몸에서 아귀가 빠져나가면 열이 일시적으로 떨어지지만 귀신이 돌아오면 이전의 몸 상태가 되풀이된다. 몸에 온기와 자양분이 쌓일 때까지 그는 몸을 떨기도 하고 고열에 시달린다. 아귀는 매일 병자를 찾아오기도 하고 하루 걸러 찾아오기도 한다. 학질로 발작을 일으키는 사람은 몸에 귀신이 붙었기 때문에 그런 증세가 나타나는 것이다. 반면 발작을 일으키지 않는다면 그 사람 몸에서 귀신이 사라졌기 때문이다.

*

'부처'라는 말에는 재미있는 이야기가 전해진다.

'부처'는 죽은 자의 혼을 지칭한다. 멋진 인생을 살았던 사람은 죽어서 '부처'가 된다는 신앙도 존재한다. '부처'는 또한 시신(屍身)을 완곡하게 이르는 말이기도 하다. 부처는 죽은 자의 또 다른 모습이라는 설도 있다. 그리고 '부처님'은 눈동자에 비치는 얼굴의 그림자를 이른다. 법화경에 등장하는 세존이 아니라 우리 한 사람 한 사람의 내면에 존재하는 조그만 불타를 의미한다.

단테이 게이브리얼 로세티(Dante Gabriel Rossetti)는 '당신의 눈동자에 당신의 마음이 어려 있다'고 했다. 동양의 사상은 정반대이다. 일본의 연인이라면 '당신의 눈동자에서 내 마음의 부처를 본다'고 말할 것이다.

이런 기묘한 신앙과 관련을 맺고 있는 심령학의 이론은 과연 무엇일까? 난 다음과 같이 생각한다. 인간의 영혼은 육체 안에 있어서 눈에 보이지 않는다. 그러나 요술사의 거울처럼 다른 사람의 눈에는 이것이 보인다. 연인의 눈을 바라보면서 그의 마음을 투시하려고 해도 그건 쓸데없는 일이다. 연인의 눈에는 오직 자신의 영혼이 비칠 따름이다. 그 안에는 신비하고 무궁한 어떤 것이 내재한다.

그렇지만 이것이 진실일까? 아르투어 쇼펜하우어가 말한 것처럼 에고(ego)는 인간 의식의 어두운 면이다. 시신경(視神經)이 들어 있는 곳이 눈에 보이지 않는 것과 같은 이치다. 우리는 타인을 통해서만 스스로를 바라볼 수 있다. 그리고 타인에 대한 깊은 사랑을 통해서 자신의 사랑을 인식한다. 우리의 인격과 개성은 우주 존재의 미세한 부분에 지나지 않는다. 우리는 정체를 알 수 없는 수많은 존재 중의 하나에 불과하지 않을까? 우리는 상상을 뛰어넘는 과거와 끝없이 이어질 미래 속에 존재하는 초라한 미물이 아닐까?

*

오키에도 이즈모와 마찬가지로 공립학교가 있다. 그러나 지금 이곳에서는 옛날의 미신이 하나씩 무너져가고 있다. 신세대는 자신의 부모가 믿는 것을 그저 우스갯소리로 넘기려 한다. 통역을 통해 의식이 있는 한 어부에게 다쿠히잔의 귀신불에 대해 물었더니 다음과 같은 냉소적인 대답이 되돌아왔다.

"아아! 야만인이었을 때에는 그런 걸 믿었지만 이제 우린 문명인이죠."

이 젊은이는 시대를 상당히 앞서 가는 생각을 가지고 있다. 그가 사는 마을에서는 이즈모보다도 훨씬 더 진지하게 여우를 숭배하기 때문이다. 이 지역의 역사에는 참으로 기묘한 측면이 있다. 이곳은 옛날부터 여우 숭배의 근거지로 유명하다. 주민이 모두 여우를 숭배하는 것으로 전국에 알려져 있고 실제로 그들은 여우를 숭배했다. 그들은 같이 식사를 하고 이들 집단 내부에서 결혼 상대자를 찾았다. 이들은 여우 숭배에 아무런 논리적인 문제를 제기하지 않았다. 그러다 보니 이 지역에서 이런 습관은 아무런 문제가 없었다. 마을은 나날이 번영했다. 그런데 20여 년 전에 이즈모 사람 한 명이 이곳으로 들어왔다. 이 사내는 정력적이고 머리도 좋고 능력도 있었다. 그는 토지를 구입하고 다양한 사업에 투자했다. 그는 놀랄 만큼 단시간에 이 지역 최고의 부자가 되었다. 그는 아주 근사한 신사를 지어 마을에 기증했다. 그러나 그가 정말 신망받는 인물이 되기 어려운 장애가 한 가지 있었다. 그는 여우를 숭배하지 않았고 오히려 여우가 싫다고 공언하며 다녔다. 그의 이런 행동은 마을 사람들과 불화를 일으킬 가능성을 내재한 것이었다. 특히 그는 자신의 자녀를 외지인과 결혼시켰다. 그리하여 그는 여우를 숭배하는 집단 내부에서 반대세력을 만들었다. 여우를 숭배하는 사람들은 그에게 여우귀신을 보내기로 했다.

달이 없는 밤에 그림자 하나가 그의 집 앞을 배회하고 있었다.

"네가 왔던 곳으로 돌아가라! 오늘부터 여기서 사라져!"

그러자 사내가 유리문을 격렬하게 열어젖히면서 소리쳤다.

"이곳은 정말 싫다. 돌아가!"

여우귀신의 그림자는 도망쳤다.

*

　히시우라의 오징어는 그다지 냄새가 나지 않아 이곳에서는 훨씬 쾌적하게 지낼 수 있었다. 그러나 냄새와 관계없이 히시우라는 사이고보다 훨씬 재미있는 곳이었다. 이 조그마한 마을의 생활은 특히 고풍스러웠다. 이곳에서는 아직도 가내공업이 이뤄지고 있다. 실제로 이즈모의 다른 지역은 기계가 도입되어 가내공업이 대부분 사라진 상태였다. 장밋빛의 소녀들이 옷을 짠다. 힘들면 잠시 휴식을 취하는 소녀들을 바라보는 것은 정말 즐거운 일이었다. 누구나 소녀들이 일하는 모습을 볼 수 있는데 소녀들이 일하는 방식은 정말 옛날 그대로의 생활을 고스란히 드러낸다. 난 이런 모습을 바라보는 게 정말 좋았다. 그 밖에도 즐거운 일이 많았다. 조그만 강가는 수영하기에 적합한 곳이었다. 해안선을 따라 재미있는 곳이 많았는데 사람들은 조그만 배를 띄워 나를 그곳까지 데려가주었다. 밤이 되면 바다에서 불어오는 시원한 바람을 맞았다. 또 방의 툇마루에서는 멀리서 밀려오는 파도에서 빛나는 불빛을 볼 수 있었고 오키의 어머니들이 아이를 재우기 위해 부르는 이 세상에서 가장 오래된 자장가도 들을 수 있었다.

　　잘 자라 산속의 토끼 새끼
　　아직도 귀가 닫히지 않네
　　엄마의 배에 올라올 때에
　　비파나무의 잎사귀, 대나무 이파리
　　먹지 않았나?
　　그걸로 귀가 닫혀야지.

신비할 정도로 아름답고 슬픈 노래다. 이즈모나 일본 어느 지역의 노래와는 그 성격이 다르다.

어느 날 아침 베후로 가기 위해 조그만 배 한 척을 빌렸다. 숙소를 출발하려는데 늙은 여주인이 나를 붙잡고 큰 소리로 말했다.

"잠시 기다려요! 장례식 행렬을 가로질러 가는 것은 좋지 않아요!"

고개를 돌려 마을의 한곳을 바라보니 행렬이 해안을 따라 이쪽으로 오고 있었다. 이 행렬은 신도 방식으로 거행하는 아이의 장례식이었다. 젊은이들이 조그만 흰 깃발과 신도의 상징물을 들고 선두에 서 있다. 관의 뒤쪽에는 젊은 모친이 눈물을 흘리며 따라오고 있었다. 이 모습을 보면서 숙소의 여주인은 내게 작은 목소리로 말했다.

"저 여인을 울고 있지만 아직 젊기 때문에 괜찮아요. 죽은 아이는 엄마의 품으로 돌아올 거예요."

숙소의 늙은 여주인은 경건한 불교도였다. 오늘 거행되는 장례식은 신도 방식인데 죽은 아이의 모친이나 숙소의 여주인은 모두 죽은 아이가 돌아올 것이라 확신하는 듯했다.

*

불교에는 서양의 신앙에는 없는 신비스럽고 아름다운 위안거리가 있다. 아이를 잃은 모친의 꿈에 그 아이가 나타난다. 그것으로 그치는 게 아니라 죽은 아이는 엄마의 몸에 다시 잉태된다. 모친은 이를 간절히 바라면서 죽은 아이의 손바닥에 아이의 이름을 적는다.

수개월이 지나 그녀에게 다시 모친이 될 기회가 온다. 다시 태어난 아이의 부드러운 손바닥을 유심히 살펴보면 죽은 아이의 이름이 적혀 있는 듯이 보인다. 어머니는 되살아난 아이의 영혼이 새롭게 태어난 아이의 눈동자에 깃들어 있는 것을 볼 수 있다.

*

오키와 이즈모에는 사람이 죽은 직후에 죽은 자의 이름을 부르는 습관이 지금도 남아 있다. 이는 원시적인 습관이기는 하지만 사람들의 심금을 울린다. 죽은 자를 부르는 소리가 저세상으로 향하는 영혼의 귀에 닿으면 죽은 자가 되살아나기도 한다고 알려져 있다. 그래서 모친이 죽으면 자식들은 모친의 이름을 부른다. 자식 중에서도 막내가 모친의 사랑을 가장 많이 받기 때문에 제일 먼저 모친의 이름을 부른다. 그러고 나서 남편, 이어서 죽은 자를 사랑하는 사람들이 차례대로 그녀의 이름을 부른다.

일본에는 정신을 잃은 사람이나 어떤 원인으로 감각을 잃은 사람의 이름을 큰 소리로 부르는 습관이 있다. 그 배경에는 흥미로운 신앙이 있다. 특히 고통이나 슬픔 때문에 정신을 잃은 사람 중에는 죽음 직전까지 갔던 사람이 많은데 이들은 대부분 동일한 경험을 했다고 한다. 어떤 사람이 이 경험에 대한 이야기를 들려준 덕에 내 의문이 풀렸다.

"갑작스럽게 자신도 알지 못하는 곳에 와서 상당히 힘이 들어요. 저기 멀리 보이는 사찰에 가고 싶어지지요. 그 사찰의 경내에 있는 문에 가면 문의 안쪽이 보입니다. 놀랄 만큼 넓고 아름다운 곳이에요. 문을 통해 정원으로 들어가 본당으로 향할 때 갑자기 자신의 이름을 부르는 친구의 진지한 목소리가 들립니다. 그 순간에 뒤를 돌아보면 그 사람은 원래의 자신으로 돌아오게 돼요. 적어도 그 사람의 내면에 살고 싶다는 바람이 있으면 그렇게 되지요. 그러나 삶에 정말 피로를 느낀 사람은 그 소리에 신경을 쓰지 않고 본당을 향해 묵묵히 걸어갑니다. 그 후 어떻게 되는지는 아무도 몰라요. 본당에 들어간 사람 중에 친구가 있는 곳으로 돌아온 사람은 아무도 없기 때문입니다. 그렇기 때문에 정신을 잃은 사람의 귀에 대고 커다란 소리로 외치는 거예요.

정작 죽은 사람은 저승에 가기 전에 나가노 현(長野縣) 시나노(信濃) 지방에 있는 젠코지(善光寺) 본당에 가게 된다고 합니다. 그 사찰의 승려가 경전을 읽을 때에는 죽은 자의 머리를 묶은 끈 주위에 몰려 있는 영혼을 볼 수 있다고 해요. 저승으로 가는 사람의 눈에 가장 잘 띄는 사찰이 젠코지인가 봐요. 그러나 난 모를 노릇입니다."

*

유형에 처해졌던 고토바 천황의 묘를 참배하기 위해 히시우라에서 배를 타고 나카노지마의 아마무라로 향했다. 주변 풍경은 정말 아름다웠다. 처음 이곳 군도를 한 바퀴 돌았을 때보다도 주변 풍경은 부드럽게 보였다. 바다에서 돌출되어 나온 조그만 바위 위는 갈매기로 가득하다. 거의 손에 닿을 듯한 거리에서도 뱃사람의 움직임에 전혀 신경을 쓰지 않는 듯하다. 야생 조류가 사람을 무서워하지 않는 것이야말로 산탄총을 든 여행자가 없다는 증거여서 인상 깊었다. 유럽이나 미국에서 와 처음으로 일본 땅을 밟은 사냥꾼들은 아무런 주저함도 없이 일본 전역에서 수많은 생명을 빼앗았다. 그들은 이런 행위에 대해 어떤 항의도 받지 않았으며 양심의 가책도 전혀 느끼지 못한 듯했다. 일본의 젊은 세대가 외지인의 이런 행태를 그대로 답습했다. 불완전하기는 하지만 수렵법이 만들어져 부분적으로 규제를 하고 있는 상태다. 다행스럽게도 일본 정부는 수렵 중에서도 특정한 방법을 규제하기 시작했다. 작년에 제비가 일본 가옥에 둥지를 트는 습관에 착안하여 많은 양의 제비 가죽을 괜찮은 가격에 사겠다는 광고가 나왔다. 이 광고는 참혹한 결과를 불렀다. 전국적으로 제비를 사냥하는 일이 벌어진 것이다. 그러나 경찰이 제비를 함부로 죽이지 말라는 명령을 발동하여 겨우 사태를 진정시켰다. 그 무렵 요코하마의 어느 신문에 성직자 한 사람이 투고한 편지가 실렸다. 그 편지에 따르면 개종을 한 어느 어부가 선교사의 설득으로 거북이를 죽였다고 - 기독교적 승리의 상징으로 - 한다. 불교도인 동료들이 이를 말렸지만 그의 행동을 제지할 수 없었다는 것이다.

아마무라는 아주 작은 마을로 바다와 낮은 산지 사이에 펼쳐진 평야지대에 있다. 내가 섬에 상륙한 지점에서 마을까지는 4분의 1마일(약 0.4km) 정도의 거리다. 두 곳을 이어주는 짧은 길은 소나무가 우거진 산길이었다. 산에는 매우 아름다운 신사가 있었다. 아주 조그만 신사인데도 정교하게 돌을 쌓은 모습이 인상적이었다. 어디에서고 쉽게 발견할 수 있는 사자상과 돌 등잔이 보인다. 또 신사의 앞에는 종이로 된 공물과 여자의 머리카락이 가지런히 놓여 있다. 이런 봉납품(奉納品) 중에는 이즈모에서는 본 적이 없는 기묘한 것이 상당히 많았다. 그중에 하나는 조그만 모형의 수통(手桶)이었다. 끈과 대나무로 만든 완전한 형태의 정교한 수통이다. 어부의 말에 따르면 가뭄이 들 때 농부들이 이 수통을 신사에 바친다. 이를 스와다이묘진(諏訪大明神)이라 한다.

고토바 천황이 살았다는 스케쿠로의 집은 바로 옆 마을에 있다. 스케쿠로는 고토바 천황의 장남이었다. 그의 시조가 바로 스와다이묘진이다. 스케쿠로의 집은 지금도 그의 후손들이 계승하고 있다. 그러나 지금 그의 후손들은 대부분 몰락했다. 유형에 처해진 황제가 사용했던 잔과 그 밖의 유물을 보여달라고 부탁했으나 집 안에 병자가 있어 어렵다고 했다. 정원에 있는 유명한 연못은 볼 수 있었다.

그 연못은 스케쿠로의 연못이라는 이름이 붙어 있었다. 그 연못의 개구리는 700년 동안이나 울지 않았다고 한다.

어느 날 밤 고토바 천황은 시끄럽게 우는 개구리 때문에 잠을 이루지 못했다. 그래서 밖으로 나와 "조용히 해!"라고 고함을 질렀다. 그 명령이 있고 나서 지금까지 이 연못의 개구리는 울지 않는다고 한다. 연못에서 가까운 언덕에는 소나무가 있었다. 바람이 강하게 불던 날 밤, 솔잎이 바람에 흩날리는 소리 때문에 천황은 잠들 수가 없었다. 천황은 소나무를 향해 "조용히 해!"라고 외쳤다. 그 후로 소나무는 태풍이 불 때에도 소리를 내지 않았다.

그렇지만 그 나무도 이제는 늙어서 유물로서 아주 소중하게 보호를 받고 있다. 이 나무의 껍질 한 개가 사이고에 있는 의사의 집에 장식되어 있는 것을 보았다. 얼마 전에 나를 극진하게 대접해준 바로 젊은 의사이다.

천황의 묘는 마을에서 걸어서 10분 정도 떨어진 산의 경사면에 있다. 명문가의 묘소에 비하면 초라한 면도 없지 않다. 그러나 오키라는 조그맣고 가난한 지역에서는 이 정도면 굉장한 규모다. 그렇지만 이곳은 원래 묘소가 있던 곳이 아니다. 메이지 16년(1883년)에 국가의 명령으로 현재의 위치로 이장된 것이다. 묘의 주변에는 검게 칠한 나무를 엮어 길이 150피트(약 45.7m), 폭 50피트(약 15.2m)의 울타리를 만들었다. 또 묘지를 3단으로 구획하여 각각의 구역을 정교하게 가다듬었다. 가장 안쪽의 중앙 부분에 묘가 있고 회색바위가 수평으로 놓여 있다. 묘소를 참배하는 사람들은 이 바위를 밟고 앞으로 나가게 되는데 묘에 다가갈수록 점점 높아진다. 이 문은 1년에 한 번 참배객들을 위해 열린다. 조금 안으로 들어간 곳에 도리이가 나타나고 가장 높은 곳에는 돌로 만든 등이 눈에 들어온다. 주위의 장식물은 모두 극히 간결한데 왠지 마음을 울리는 무언가가 있는 듯하다. 시골의 한적함을 깨는 것은 매미 소리다. 이 소리는 신전 앞에서 자주 들려오는 요령 소리와 다를 바가 없다.

*

　두 번째로 히시우라를 찾았을 때에는 8일 가까이 머물렀으나 우라고에는 3일밖에 머무르지 않았다. 우라고는 머물기 좋은 곳은 아니었다. 그건 오징어 냄새 때문이 아니라 다음과 같은 이유 때문이다.
　사이고에는 외국의 군함이 기항하는 경우가 있다. 그래서 이곳 사람들은 일찍부터 영국이나 러시아 해군 병사를 볼 수 있었다. 이 외국 병사들은 키가 크고 금발이며 당당한 체격의 젊은이들이다. 오키 주민은 서양에서 온 사람은 모두 이들과 같은 키와 얼굴을 가졌을 거라고 생각했다. 나는 그 마을에 묵었던 최초의 외국인이었다. 난 그곳에서 2주일 동안이나 머물렀다. 그러나 나는 키가 작고 머리카락도 검었으며 일본인과 비슷한 옷을 입고 있었기 때문에 일반 주민의 관심을 거의 끌지 못했다. 그들은 내가 일본 제국으로부터 머나먼 지역에서 온 기묘한 얼굴의 일본인이라고 생각하는 듯했다. 히시우라에서도 거의 같은 느낌이었다. 그곳에서는 내가 외국인이라는 사실이 널리 알려졌음에도 신경을 써야 할 일이 전혀 없었다. 거리를 걸어 다니거나 수영을 한다고 해도 사람들은 익숙한 눈으로 나를 바라보았다. 그러나 우라고에서는 전혀 달랐다. 내가 처음 상륙했을 때에는 일본 옷을 입고 얼굴을 가리기 위해 커다란 이즈모 모자를 썼기 때문에 사람들의 눈을 피할 수 있었다. 내가 사이고로 떠난 다음에 사람들은 도젠에서 최초의 외국인이 우라고로 떠났다는 사실을 알게 된 듯했다. 그런데 두 번째로 그곳을 찾았을 때에는 과거에는 경험하지 못했던 소동이 일어났다.
　숙소에 들어가기도 전에 도로에는 나를 보려는 인파가 들어차 길이 막힐 지경이었다. 운이 나쁘게도 숙소는 길의 모퉁이에 있어 나는 양쪽의 인파에 둘러싸인 모양새가 되었다. 또 2층의 커다란 방에 안내되어 자리에 앉기도 전에 사람들이 신발을 벗고 2층으로 올라왔다.

그들은 굉장히 예의가 발랐다. 방에는 들어오지 않고 4, 5명이 방의 입구에 얼굴을 내밀고 내게 머리 숙여 인사했다. 그들은 미소를 지으며 무엇인가 중얼거리고 계단 아래서 기다리는 사람과 교대하기 위해 물러났다. 하녀가 식사를 가져오는 것도 쉽지 않았다. 마침내 길가의 맞은편 집의 2층에도 사람들이 밀려들었다. 그것뿐만이 아니라 내 방이 보이는 북쪽과 동쪽, 남쪽의 집 지붕은 이미 많은 남자들에게 점거된 상태였다. 어떤 방법으로 거기까지 올라갔는지 신기했다. 내 방의 삼면으로 난 창문 앞에는 수많은 이들이 나를 쳐다보고 있었다. 그곳에서 기와 한 장이 밑으로 흘러내려 남자아이 하나가 미끄러졌는데 부상을 입은 것 같지는 않았다. 가장 신기한 것은 이런 소동이 벌어지는 와중에도 사람들이 아주 조용하다는 점이었다. 이렇게 많은 인파가 몰려 있는데도 시끄러운 소리는 전혀 들리지 않았다.

숙소의 주인이 사람들을 꾸중했지만 아무 효과가 없었기 때문에 경찰을 불렀다. 경찰은 내게 이곳 사람들이 외국인을 처음 보기 때문에 이런 소동을 벌이는 것이라고 설명하고 나의 양해를 구했다. 또 이곳에서 사람들을 쫓아낼지의 여부를 물었다. 경찰이 손가락 하나만 들어 올려도 사람들은 모두 집으로 돌아갈 것이다. 나는 이 소동을 오히려 즐겁게 생각하고 있었기 때문에 사람들을 쫓아내지 말라고 말했다. 단 아이들이 지붕에 기어 올라가는 일만은 막아달라고 부탁했다. 그는 내 말의 의미를 알겠다고 낮은 목소리로 대답했다. 그 후에 우라고에 있을 동안은 아무도 내 곁으로 다가오지 않았다. 일본 경찰은 같은 말을 되풀이하지 않는다. 한마디 하면 그걸로 모든 상황이 종료된다.

사람들의 호기심은 3일이 지나도 사라질 기색이 보이지 않았다. 내가 우라고에서 사라지지 않는 한 이런 현상은 계속될 것 같았다. 내가 밖으로 나올 때마다 뒤쪽에서는 마치 파도처럼 사람들이 내 뒤를 따랐고 시끄러운 발자국

소리가 들려왔다. 그러나 이 신발 소리 이외에는 그 어떤 소리도 들리지 않았다. 그들은 한마디도 하지 않았기 때문에 단지 보고 싶은 것을 본다는 기분으로 나를 뒤따르고 있는지 알 수 없는 일이었다. 그 정도로 호기심이 있으면서도 그들은 전혀 난폭하게 행동하지 않았다. 내 허락을 받지도 않고 내 방으로 올라오는 것 말고는 예의에 벗어난 행동을 전혀 하지 않았다. 예의를 지켜가면서 방으로 올라오는 사람들을 꾸짖을 생각은 들지 않았다. 이런 일이 3일간이나 지속되자 인내의 한계점에 다다랐다. 난 자는 모습을 보여주고 싶지 않아 밤에는 덥더라도 창문을 전부 닫았다. 소지품에 관해서는 전혀 걱정이 되지 않았다. 이 섬에 도둑이 있다는 말은 들어본 적이 없다. 그러나 사람들이 언제나 입을 다물고 있는 게 신경쓰였다. 그들이 죄를 저지른 것은 아니지만 왠지 기분이 좋지 않았다. 마치 내가 유령들에게 둘러싸여 있는 저승의 신참자(新參者)처럼 느껴졌다.

*

일본인의 생활에서 프라이버시는 존재하지 않는다. 즉 서양에서 말하는 프라이버시는 일본에 없다. 사람들의 생활을 구분짓는 것은 단지 종이로 만든 벽뿐이다. 보통 공간과 공간 사이에는 장지문이 있을 뿐이다. 그 문에는 열쇠를 채우지 않는다. 날씨가 좋으면 이 문도 활짝 열기 때문에 집의 내부는 햇빛에 완벽하게 노출된다. 부자라도 낮에 대문을 닫아놓는 사람은 없다. 여관이나 민가에서 방에 들어갈 때 노크하는 사람은 없다. 미닫이나 장지문밖에 없기 때문에 노크를 하면 찢어져버린다. 이 세계에서는 남녀를 구분지을 경계가 존재하지 않는다. 어떤 행위도 대중 앞에서 한 행위로 평가된다. 개인적인 습관, 결점이나 선호도, 애정도 모든 사람에게 알려진다. 악덕이나 미덕도

감출 수 없다. 숨길 장소란 어디에도 없다. 이런 상태는 아주 오랜 옛날부터 현재까지 계속되고 있다. 적어도 수백만 명에게 자신의 사생활을 지킨다는 건 의미 없는 일이다. 일본 사회가 평온을 유지할 수 있는 것은 보통 사람의 생활이 지역사회에 완전하게 노출되어 있기 때문이다. 이는 서양에는 존재하지 않는 도덕적 조건이 되기도 한다. 일본인의 매력은 서민들의 끝없는 선의와 본능적인 예절이라 할 수 있다. 그 속에 비판이나 조소, 냉소 등은 존재하지 않는다. 일본인은 타인을 능멸하여 자신의 개인적인 이득을 취하려 하지 않는다. 아무리 스스로를 감추려고 해도 그런 의도는 결실을 맺지 못한다. 지역사회에서 스스로를 감추려는 시도는 아무런 의미가 없다.

*

마쓰에의 사무라이였던 사람들이 지금 오키에 산다. 사무라이라는 신분이 붕괴한 지금은 사내 몇 명만이 옛날의 풍습을 아직까지 간직하고 있다. 그들은 토지 가격이 싼 이 지역에 들어와 자신의 운명을 새롭게 개척하려고 했다. 몇 명은 성공했다. 아마 본질적으로 소박한 이 지역 사람들의 성향 때문일 것이다. 사무라이는 다른 지역에서는 노련한 상인과 경쟁해야만 했기 때문에 쉽게 사업에 성공할 수 없었다. 이곳에서도 실패한 사람은 있지만 대부분 어려움을 극복해냈다. 이런 봉건시대의 인물 이외에도 오키에는 고귀한 가문의 후손이 새로운 생존 조건에 도전하기 위해 몰려왔다. 과거에 이곳 사람들이 머리를 숙여 숭배했던 이들의 아들딸이 이제 가혹한 노동을 하면서 살고 있다. 다른 지역에 있었다면 국가 공무원으로 일할 만한 사람이 이곳에서 평민으로 평범하게 살아간다.

기독교 국가들이 총칼을 앞세우고 일본에 강요한 문명의 변화가 이 제국을 구하게 될는지도 모를 일이다. 그러나 이런 변화는 너무나 급격하게 진행되었다. 영국에서 지주인 신사계급의 수입원을 전부 빼앗는다면 과연 어떤 일이 벌어지겠는가? 일본의 사무라이 계급에게 토지를 몰수한 것이 정확히 어떤 의미인지는 파악할 수 없다.[7] 사무라이 계급은 예의와 전쟁밖에 모르는 사람들이었다.

이런 이야기를 들으면서 이즈모의 라쿠잔(樂山) 신사에서 보았던 신비한 행렬의 모습이 떠올랐다.

*

라쿠잔은 황색의 도자기와 조그만 신사로 알려진 촌락이다. 마쓰에에서 1리(약 392.7m) 정도 떨어진 곳에 있는데 넓은 논이 있는 곳이다. 라쿠잔 신사는 도쿠가와 이에야스의 손자로 마쓰에 번의 시조인 나오마사를 모신 곳이다.

마쓰히라 가문 사람들은 겟쇼지(月照寺)의 멋진 묘지에서 돌사자와 돌거북에 둘러싸여 잠들어 있다. 나오마사는 라쿠잔의 신으로 추앙받고 있다. 이즈모의 농부들은 지금도 이 신사를 참배하여 박수를 치며 그의 자비를 기원한다.

이전까지만 해도 라쿠잔 신사에서 열리는 제례에서는 마을의 신사에서 마쓰에 성까지 '나오마사 공(公)'의 행렬을 꾸몄다. 성 안의 중심에 해당하는 지역에서 이 행렬은 사람들의 관심을 끌었다. 이 행렬은 선조들이 자신의

---

[7] 이는 메이지 유신을 실행에 옮긴 일본의 근대 엘리트들이 사무라이의 특권을 폐지한 역사적 사실을 지적한 부분이다. 헌은 사무라이 계급이 급속히 붕괴한 것에 대해 상당히 아쉬워하고 있다.-역주

영지를 방문한다는 의미에서 '행차'라고 불렀다.

그러나 메이지 유신으로 모든 것이 바뀌었다. 다이묘는 이제 과거의 잔재가 되어버렸다. 성은 무너져 폐허가 되었고 사무라이 계급은 몰락하여 자신의 영지를 잃어버렸다. 나오마사의 행렬이 마쓰히라 가문의 영지로 행차하지 않은 지가 어느덧 30년 이상이 되었다.

그러나 시간이 지나자 마쓰에의 원로들은 옛 풍습을 되살리려고 했다. 그 결과 이번 행차가 실현되었다.

나오마사 공의 형상은 장막에 둘러싸인 채로 멋지게 장식된 배에 실렸다. 그 배는 강과 동굴을 통과하여 마쓰히라 가도의 동쪽으로 운반되었다. 이전에는 소나무가 우거진 가도를 지나 다이묘가 매년 에도로 갔다가 이내 돌아오곤 했다. 배를 조종하는 사람들은 모두 연로한 사무라이였다. 그들은 이즈모의 마지막 번주였던 마쓰히라 데와노카미(松平出羽守)의 배를 조종했던 경험이 있었다. 그들은 봉건시대의 복장을 입고 옛날 뱃사람이 부르던 노래를 불렀다. 그러나 마지막으로 노래를 불렀던 시대로부터 한 세대가 지났다. 몇 사람은 이미 이가 모두 빠졌고 말도 하지 못할 정도로 늙었다. 모두 너무 늙어서 노를 한 번 젓고는 숨이 찼다. 그러나 미리 약속된 위치까지 배는 무사히 도착했다.

그곳에서 나오마사의 행렬은 가도에 있는 이미 정해진 장소로 이동했다. 그곳은 옛날에 '찻집'이 있었던 곳으로 쇼군이 있는 에도에서 돌아올 때 휴식을 취하면서 행렬을 정비했던 곳이다. 또 충성스러운 부하들을 오랜만에 다시 접견하는 곳이기도 했다. 지금 그곳에 찻집은 사라졌지만 그들은 옛 풍습대로 격식을 갖추어 나오마사를 맞이했다. 그러고 나서 신비한 광경을 볼 수 있었다.

주군의 영령을 맞이한 사람들은 행렬을 만들었다. 앞에 선 사람은 투구를 쓰고 철가면에 방패를 들었다. 칼 두 개를 찬 사무라이, 수염을 기르고 창을

든 사내, 예복 차림을 한 시종, 그리고 젊은 사무라이들이 그 뒤를 따랐다. 그들은 유령이 아니라 과거에 마지막 다이묘를 모셨고 갑옷을 입을 줄 아는 마쓰에의 연로한 사무라이들이었다. 그들 중에는 아직 현직에 있는 가로(家老)의 모습도 보였다. 행렬이 시내로 향하자 그들은 자신의 자리를 찾았다. 무상한 세월에 허리가 굽었어도 그들은 당당하게 행진했다. 그들의 행렬이 외부 사람에게 어떻게 비칠지 알 수 없다. 나는 이 노인들의 사정을 잘 알고 있었기 때문에 이들의 행렬에 그다지 흥미와 관심은 없었지만 의미 있는 행동이라고 생각했다. 오늘날 이 노인들은 궁핍한 처지에 있다. 그들의 아름다운 집은 이미 과거로 사라졌다. 그 집의 정원은 논이 되었으며 가재 도구는 싼 가격에 팔려 나갔다. 이들 물건은 개항지에서 외국인에게 높은 가격으로 팔렸다. 그러나 그들은 궁핍한 생활을 하면서도 자신들이 애착심을 가진 물건은 버리지 않았다. 새로운 생활조건 아래서 궁핍함에 시달렸음에도 그들은 투구와 칼을 버리지 않은 것이다.

강가와 거리, 그리고 툇마루와 지붕 위에도 인파로 가득했다. 행렬이 지나가는 공간엔 침묵이 흘렀다. 젊은이들은 놀라면서 이제 그림에서나 볼 수 있는 광경을 직접 보았다는 표정을 지었다.

노인들은 자신의 젊었던 시절을 회상하면서 조용히 눈물을 흘렸다. 옛 성현의 명언이 있다. '기억하는 것도 기억되는 것도 한낱 하룻밤의 꿈.'

*

이제 돌아가는 배에 탔다. 나는 다시 한 번 오키사이고마루의 선실 위에 자리를 잡았다. 이번에는 다행스럽게도 수박 위에 자리를 잡지 않아도 되었다. 나는 푸른 바다의 흰 수평선 끝에서 사라져가는 해안을 바라보았다. 이럴

때 우울해진다. 그것은 아마도 두 번 다시 맛볼 수 없는 사람들의 친절을 생각했기 때문일 것이다. 또 옛날의 생활을 지켜나가는 섬사람들의 모습, 그곳에서 경험한 것에 대한 추억, 섬 사이를 지나칠 때의 푸른 조망, 돌로 둘러싸인 회색빛 어촌, 조그만 원시의 공간에서 요정처럼 아름다운 삶을 살아가는 사람들, 시간이 지나면서 익숙해지는 고개나 계곡, 신비한 이름의 신사, 수평선 끝에서 나비처럼 올라오는 범선. 이런 모든 기억이 내게 특별한 감흥을 주었다. 이는 열대 지방에 가서 서양의 괴물로부터 멀리 떨어졌다는 사실에 안위를 느끼는 경우와 비슷하다고 할 수 있다. 그 순간 나는 오징어 냄새가 아무리 심하게 난다고 해도 내가 오키를 사랑하고 있음을 깨달았다. 나는 그곳에서 현대인에게 강력한 영향을 미치는 문명으로부터 멀어졌다는 환희를 맛보았다.

07

일본인의 미소

　세계에 관한 지식이나 세계의 신비한 현상을 주로 문학작품을 통해 얻은 사람은 지금도 막연히 동양이 서양보다 심오한 정신세계를 갖고 있다고 속단하곤 한다. 그러나 이에 대해 좀 더 깊은 생각을 해온 사람들은 현재의 상황이라면 오히려 서양이 동양보다 더 심오하다고 주장한다. 그중에는 이런 분류가 아무런 의미가 없다고 주장하는 사람도 있다. 인류의 절반에 해당하는 동양과 서양을 확실하게 구분하여 설명하기란 쉬운 일이 아니다. 과학적인 측면에서 현재 우리가 할 수 있는 것은 동양과 서양의 인종을 비교 대조하는 것이겠으나 이 역시 만족스러운 결론에 도달할 가능성은 희박하다. 그런데 이런 비교 대조의 측면에서 흥미로운 사실이 영국인과 일본인 사이에서 나타난다.
　영국인은 보통 심각하고 진지한 국민으로 알려져 있다. 이런 심각함은 단지 표면적인 수준에 그치는 것이 아니라 인종적인 측면에서도 철저하게 그 양상을 드러낸다. 이와 비슷한 수준으로 확실한 것은 일본인은 전혀 심각하고 진지한 국민이 아니라는 사실이다. 더욱이 이런 현상은 영국인보다 심각하지 않은 여타의 국민과 비교해서도 단언할 수 있는 사실이다. 그리고 일본인은 우울한 표정을 짓지 않는 만큼 행복한 국민이다. 문명이 지배하는 현대에서 가장 행복한 국민은 아마 일본인일 것이다. 심각한 표정의 서양 사람들은 자신을 행복하다고 말할 처지가 아니다. 실제로 서양 사람들은 자신이 얼마나 심각한 표정을 짓고 있는지 잘 모른다. 점점 중대되는 산업사회의 압박이 앞으로 현대인의 미래에 얼마나 영향을 끼칠지 생각해보는 것은 전율할 정도의 공포감을 불러일으킨다. 그런데 서양인이 자신의 기질을 제대로 알게 되는 순간은 서양인만큼 심각한 표정을 짓지 않는 국민 사이에서 오랜 기간 살게 될 때이다. 내가 지금 언급한 견해에 확신을 얻게 된 순간은 일본의 시골에서 3년을 보내고 고베(神戶)의 영국 개항지로 돌아온 때였다. 실제로 당시 나는 영국인의 입에서 발음되는 영어가 이 정도로 감동적으로 들릴 것이라고는 전혀 예상하지 못했다. 물론 이런 감동은 오래가지는 않았다. 내가 고베의 개항지로 돌아온 이유는 필요한 물자를 구입하기 위해서였다. 당시 나는 일본인 동료 한 사람과 동행했는데 그의 눈에는 고베의 외국인 거류지가 아주 새롭고 별천지처럼 보였던 것 같다. 그는 내게 재미있는 질문을 했다.

"왜 외국인들은 전혀 웃는 얼굴이 아닙니까? 당신은 외국인들을 향해 말할 때에 웃으며 머리를 조아리는데도 그들은 전혀 웃지를 않는군요. 왜 그렇습니까?"

서양인 거류지에 사는 서양인과 나 사이에 차이가 생긴 이유는 내가 일본의 생활습관을 완벽하게 받아들이고 서양 방식과 결별했기 때문이다. 나는 일본인 동료의 지적을 받고 처음으로 내 처지를 생각해보았다. 이는 두 민족 사이에 상호이해가 얼마나 어려운 일인가를 보여주는 좋은 예였다. 동일한 행동에 대해 두 민족이 상이한 평가를 내린다면 그들이 접점을 찾기는 어려운 일이 아니겠는가? 일본인이 영국인의 심각한 표정을 이해할 수 없다면 영국인은 일본인의 지나치게 헤픈 표정을 이해할 수 없다. 일본인은 서양인이 항상 '화난' 표정을 짓고 있다고 생각하고 서양인은 '일본인의 헤픈 미소'를 좋지 않게 평가한다. 서양인은 일본인의 미소가 불성실함을 의미한다고 생각한다. 사실 일본인의 미소가 불성실함 이외에는 아무런 의미도 없다고 말하는 사람조차 있다. 이 '일본인의 미소'가 연구할 만한 값어치가 있다고 생각한 서양인은 극히 소수다. 요코하마에 사는 나의 지인 - 그는 인생의 반 이상을 동양의 개항지에서 보냈으며 정말로 매력적인 인물이다 - 은 내가 일본의 시골에서 살기로 결심했다고 말하자 이렇게 말했다.

"이제부터 일본인의 생활을 연구하게 되겠군요. 제 부탁을 한 가지만 들어주십시오. 일본인의 미소와 관련된 경험을 많이 해왔습니다만 저는 도저히 이 미소를 이해할 수 없었습니다. 그중에서 한 가지를 말씀드리지요. 어느 날 나는 요코하마의 야마노데에서 말을 타고 언덕을 내려오고 있었습니다. 그런데 바로 눈앞에서 굽은 길을 올라오는 인력거를 발견했습니다. 그 인력거는 통행해야 할 차선과는 반대쪽으로 올라오고 있었습니다. 내가 말고삐를 잡아당긴다고 해도 시간상 이미 늦어버린 것이었지요. 그렇지만 그다지 위험한 일은 아니어서 고삐를 잡아당기지는 않았습니다. 그저 인력거꾼에게 반대편으로 방향을 틀라고 일본말로 소리쳤습니다. 그렇지만 인력거꾼은 반대 차선으로 방향을 바꾸는 대신 길 가장자리에 인력거를 잠시 멈추어 세우려고 했습니다. 그러자 인력거가 도로의 중앙을 향해 불쑥 고개를 내민 형국이 되어버렸습니다. 당시 내 말의 속도도 굉장해서 피하기가 쉽지 않았습니다. 그래서 말이 인력거 옆을 통과할 때 인력거와 말의 어깨부분이 부딪쳤습니다. 인력거꾼은 전혀 다치지 않았습니다. 나는 말이 피를 흘리는 모습을 보고 몹시 화가 났습니다. 그래서 채찍을 들고 인력거꾼의 머리를 때렸습니다. 그러자 인력거꾼은 고개를 들고 나를 바라보더니 빙긋 미소를 짓고 인사를 하는 것이었습니다. 그 당시 나는 인력거꾼의 미소에 빨려 들어가는 느낌이었습니다. 그 미소는 나를 완전히 지배했고 나의 분노는 순식간에 사라져버렸습니다. 그건 정말 예의 바른 미소였습니다. 그러나 그 일본인의 미소는 과연 무엇을 의미하는 것이었을까요? 왜 그는 미소를 지은 것일까요? 난 지금도 그 이유를 알 수 없습니다."

그 당시는 나도 그 이유를 알 수 없었다. 그러나 그 후에 그 이유를 알게 되었다. 일본인은 죽음에 직면해서도 미소지을 수 있다. 이건 사실이다. 그리고 죽을 때 미소를 짓는 것도 그 이외의 순간에 미소를 짓는 것도 이유는 모두 같다. 그 미소에는 도전도 없고 위선도 존재하지 않는다. 또 서양인은 일본인의 미소가 연약함의 상징이라고 여기는 경향이 있는데 이는 일본인을 이해하지 못했기 때문에 발생하는 일이다. 일본인의 미소는 아주 오랜 기간의 노력 끝에 완성된 예의의 한 가지이다. 그것은 침묵의 언어이기도 하다. 일본인의 미소를 서양인의 사고방식으로 해석하려고 하면 전혀 분석할 수 없을 것이다.

우선 일본인의 미소에서 풍기는 첫인상은 본능적이고 직관적인 측면에서 얼마든지 신용해도 된다는 것이다. 일본에 온 외국인은 일본인의 밝은 미소에 관심을 갖게 된다. 이는 일본인에 대한 인상을 매우 좋게 해준다. 일본인의 미소는 사람들을 매료시킨다. 그러나 이런 일본인의 미소가 이상한 상황 — 고통이나 치욕, 낙담의 순간 — 에도 일본인의 얼굴에 떠오르는 것을 보고 서양인들은 당황하기 시작한다. 또 경우에 따라서는 일본인들이 아주 당황스러운 상황에서 미소를 짓기 때문에 서양인을 격노시키는 일까지 발생한다. 실제로 일본에 사는 서양인과 일본인 종업원 사이에서 발생하는 갈등의 대부분은 이 미소가 원인이다. 훌륭한 종업원은 항상 엄숙한 표정을 지어야 한다고 생각하는 영국의 습관에 익숙한 사람은 일본인 종업원이 엉뚱한 상황에서 미소를 지을 때 그냥 보아 넘길 수 없다. 그러나 최근 이런 기묘한 서양인의 습관이 일본인에게 알려지기 시작했다. 일본인은 이제 영어를 모국어로 하는 외국인은 보통 종업원이 함부로 미소를 지으면 모욕적으로 받아들인다는 사실을 이해한 것이다. 그런 이유로 개항지의 일본인은 미소를 짓지 않고 무뚝뚝한 표정을 짓게 되었다.

요코하마에 살던 한 영국인 부인이 말해준 일본인 급사의 이야기가 기억난다. 그 부인의 이야기는 다음과 같다.

"내가 고용한 일본인 하녀가 며칠 전에 무언가 즐거운 일이라도 생긴 듯한 표정으로 왔습니다. 남편이 죽어서 장례식에 가야 하니 휴가를 달라고 하는 것이었습니다. 물론 당연히 휴가를 주었습니다. 사망한 남편의 시신은 그날 화장한 듯했습니다. 그날 저녁에 돌아온 그녀는 남편의 뼈가 든 단지를 들고 있었습니다. 그녀는 그 단지를 가리키며 이것이 바로 자신의 남편이라고 말하면서 목소리를 높여 웃었습니다. 어떻게 이런 가혹한 인간이 있을 수 있단 말입니까?"

이 사건을 이야기해준 영국인 부인에게 '그 하녀의 태도는 가혹한 것이 아니라 보기에 따라서는 감동적일 수도 있다'고 말하는 것은 아무 의미가 없다. 영국인 부인은 이런 일을 겪은 후에 자신이 그동안 보아온 예의 바른 하녀의 모습에 속았다고 생각했는지도 모른다. 하지만 특히 개항지 주변에 거주하는 외국인은 대부분 속물이며 일본의 문화를 제대로 이해하려는 태도가 부족한 사람들이다. 이런 서양인들은 일본의 문화를 적의에 가득한 태도로 바라본다. 내게 요코하마의 인력거꾼에 관한 이야기를 해준 지인은 아주 예외적인 인물이었다.

*

　일본인의 미소를 오해해서 유쾌하지 않은 사건이 일어났다. 이 사건은 요코하마에 거주하던 영국인 상인 T가 일으킨 것이다. T는 어떤 명목 — 아마 본인의 일본어 교사로서가 아니었나 싶다 — 인지 자세히 알 수 없지만 아주 멋진 사무라이 노인을 고용했다. 노인은 당시 풍속에 따라 머리에 상투를 틀고 허리에 칼을 차고 있었다. 지금도 영국과 일본 국민이 서로 상대를 이해하고 있다고 말할 수는 없다. 하물며 당시는 지금보다 양 국민 사이에 대화가 더 통하지 않던 시기였다. 당시 일본인은 외국인에게 고용되었을 때도 일본인 상류 가정에 고용되었을 때와 마찬가지로 행동했다. 그리고 이런 과정에서 생긴 오해 때문에 많은 학대와 잔혹한 결과가 발생했다. 서양인도 일본인 고용인을 서인도 제도의 흑인과 동일하게 취급하면 커다란 사건이 일어난다는 사실을 깨달았다. 외국인이 몇 명이 일본에서 살해당하고 나서야 외국인들도 자신의 행동에 대해 깨닫게 된 것이다.

　이야기가 좀 핵심에서 벗어났다. T는 사무라이 노인의 일처리가 상당히 마음에 들었다. 그는 동양적인 예의가 확실했고 가끔 조그만 선물을 T에게 가져오기도 했다. 물론 T는 그 선물의 의미를 제대로 이해하지는 못했다. 어느 날 — 그날은 12월의 마지막 날이었다. 그날 일본인에게는 돈이 필요한 일이 많다 — 사무라이 노인이 T에게 부탁을 하러 왔다. 그 부탁은 칼 두 자루 중에서 긴 것을 내어줄 테니 돈을 좀 빌려달라는 것이었다. 노인이 내놓은 칼은 굉장한 것이었다. 상인인 T가 보기에도 상당히 값어치가 있어 보였기 때문에 T는 주저하지 않고 돈을 빌려주었다. 수주일 후에 노인은 빌린 돈을 갚고 칼을 되찾아갔다.

　그다음에 일어난 유쾌하지 않은 사건의 발단이 무엇이었는지 지금은 기억나지 않는다. 아마 그날 T는 몹시 화가 났던 것 같다. 그러나 T가 화를 내면 낼수록 노인은 그저 미소를 지을 뿐이었다. 그런 노인의 태도에 T는 더욱 화가 나 심한 말로 상대를 몰아세웠다. 그래도 노인은 미소를 지었다. 노인의 미소에 더 이상 참을 수 없게 된 T는 노인에게 집에서 나가라고 명령했다. 노인은 가만히 미소를 머금었다. 미소 띤 노인의 얼굴을 보고 T는 자신도 모르게 노인의 뺨을 때렸다. 그 순간 T는 깜짝 놀랐다. 긴 칼이 칼집에서 나와 자신의 머리 위 허공을 갈랐기 때문이다. 검을 휘두르는 노인은 예사 노인이 아니었다. 검술에 능통한 사람은 칼집에서 칼을 빼 단 한 번 휘두르는 것으로도 상대의 목을 벨 수 있다. 그러나 노인은 칼을 빼 허공을 가르고 익숙한 솜씨로 칼을 칼집에 넣었다.

T는 의아해하며 자리에 앉아 생각에 잠겼다. 이것저것 생각해보니 그 노인은 자신에게 도움을 많이 준 사람이었다. 자신이 부탁하지도 않은 일까지 돈도 받지 않고 해주었다. 아주 신비한 선물을 자신에게 갖다 주기도 했다. 솔직히 말해 노인의 단점은 전혀 없었다. 자신을 되돌아보다가 T는 스스로가 부끄러워 얼굴이 붉어질 정도였다.

'그래도 그 노인이 나빠. 내가 화났다는 걸 알면서 그가 미소를 지을 권리는 없는 거야.'

T는 이런 생각으로 스스로를 위로했다. 그러나 기회가 있으면 노인에게 무언가 보상을 하리라 마음먹었다.

그러나 그 기회는 영원히 사라졌다. 그날 저녁 노인은 일본의 전통적인 방식으로 할복했기 때문이다. 노인은 할복한 이유를 적은 아름다운 필적의 유서를 남겼다. 사무라이가 부당한 폭력을 당하는 것은 굴욕적인 일이다. 노인이 바로 그런 상황이었다. 만약 여타의 사정이라면 노인은 상대를 죽였을 것이다. 그러나 이번 경우는 사정이 특수했다. 이전에 노인은 돈이 필요해

T에게 칼을 담보로 맡겼던 적이 있다. 그런 상대에게 칼을 휘두르는 것은 사무라이의 명예를 손상시키는 일이다. 사무라이가 칼을 휘두를 수 없다면 그가 선택할 수 있는 것은 할복뿐이다.

여러분이 이번 사건의 결말에 씁쓸해하지 않도록 뒷이야기를 첨부하면 T는 이 사건 때문에 가슴 아파했고 노인의 가족을 위로하러 찾아가기까지 했다고 한다. 그러나 T를 격노시켜 이런 비극적인 사건을 불러온 노인의 미소의 의미는 아직 규명되지 않았다.

*

일본인의 미소를 이해하기 위해서는 일본 민중의 전통적인 생활을 이해할 필요가 있다. 근대화된 일본의 상류계급에게는 아무것도 배울 것이 없다. 인종 사이의 차이는 주로 일상적인 문제에서 발생한다. 고등교육을 받은 일본인과 서양인 사이에는 서로 마음이 통하는 구석이 없다. 오히려 동양인과 서양인의 차이가 확대되는 느낌이 들 정도다. 외국인 연구자 중에 이런 측면에서 일본인을 관찰한 사람도 있다. 이들의 주장에 따르면 일본인의 지금까지 감추어져 있던 측면이 고등교육을 받은 결과 겉으로 드러나게 되었다는 것이다. 고등교육을 받은 일본인 계층에게서 서민에게는 거의 나타나지 않은 물질주의적 경향이 보인다는 이런 주장에 전면적으로 동조할 수는 없지만 적어도 다음 사항을 부정하기는 힘들다. 일본인 중에서 서양식으로 교육받은 사람은 교육 정도가 높으면 높을수록 심리적으로 서양인에게서 멀어져간다는 사실이다. 메이지 정부의 신교육 정책은 일본인의 성격을 경직시키고 있다. 적어도 서양인이 관찰했을 때 이런 면이 표면에 드러난다. 정서적인 측면에서는 일본의 어린이들이 일본의 수학자보다 서양인에 가깝다. 또 일본의 평민이 일본 정치가보다 서양인에 가깝다. 완전히 근대화된 최상층의 일본인과 서양인 사상가 사이에는 지적인 측면의 교류가 이뤄질 여지가 존재하지 않는다.

서양인이 외국에서 보통 경험하는 일이 일본에서는 정반대로 나타난다. 영국인은 보통 자신이 외국에 있을 때 지적으로 우수한 사람과 교류하는 것이 쉽다고 생각한다. 그러나 일본에서는 그렇지 않다. 보통 일본의 중학교에서 근무하는 외국인 교사는 학생들이 상급 학년에 진급하면 할수록 자신과 점점 멀어져간다고 느낀다. 이런 현상을 다양한 고등교육 기관의 경우로 확대하여 적용하면 외국인 교사와 일본인 학생 사이의 정서적 거리는 급속히 멀어진다. 그 결과 졸업 직전이 되면 학생과 외국인 교사는 한순간 지인 이상의 아무 관계도 아닌 것이 되어버린다. 이런 현상은 일본에서 매우 자연스러운 일인데 과학적으로 해명해야 할 문제인 듯하다. 우선 이 문제를 풀기 위해서는 이런 현상이 벌어지게 된 자연스러운 원인을 규명해야 할 것이다. 그런데 이 자연스러운 원인은 어떤 측면에서 보아도 단순한 것이 아니다. 어떤 사람은 일본의 고등교육 기관이 서양만큼의 수준까지 도달하지 못했기 때문에 이런 현상이 일어나는 것이라고 주장한다. 그러나 이런 견해는 증거가 확실하지 않은 전제 위에서 성립된 것이다. 즉 이 주장에 의하면 인간의 성격은 학교교육에 의해 만들어지는 것이다. 그러나 인간의 성격은 교육 시스템보다는 기존의 다양한 제도에 의해 만들어진다. 위의 주장은 이 점을 고려하지 않은 것이다.

위의 현상의 원인을 밝히려면 우선 인종적 특성을 고려해야 한다. 장래에 일본의 교육이 아무리 발전한다고 해도 일본인의 천성을 바꿀 수는 없을 것이다. 그렇다면 일본의 고등교육은 일본인의 장점을 오히려 위축시키는 것이 아닐까? 이런 위축 현상이 불가피하게 발생하는 이유는 단순한 것이다. 지금 일본인은 과도할 만큼 부담스러운 정신적 능력을 요구받고 있다. 옛날부터 사회적·도덕적·종교적 이상에 치중해왔던 일본의 국민정신 - 의무감, 인내심,

자기 희생 등-은 고등교육이 시행되는 환경하에서 학업의 성취로 그 가치가 변형되었다. 이런 목표를 달성하기 위해서는 자신의 모든 것을 쏟아부어야 한다. 만일 일본 학생이 학업 목표를 달성하기로 작정한다면 서양 학생으로서는 감히 상상할 수도 없을 정도의 시련을 극복해야만 한다. 일본인의 도덕적 특성은 근면과 순종, 그리고 야심일 것이다. 이런 도덕적 목표를 달성하기 위해 학생들은 정신 이상이 되기도 한다. 지금 일본 국민은 거국적인 차원에서 긴장과잉 상태에 빠져 있다고 할 수 있다. 의식적이든 무의식적이든 일본 국민은 지금 세계 최고 수준에 맞춰 무리한 지적 발전이라는 대사업에 나서고 있다. 이런 시도가 신경쇠약을 일으키는 것도 무리는 아니다. 왜냐하면 이러한 지적 변혁을 수행하려면 당연히 생리적 변혁이 수반되어야 하기 때문이다. 이런 변혁을 위해서는 상당한 희생과 비용이 필요하다. 일본은 현재 엄청난 시도를 하고 있다. 그리고 일본인은 현재의 상황에 절대로 만족하지 않고 있다. 다행스러운 것은 현재 일본의 가장 가난한 계층조차도 정부의 교육정책에 지지의사를 적극적으로 표명하고 있다는 점이다. 일본은 거국적으로 교육사업에 투자했다. 이 글에서 일본의 교육 열기에 대해 제대로 전달하는 것은 불가능하다. 그저 여러분의 가슴을 울리는 한 가지 예를 들어보겠다.

메이지 24년(1891년)에 굉장한 진도의 노비(濃尾) 대지진이 일어난 직후 기후 현(岐阜縣)과 아이치 현(愛知縣)의 아이들은 심한 괴로움을 겪었다. 그러나 그런 처참한 상황에서도 아이들은 공부를 계속했다. 이는 일본 국민이 자신의 목적을 달성하기 위해 얼마나 노력하는지 알려주고 그러한 노력이 장래에 어떤 기적을 만들어낼지 기대하게 만드는 대목이다.

그러나 고등교육이 지금까지 반드시 좋은 결과만을 만들어냈다고 말하기는 어렵다. 구체제 아래에서 교육받았던 일본인은 예의 바르고 이기적이지 않으며 선량했다. 그것은 매우 훌륭한 미덕이었다. 그러나 근대화된 신세대 청년에게서 이런 미덕의 흔적을 찾아보기란 어렵다. 신세대 청년은 막부시대를 무시한다. 그들은 서양의 비속한 문화를 모방하는 주제에 구시대의 생활습관을 조소한다. 선조에게 이어받은 고귀한 미덕은 어떻게 되었는가? 지나치게 학습에 매달리다 보니 균형 잡힌 판단이 사라지고 인간다운 중후함은 그 모습을 감추었다.

서양과 극동의 감정 표현이나 인종 간의 차이를 제대로 이해하려면 일반 민중의 삶에 주목할 필요가 있다. 그들은 항상 미소짓는다. 이런 사람들이라면 서로 마음이 통한다. 그들과 교류하다 보면 일본인이 왜 미소를 짓는지 알 수 있다.

일본의 아이들은 선천적으로 이 미소의 의미를 알고 또 가정교육에서도 이 미소는 중요한 항목이다. 마치 정원의 나무가 자라듯 일본 아이들의 마음속에는 어린 시절부터 이 미소의 의미가 자리를 잡는다. 미소는 일본인에게 모든 예의의 핵심이다. 그러나 소리를 내서 웃는 것은 그 누구에게도 권장할 만한 일이 아니다. 반면 미소를 짓는 것은 어떤 경우에도 허용된다. 윗사람이나 동년배와 이야기를 나눌 때에도 또는 즐거운 경우가 아니더라도 미소짓는 것은 얼마든지 허용된다. 이것은 일본인의 행동방식이다. 일본인은 웃는 표정을 가장 선호한다. 이런 얼굴을 부모나 친척, 은사, 친구 등 자신에게 호의를 갖고 있는 사람에게 보여주는 것은 일본에서 지극히 상식적인 일이다. 그리고 사람들을 밝은 표정으로 대하고 사람들에게 좋은 인상을 심어주는 일도 중요하다. 자신의 상황이 좋지 않다고 해도 다른 사람을 밝은 표정으로 대하는 것은 일본인의 의무다. 이에 반해 심각하거나 기분 나쁜 표정을 짓는 것은 예의 없는 행동이다. 이런 표정을 지으면 자신을 향해 호감을 갖고 있던 사람에게 걱정을 끼쳐 고통을 줄지도 모른다. 더욱이 그런 표정을 짓는 것은 어리석은 일이기도 하다. 고통스러운 표정을 지으면 자신에게 호의를 갖고 있지 않던 사람의 호기심을 자극할지도 모른다. 일본인에게 미소는 어떤 의미에서 본능적인 것이다. 일본인은 어떤 사람이든 개인적인 감정을 겉으로 드러내는 일은 좋지 않다고 생각한다. 그렇기 때문에 슬픈 일이 있으면 눈물을 흘리는 것이 당연하지만 손윗사람이나 손님이 있을 경우에는 상대에게 눈물을 보이는 법이 거의 없다. 만약 자신을 자제하지 못하고 눈물을 흘렸을 때 일본인은 먼저 이렇게 말한다.

"정말 무례한 행동을 해버렸습니다. 용서해주십시오."

이런 행동은 교육을 전혀 받지 못한 평민 여성을 비롯해 누구나 할 수 있다. 더욱이 주의할 점은 일본인이 미소를 짓는 것이 단지 도덕적인 이유만이 아니라는 점이다. 일본인이 미소를 짓는 이유는 어느 정도까지는 미적인 측면도 있다. 이는 고대 그리스 예술에서 고뇌를 자제하는 모습을 나타내기를 즐긴 것과 비슷하다.

이런 측면 때문에 외국인은 일본인을 오해하게 되었다. 일본에서는 피해자가 고통스러운 사건을 말할 때에도 미소를 지어야 한다. 이것이 바로 일본의 관습이다. 화제가 심각할수록 미소는 그 사안의 심각성을 더 부각시키는 효과가 있다. 자식을 잃은 여인은 자기 집에서는 서럽게 울겠지만 그녀가 일하는 서양인 집에서는 웃으면서 그 사실을 말할 것이다. 일본 여인은 '울 때와 웃을 때'를 확실히 구분한다. 내가 알고 지내는 일본인 중에 최근에 사랑하는 사람을 잃은 사람이 있다. 그가 내게 다가와 미소를 지으면서 사랑하는 사람의 죽음을 알렸을 때 나는 정말 그를 이해하기 힘들었다. 그러나 잘 생각해보면 그 미소는 일본인으로서 예의 바른 행동이었다. 그 미소에는 '당신은 이 일을 불행한 사건이라고 생각하겠지만 이 사건에 신경 쓰지 마세요. 어쩔 수 없이 이런 사실을 알리게 되어 정말 죄송합니다. 절 용서해주세요'라는 뜻이 담겨 있다.

이런 설명하기 어려운 일본인의 미소의 비밀을 푸는 열쇠는 일본인의 예의 바름이다. 과실을 범해 해고를 통보받은 하인이 있다. 그는 두 손을 모아 인사를 하고 얼굴에는 미소를 띤다. 그 미소는 오만불손한 행동과는 거리가 멀다. 예의를 차린 속내가 드러난다.

"걱정하지 마십시오. 전 당신의 통보를 납득합니다. 제 잘못이 얼마나 컸는지 지금 새삼 깨닫고 있습니다. 그런데 저는 무례하게도 당신이 용서하리라고 제 마음대로 생각하고 있었습니다."

이미 울거나 소리칠 나이가 지난 젊은이나 처녀는 자신의 과실로 벌을 받을 때 미소를 지으며 아무렇지도 않게 벌을 받는다.

'제 마음속에는 나쁜 감정이 없습니다. 제가 범한 죄는 이런 벌보다 더 심한 응징을 받아야 합니다.'

그들은 이런 생각을 하면서 벌을 받는다.

요코하마에 거주하는 나의 지인이 말의 채찍으로 인력거꾼을 때렸을 때 그가 미소를 지은 것도 바로 이런 이유다. 그는 상대의 미소를 아무런 생각 없이 받아들였다. 그래서 인력거꾼의 미소를 본 순간 그의 마음이 풀린 것이다. 당시 인력거꾼은 이런 생각을 하면서 미소를 지었을 것이다.

'내가 나빴습니다. 당신이 화를 내는 것은 너무나 당연한 일입니다. 내가 당신의 채찍을 받는 것은 당연합니다. 나는 당신에게 어떤 원한도 품고 있지 않습니다.'

그러나 다음과 같은 측면도 무시해서는 안 된다. 일본인은 아무리 낮은 신분이라도 자신이 부당한 취급을 받는 것은 참지 못한다. 일본인은 매우 순수하다. 일본인은 자신이 놀림감으로 전락하면 참지 못한다. 일본인을 바보 취급했다가 목숨을 잃은 외국인이 있다. 그 외국인은 정말 한심한 인간이다.

그러나 이런 설명으로도 앞에서 예로 든 하녀의 경우는 이해하기 힘들다.

내가 보기에 그 영국인 부인은 중요한 사실 두세 가지를 빠뜨리고 말한 것 같다. 이야기의 앞부분은 모든 게 명확하다. 남편의 죽음을 알릴 때에 그녀는 일본의 예의에 따라 미소를 지었다. 좀 믿기 어려운 것은 하녀가 남편의 화장한 뼈를 부인에게 보여주었다는 부분이다. 남편의 죽음을 알릴 때에 미소를 지을 정도로 예의 바른 일본 여인이라면 결코 남편의 뼈를 남에게 보여주지는 않았을 것이다. 아니면 부인이 일본어를 잘못 알아들었을 가능성이 있다. 만약 하녀가 남편의 뼈를 보여주었다면 그 당시 침착하고 온화하게 미소를 지었을 수는 있다. 고통스러운 의무를 다해야 하는 순간이니까. 그런 하녀는 당시 영국 부인에게 단순한 호기심의 대상에 불과했을 것이다. 그때 하녀가 소리 높여 웃었는지 어떤지는 알 수 없지만 하녀가 입을 열었다면 다음과 같은 말을 했을 것이다.

"저의 이런 무례한 말에 기분 나빠하지 마세요. 부인의 질문에 이런 보잘것없는 이야기밖에 할 수 없어 너무 죄송합니다."

*

일본인의 미소는 위선적인 웃음, 즉 프랑스인이 말하는 'sourire figé'와는 차이가 있다. 위선적인 미소는 영혼에 가면을 씌운 웃음이다. 일본인의 미소는 사회의 각 계층에 따라 상이한 예의규범이 규정되어 있다. 일반적으로 나이 든 사무라이는 어떤 경우에도 웃는 얼굴을 보이면 안 된다. 생글거리는 얼굴은 상사(上司)나 집안사람에게만 보여줄 수 있다. 아랫사람에게 항상 엄격한 표정을 짓는 게 보통이다. 신도의 신관은 엄격한 표정을 짓는 대표적인 인물로 잘 알려져 있다. 그리고 수세기 동안 관료들 사이에서는 유교적인 예의가 엄격하게 지켜졌는데 이는 현재도 관료들에게도 영향을 미치고 있다. 고대로

부터 존귀한 귀인들은 이보다도 더욱 엄격한 표정을 지었다. 그러나 사생활에서는 고위관료라 할지라도 표정을 자유롭게 지을 수 있다. 귀족이나 재판관, 신관, 대신(大臣), 군인은 가정에 돌아가 자신의 의무에서 해방되면 얼마든지 사생활을 즐길 수 있다. 물론 소수의 예외는 있다.

다른 사람과 대화를 나눌 때에 얼굴에 떠오르는 미소는 이런 예의작법의 일부에 불과하다. 그러나 이런 미소가 상징하는 감정은 일본의 다양한 예의작법에 영향을 미친다. 외국인이 일본인과 친구관계를 맺기는 어렵다. 그러나 일본의 교양을 몸에 익힌 진정한 일본인과 친해지면 그 사람을 통해 일본 국민이 소유한 사교적 성격에 대해 연구해보는 것도 좋다. 여기서 말하는 진정한 일본인이란 외국의 영향을 받지 않고 진정한 자아의식을 소유한 사람을 의미한다. 이런 사람은 일본인의 사교적 성격을 분명히 갖고 있을 것이다. 우선 주목해야 할 점은 이런 사람은 자기 자신의 이야기를 하지 않는다는 것이다. 개인적인 질문을 받으면 정중하게 머리를 숙이기는 하지만 애매한 답변을 한다. 그러나 질문한 상대에게는 개인적인 인적 사항까지 묻기도 한다. 그는 상대방의 일상생활의 아주 구체적인 부분에까지 상당한 흥미를 갖고 있는 듯하다. 이런 경우에 불쑥 개인적인 신상에 대해 말했다면 일본인은 오랜 시일이 지난 후에도 그 내용을 잊지 않아 상대를 놀라게 한다. 그러나 이런 개인의 신상에 관한 질문에도 분명히 한계는 존재한다. 상대방이 불쾌하게 생각하거나 대답하기 힘들어하는 내용은 절대로 묻지 않는다. 그리고 상대방의 대답에서 결점이 발견되어도 그런 점은 처음부터 모르는 체한다. 눈앞에서 상대를 칭찬하지도 않는다. 그러나 상대를 정면에서 비판하는 일도 없다. 실제로 이런 전통적인 일본인은 인물을 비평하는 경우가 없다. 그가 비평하는 것은 인물의 행동과 그 결과에 한에서일 뿐이다. 자신이 찬성하지 않는 생각을 정면에서 비판하는 경우도 없다. 이런 행동을 하지 않는 대신 새로운 대안을 제시하는 일이 많다.

"이렇게 하는 편이 당신에게 이익이 되지 않겠습니까?"

상대방의 문제를 언급할 때에 일본인은 우회적인 방법으로 화제를 제시한다. 다양한 사건을 예로 들어 상대방이 쉽게 알아들을 수 있도록 이야기를 전개해나간다. 이렇게 완곡하게 화자의 의지를 전달하는 방법은 본질적으로 유교적인 것이다.

일본의 전통적인 가치관을 가진 인물과 사귀려면 중국의 고전에 관한 지식이 있으면 좋다. 이런 지식이 없어도 알 수 있는 것은 일본인의 자기억제 능력이다. 지구에서 가장 문명화된 국민 중 일본인만큼 행복하게 살아가는 비결을 잘 알고 있는 민족은 없다. 일본인은 인생의 즐거움이 자기 주변 사람에 의해 좌우된다고 생각한다. 그래서 일본인은 자신이 항상 참을성이 강하고 이기적이지 않은 인간이라고 스스로를 홍보할 필요가 있다. 이런 사고방식이 일본인을 지배하고 있기 때문에 일본 사회는 서양 사회에 비해 타인에 대해 냉소적이지 않은 편이다. 어느 정도 교양 있는 일본인이라면 타인에 대한 냉소적인 시선을 겉으로 드러내지 않는다. 개인적인 실수는 웃음거리나 질책의 대상이 되지 않는다. 자신도 모르게 실수를 했어도 사람들의 웃음거리가 되는 경우는 없다.

*

이런 글을 쓰다 보니 뇌리에 마치 환상처럼 교토에서의 하룻밤이 떠오른다. 그 지역의 이름은 잊어버렸지만 당시 나는 그곳이 사람들의 왕래가 많은 곳이라고 생각하면서 걷고 있었다. 그런데 조그만 사찰의 문 앞에서 지장보살을 발견하고 발길을 멈췄다. 그 보살은 아름다운 동자승이었다. 보살은 잔잔한 미소를 짓고 있었다. 신이 지을 만한 고요한 미소였다. 내가 그 보살상을 한동안 바라보고 있는데 열 살 정도 되는 조그만 아이가 다가오더니 보살상을 향해 합장하고 머리를 숙이며 불공을 드렸다. 그 아이는 친구들과 놀다가 이곳으로 달려온 듯했다. 친구들과 재미있게 놀던 흔적이 얼굴에 드러났다. 그 소년의 미소는 지장보살의 미소와 신비할 정도로 닮아 있었다. 나는 문득 이 아이가 지장보살과 쌍둥이가 아닐까 하는 생각이 들었다.

'동(銅)으로 만든 불상의 미소도 돌에 새긴 불상의 미소도 단순한 것은 아니다. 불상을 만드는 사람이 불상의 미소를 통해 드러내려는 것은 일본 민족의 미소 속에 담긴 의미임이 틀림없다.'

이 일은 아주 오래전의 일이다. 그 당시 내 머릿속에 불현듯 떠올랐던 생각이 지금도 생생하다. 불교예술이 일본적인 토양에서 상당히 이질적인 것은 분명하지만 일본 민족의 미소는 보살이 지향하는 미소와 동일한 의미이다. 그것은 자신을 절제하고 희생시켜 얻을 수 있는 행복과 같다.

불전에도 이와 비슷한 문구가 수없이 등장한다. 이런 불전의 문구가 일본인의 도덕적인 특성을 만들어내는지도 모른다. 나는 일본에 있는 거대한 불상의 미소를 보면 일본 민족의 도덕적 이상주의를 알 수 있다고 생각한다. 거대한 불상의 표정에는 영원한 진리가 숨어 있다. 동양인이 동경해온 경지는 이러한 무한의 편안함과 정적에 있다. 그리고 일본인 역시 자아를 극복하려는 불교의 이상을 자기 자신의 이상으로 여겨왔다고 할 수 있다. 오늘날 일본은 서양문명의 영향을 받아 표면적으로는 동요하고 있지만 그래도 일본인의 내면은 서양인과 비교했을 때 놀라울 정도로 평정심을 유지하고 있다. 일본인은 서양인이 가장 관심을 보이는 추상적인 문제에 대해서는 거의 관심이 없다. 일본인은 서양인이 추상적인 문제에 관심을 기울이는 이유를 납득하지 못한다. 어느 일본인 학자가 나에게 말했다.

"서양인이 종교적인 화제에 관심을 기울이는 것은 자연스러운 일입니다. 그러나 우리가 그런 문제에 관심을 갖지 않는 것도 자연스러운 일입니다. 불교철학은 서양의 신학을 뛰어넘는 깊이가 있습니다. 우리는 그걸 배워온 것입니다. 나 역시 불교철학을 이해하려고 노력해왔습니다만 그저 주변을 맴돈 것에 불과합니다. 우리는 사상이 도달할 수 있는 극한까지 배를 전진시켰습니다. 그러나 수평선은 점점 넓어질 뿐이었습니다. 서양 사람들은 넓은 바다는 전혀 알지 못하고 조그만 강에서 놀고 있는 아이의 흉내를 수천 년 동안 계속해온 것입니다. 최근에 와서 서양 사람들은 우리와는 다른 방식으로 사상의 해안에 도착했습니다. 서양인에게 이 해안은 놀라움 그 자체였습니다. 서양인들은 이제 자신들이 본 놀라운 모습을 향해 항해를 떠날 것입니다."

일본은 10세기에 중국 문화를 흡수했던 것처럼 서양문명을 흡수할 것인가? 서양화가 진행되었을 때에도 일본 고유의 사고방식을 견지해나갈 수 있을까? 아마 그럴 수 있을 것이다. 일본인은 서양의 물질적 우월성에는 감동하지만 서양의 도덕적인 측면에는 전혀 그렇지 않다. 동양의 사상가들은 기계문명의 진보를 윤리상의 진보와 혼동하는 잘못을 범하지 않는다. 동양의 사상가들은 서양인이 자랑스러워하는 서양문명의 도덕적인 약점을 직시하고 있다. 이런 사고를 하는 사상가가 일본에 존재한다면 일본은 일본 사회를 위협하는 사회적 위기를 무사히 넘길 수 있을 것이다. 그러나 지금 일본에서 일어나는 다양한 변화가 일본인들에게 도덕적 타락을 가져오는 것도 피할 수 없는 일이다. 일본은 지금 산업적인 측면에서 외국과 격렬하게 경쟁하고 있는데 그 외국의 문명은 전혀 이타주의적이지 않다. 그렇다면 일본은 미래에 '문명적'인 특질을 발달시킬 수밖에 없다. 과거의 일본은 이러한 '문명적'인 특질을 갖고 있지 않았기 때문에 굉장히 매력적인 나라였다. 일본의 국민성은 이미 많이 변화해왔지만 앞으로 그 변화의 속도는 더욱 빨라질 것이다. 그러나 과거의 일본이

다른 나라보다 물질적으로는 뒤떨어졌을망정 도덕적으로는 우수했다는 점을 잊어서는 안 된다. 일본은 도덕을 상당한 수준까지 발전시킨 나라이다. 일본은 서양 사상가들이 단지 이상으로만 여겼던 상황을 실제로 실현시킨 적이 있다. 일본인은 신분에 상관없이 사회적 의무를 철저하게 이행해야 한다. 이런 경우는 서양에서는 그 예를 찾을 수 없다. 그러나 일본의 도덕적인 약점으로는 전체-공동체나 국가-를 위해 개인이 희생되었다는 점이 있다.

08

교토 여행기

봄에 열리기로 예정되었던 헤이안(平安) 도읍 1,100주년의 기념제는 콜레라가 만연하는 바람에 가을로 연기되었다. 그리고 10월 15일에 마침내 축제가 열렸다. 이 축제를 기념하여 군인의 훈장처럼 가슴에 핀으로 고정할 수 있는 기념 메달이 한 개에 50전에 발매되었다. 이 메달을 가슴에 달면 일본의 모든 철도나 선박을 특별 할인가격으로 이용할 수 있다. 그리고 궁궐이나 정원, 사찰에 무료로 입장할 수 있다. 정말 생각지도 못했던 다양한 특전이었다. 나는 그 메달을 손에 넣자 23일 아침에 첫 기차를 타고 교토로 향했다. 24일과 25일로 예정되어 있던 대행렬을 보려는 인파로 열차 안은 매우 혼잡했다. 자리를 잡지 못한 승객도 많았으나 사람들은 즐거워보였다. 승객 중에는 이번 축제를 보러 가는 오사카의 게이샤도 몇 명 있었다. 그녀들은 노래를 부르기도 했고 옆자리의 승객들과 박자를 맞추어가며 즐겁게 놀고 있었다. 그녀들의 쾌활한 몸짓과 가끔씩 터져 나오는 괴성은 사람들을 즐겁게 해주었다.

한 게이샤의 목소리가 몹시 특이했다. 마치 참새 소리 같다고나 할까? 숙소에서 — 아니 어느 곳에서나 — 여자 몇 사람과 대화를 나눌 때면 그중에 게이샤가 있는지는 쉽게 판별할 수 있다. 게이샤는 특별한 목소리를 내도록 훈련을 받았기 때문에 다른 사람들의 목소리 속에서 쉽게 구분된다. 게이샤들은 발성훈련을 통해 실질적인 활동을 하는 데 많은 도움을 얻는다. 게이샤의 목소리는 가성(假聲)으로 다른 사람들을 감동시킬 만한 소리는 아니지만 신기하게도 귀엽게 들린다. 문지기를 하러 이곳저곳을 떠도는 맹인 여자는 자연스러운 목소리로 노래를 부르기는 하지만 그 노래는 듣는 사람의 눈물샘을 자극하기 일쑤다. 무게감 있는 저음의 노랫소리가 듣는 사람의 감정을 자극하는 것이다. 이에 비해 게이샤의 가성은 대체로 힘 있는 알토인데 이 목소리 역시 감성적이다. 게이샤의 가성은 보통 성인의 고음보다 높은 음역이며 마치 조그만 새소리와 엇비슷하다. 손님으로 가득한 연회장에서 큰북이나 샤미센 소리, 그리고 사람들의 웃고 떠드는 소리 속에서도 게이샤의 목소리는 쉽게 구분할 수 있다.

*

교토에 내린 순간 우선 이번 기념제의 조형물이 매우 아름답게 장식되어 있는 것에 놀랐다. 모든 거리에 화려한 조명이 장식되어 있고 집 앞에는 이번 기념제를 축하하는 제등이 걸려 있다. 집의 위쪽에는 일본의 국기와 소나무 가지가 하늘로 뻗어 있다. 그러나 무엇보다도 아름다운 것은 역시 제등이다. 거리마다 특성에 상관없이 제등이 같은 높이로 걸려 있다. 또 악천후에 대비하기 위한 방편인지 모든 제등은 처마에 단단히 묶여 있다. 거리마다 제등의 형태는 다르다. 커다란 제등이 있는가 하면 아주 정교하게 만들어진 것도 있다.

　내가 도착한 날의 아침에는 행렬이 없었다. 그래서 궁중에서 열린 특별 전시회를 2시간 정도 둘러볼 수 있었다. 봄에 보았던 전문 화가들의 작품과는 달리 이번에는 주로 학생들의 작품이 전시되어 있었다. 그러나 학생들의 작품이 전문 화가들의 작품보다 독창적이고 매력적이었다. 이러한 작품 수천 점이 3엔에서 50엔이라는 가격에 팔리고 있어 능력이 되는 대로 사 모았다. 실제로 이곳을 그린 풍경화도 많았다. 그중에는 고개 숙인 벼로 가득한 가을 들판, 깊은 계곡에서 붉은빛으로 빛나는 단풍잎, 아침 안개 속에 늘어선 산봉우리, 쳐다보기만 해도 아찔한 낭떠러지 부근의 인가를 그린 그림도 눈에 들어왔다. 또 사실주의 경향의 작품으로 불단에 놓인 제물에 눈독을 들인 쥐를 쫓는 고양이를 그린 것도 있었다.

　그렇지만 난 이렇게 다양한 그림 이야기를 늘어놓아 여러분을 짜증나게 하고 싶지는 않다. 전시회를 보러 갔다는 사실을 이렇게 길게 적는 이유는 무언가 흥미로운 것을 발견했기 때문이다. 전시회장 정면 입구에는 글씨 한 장이 있었다. 나중에 액자로 장식할 생각인지 우선은 길이 3피트(약 91cm), 폭 18인치(약 46cm) 정도 되는 종이 위에 고정시켜놓았다. 일본의 서예가는 자신의 작품에 붉은 낙인을 찍는 것이 보통이지만 이 글씨에는 낙인 대신에 조그만 손도장이 찍혀 있다. 실제로 붉은 잉크를 손가락에 바른 다음에 종이 위에 직접 눌러서 찍은 것이리라. 유전학자인 프랜시스 갤튼(Francis Galton) 씨가 지문의 중요성을 설명해준 적이 있는데 이 그림의 지문은 확실히 구분이 될 정도로 선명하다.

　이 글씨는 천황 앞에서 여섯 살 먹은 남자아이가 – 태어난 날을 기준으로 하는 서양식으로 계산하면 아직 만 다섯 살도 되지 않은 – 쓴 것이라고 한다. 이런 기적을 옆에서 지켜본 총리대신 이토 히로부미(伊藤博文) 후작[1]은 이 아이를 양자로 삼았다.

일본인들이 보기에도 보는 이의 눈을 의심할 만큼 훌륭한 글씨였다. 어른이 써도 이 수준을 뛰어넘기는 어려울 것이다. 서양의 예술가가 오랜 기간 수련을 쌓는다고 해도 천황의 면전에서 이 정도의 수준을 보여주기는 힘들지 않을까? 물론 이런 아이는 천 년에 한 명 정도밖에 태어나지 않는다. 글씨에 관한 중국의 고대 전설에 등장할 법한 인물이 현실에 나타난 경우라고나 할까?

그러나 내가 강한 인상을 받은 것은 글씨의 아름다움만이 아니었다. 내 뇌리에서는 문득 전세의 유전적인 기억이 현실화한 경우가 바로 이 아이가 아닐까 하는 생각이 스쳐 지나갔다. 이미 죽은 서예가의 혼이 이 소년의 손에서 다시 부활한 것이리라. 이 글씨는 결코 다섯 살 아이의 솜씨가 아니었다. 선조의 영혼이 만들어낸 작품임에 틀림없다. 이 아이는 신도의 조상 숭배나 불교의 전생을 동시에 증명해주는 심리적·생리학적 증거이다.

*

그림을 다 본 후에는 새롭게 공개된 넓은 정원을 찾았다. 신선이 산다는 뜻의 이름이 붙은 곳인데 이 이름을 영어로 옮기기는 쉽지 않다. 이 정원은 이름에 걸맞은 곳으로 나는 이 정원에 들어갈 때 마치 마법에 걸린 듯한 기분이었다.

자연의 아름다움이 그대로 살아 있는 정원에는 불교적 성격도 눈에 띄었다.

---

1 이토 히로부미(1841~1909): 일본의 정치가. 메이지 헌법의 초안을 작성하고 양원제 의회를 확립하는 데 기여하여 일본 정치의 기초를 닦은 인물로 평가된다. 1909년 중국 하얼빈에서 안중근 의사의 총탄을 맞고 숨졌다.-역주

지금 이곳은 그저 천황의 거처로 알려져 있지만 원래는 천황 일가의 종교적 은둔지로 만들어진 일종의 사찰이었다. 문에 들어선 순간 이곳이 영국의 정원과 비슷하다는 인상을 받았다. 거대한 나무, 잘 다듬어진 잔디, 넓은 산책길, 상쾌한 신록의 향내. 영국의 정원과 다를 바 없는 것들로 가득했다. 그러나 안으로 들어가자 이런 영국적인 향내는 사라지고 동양적인 모습이 나타나기 시작했다. 늘어선 나무들의 모습은 유럽의 그것과는 상당한 차이가 있었고 내부는 놀랄 정도로 정교했다. 문득 정신을 차리고 바라보니 세상에서 그 모습을 찾아보기 어려운 신비한 모습의 다리가 나타났다. 그 다리는 정원과 조그만 섬을 연결시켜주고 있었다. 조용한 연못이 눈앞에 펼쳐져 있다. 아주 미세하기는 하지만 끝이 없는 매력 – 불교적인 신비함 – 이 느껴진다. 그리고 이런 고색창연한 매력은 사람들에게 왠지 모를 경외감을 갖게 한다. 이런 것이 미적 감각을 자극시킨다.

 사람의 힘으로 이 정원이 완성되었다고 생각하면 정말 경탄할 만한 일이다. 정원 전체의 골격에 해당하는 곳에 거대한 바위를 쌓아올렸는데 이 일만으로도 숙련공 수천 명이 필요했을 것이다. 지형을 결정하고 땅을 고른 다음 나무를 심고 자연이 신비한 힘을 발휘하는 순간을 기다린다. 10세기에 이르는 동안 자연은 예술가의 꿈을 능가했다. 아니 오히려 자연은 예술가의 꿈을 확대해 보여주었다고 하는 편이 정확한 표현일 듯하다. 일본의 정원에 관해 지식이 없는 사람은 이 정원이 천 년 전에 누군가에 의해 설계되었다는 생각은 꿈에도 하지 못할 것이다. 고도(古都)의 한가운데에 인간의 손이 전혀 닿지 않은 원시림이 이 정원을 속세와 분리시켜왔던 것이다. 바위의 표면, 이상한 모습의 나무 뿌리, 울창한 나무 그늘 아래로 늘어진 오솔길, 문자가 새겨진 낡은 석비(石碑). 이것들이 모두 두꺼운 이끼에 덮여 있다. 장소에 따라서는 서인도 제도의 열대림과 비슷하기도 하다.

*

 배가 고팠으나 호텔까지는 거리가 상당히 멀었다. 인력거꾼에게 근처 레스토랑에 들르자고 말했다. 그러자 인력거꾼은 뒷골목으로 들어가 거의 허물어질 듯한 가게 앞에 멈췄다. 가게의 입구 위에는 잘못 써진 간판이 보였다. 그러나 지금은 'foreign'의 'e'가 떨어져 있었다는 기억밖에 남아 있지 않다. 어쨌든 구두를 벗고 위험해 보이는 – 거의 사다리처럼 보이는 – 계단을 기어 올라갔다. 이 건물의 3층에 서양식 방이 몇 갠가 이어져 있다. 창문 유리나 테이블의 상태는 만족할 만한 수준이었다. 그 안에서 일본식이라고 할 만한 것은 다다미와 재떨이 정도였다. 벽에는 미국식 석판화가 장식되어 있다. 그러나 이 레스토랑에 와본 외국인은 거의 없었을 것이라는 생각이 들었다. 이 가게는 서양식 요리를 여관에 제공하는 듯했는데 주로 일본인 손님이 고객인 것 같았다.
 이곳에서 쓰는 접시나 컵, 식기에는 영국 호텔의 표식이 찍혀 있었다. 저녁 시중을 든 사람들은 아주 예쁜 아가씨들이었는데 대부분 외국의 매너에 익숙해 보였다. 그러나 나는 이 아가씨들이 지금까지 외국인 손님을 접대해본 적이 없다는 것을 확신했다. 문득 반대편 테이블에 레이스로 덮어놓은 물건이 보였다. 가까이 가서 바라보니 그건 거의 부서질 듯한 축음기였다. 구멍이 뚫린 음반이 많았다. 나는 축음기의 핸들을 돌려 「50만의 악마」라는 독일 노래를 들어보려고 했다. 그러나 구식 축음기는 음악을 들을 만한 수준이 아니었다. 음반이 거의 뒤틀리는 듯하더니 아무 소리도 나오지 않는다. 「코르네빌의 종(鍾)」 등 다른 곡을 들어보려고 했으나 대부분 마찬가지였다. 아마도 이 축음기는 외국인 거류지 어딘가에서 경매로 사들인 것임이 분명했다. 아까 보았던 접시나 컵 등과 함께. 이런 체험은 나를 비애감에 젖게 한다. 왠지 장소에 어울리지 않고 추방당한 듯한 느낌. 이런 느낌은 일본에서 살아보지 않은 사람은 이해할 수 없다. 우리가 조화를 이루고 있다고 생각하는 서양의 음악이 일본인의 귀에는 그저 잡음에 불과했던 것이다. 축음기의 주인인 일본인은 그 기계의 내부 상태를 제대로 알지 못했을 것이다.

호텔로 돌아오는 길에는 또 다른 즐거운 경험을 했다. 골동품을 찾아보려고 들른 고서점에서 금색 표지의 ≪애틀랜틱 먼슬리(Atlantic Monthly)≫[2]라는 잡지를 찾아낸 것이다. 자세히 보니 1860년에 발간된 것이었다. 1860년에 발행된 ≪애틀랜틱 먼슬리≫는 어디서나 쉽게 찾을 수 있는 것이 아니다. 가격을 물어보니 책가게 주인은 50전이라고 말한다. 이 잡지를 발견해냈다는 즐거움에 흥정할 생각도 하지 않고 주인이 부르는 가격을 모두 내고 사버렸다. 잡지를 뒤적거리면서 1865년경에는 거의 무명에 가까웠던 사람이 1895년에는 세계적인 저명인사가 된 경우를 몇 차례나 찾아냈다. 소설집 『엘시 베너』에 「교수의 이야기」라는 단편 연재물이 실려 있다. 또 시(詩) 「피타고라스」도 눈에 띈다. 니카라과의 내전에 참전한 한 병사의 수기도 있다. 자메이카나 수리남 흑인에 관한 뛰어난 논문도 있다. 그 이외에도 귀중한 글이 실려 있는데 일본에 관한 평론도 있다. 그 평론은 다음과 같은 주목할 만한 문장으로 시작된다.

'우리나라에 도착한 일본 사절은 과묵하다. 상대에게 경계심을 풀지 않는 일본인이 처음으로 외국에 파견한 정치적 일행이어서 화제가 되고 있다.' 그리고 그 다음 부분에는 당시 널리 알려져 있던 오해를 해명하려는 듯이 다음과

---

2 ≪애틀랜틱 먼슬리≫: 1857년 보스턴에서 창간된 미국의 일류 문예잡지. 오늘날까지 계속 간행되고 있다. 시인이며 비평가인 J. R. 로웰(1819~1991)이 주필을 겸했던 시대에는 저명한 문인들이 기고하여 문단과 언론계에 큰 영향을 끼쳤으며 이어 1871년부터 W. D. 하웰스가 주필을 맡아 보스턴 문학계의 중심이 되었다. 1932년부터 ≪애틀랜틱≫으로 이름을 바꾸었다.-역주

같은 문장이 보인다. '오늘날에는 중국인과 일본인이 전혀 다른 민족이라는 인식이 널리 퍼져 있다. 그러나 이 두 민족이 같은 민족이라는 오해로 두 민족을 똑같이 존경해온 시대가 참으로 길었다. 자세히 조사해보면 중국의 매력은 점점 사라지고 반면 일본의 매력이 점점 부각되고 있는 듯하다.'

일본은 지금 자국의 힘이 점점 강해지고 있음을 자각하고 있다. 이런 상태에서 35년 전에 ≪애틀랜틱 먼슬리≫에 실린 다음과 같은 기사를 부정하는 일본인은 없을 듯하다. '일본의 부(富)와 무역자원, 일본인의 당당한 태도와 서양인에 뒤지지 않는 예민한 지성. 이런 요소 덕분에 일본은 다른 동양제국에 비해 중요한 나라가 되어가고 있다.' 이러한 평가에서 유일한 문제점은 일본의 부에 관한 오해 정도일까? 또 이 평론에서는 쇼군, 타이쿤(大君), 규슈(九州), 히데요시(秀吉), 노부나가(信長)를 'Ziogoon', 'Tycoon', 'Kiusiu', 'Fideyosi', 'Nobanunga'로 썼다. 이는 옛날 네덜란드인이나 예수회 관계자가 사용하는 표현을 그대로 썼기 때문에 발생한 현상이다.

그날 밤 나는 조명이 비치는 길을 걸으면서 헤아릴 수 없을 정도로 많은 것을 보았다. 어떤 곳에서는 젊은 남자 한 사람이 발로 경문을 쓰고 그림을 그리고 있었다. 글자는 보통 위에서 아래로 쓰는 것인데 이 사내는 거꾸로 아래에서 위쪽으로 썼다. 원형 경기장처럼 보이는 곳에서는 중앙에 수조를 만들어 물고기를 풀어놓은 모습이라든가, 일본 노래를 부르는 사람들의 모습을 보았다. 또 국화 키우기의 명인이라는 어떤 일본인은 '꽃의 마술'을 이용하여 탄생시킨 여자아이들을 관람객들에게 보여주고 있다. 그 옆에 있는 장난감 가게에는 신기한 기구들이 가득했다. 역시 일본인 발명가의 능력은 뛰어나다. 그들은 서양의 비싼 장난감과 같은 기능을 할 수 있는 장난감을 저렴한 비용으로 만들었다. 광주리에 들어가 먹이를 먹는 수탉과 암탉 – 대나무의 탄력을 이용하여 만든 장난감 – 은 한 쌍에 5리(厘)였다. 다다미의 틈 사이로 파고들

만큼 날렵해 보이는 쥐는 1전에 불과하다. 또 간단한 조작으로 하늘을 날 수 있는 나비, 자유자재로 발을 움직이는 오징어도 있다.

마침내 호텔로 돌아가려고 마음먹었을 때는 제등도 대부분 꺼졌고 가게도 하나 둘씩 문을 닫고 있었다. 숙소에 도착하기 전에 이미 거리에는 어둠이 깔렸다. 화려한 조명, 마법 같은 온갖 물품, 멀리서 들려오는 떠들썩한 소리, 파도 소리처럼 들려오는 게다 소리. 이런 경험 후에 갑자기 찾아온 공허한 침묵은 지금까지 내가 경험했던 일이 현실이 아니었다는 착각을 불러일으켰다. 모든 일이 환상이었다는 느낌이 들었다. 그렇지만 일본의 축제를 구성하는 요소가 그날 밤에 모두 사라져버린 것이 슬프지는 않았다. 왜냐하면 주마등처럼 내 눈에 들어왔던 광경은 내 기억 속에서 사라질 염려가 없었기 때문이다.

*

일본에서 오락의 매력에 대해 생각하다가 한 가지 의문이 들었다. 모든 즐거움의 깊이는 그 덧없음에 비례하는 것이 아닐까? 이런 사실을 수긍한다면 오락에 관한 불교의 가르침을 강력히 지지하는 것이다. 지적인 오락의 즐거움은 그를 구성하는 감정과 사상이 복잡할수록 커진다. 또 가장 복잡한 감정은 필연적으로 가장 단시간에 완성된다. 어쨌든 일본 서민의 오락은 순간적이면서도 복잡하다. 이는 일본 서민의 오락이 섬세하고 다양하며 순간적인 상황과의 결합에 의존하는 우연성이 높기 때문이다. 순간적인 상황으로는 개화나 조락의 계절, 햇살이나 달빛이 비치는 시간과 장소, 빛과 그림자의 이동 등이 해당된다. 또 결합의 예로는 민족정신이 일시적으로 발현하는 축제를 들 수 있다. 축제를 결합의 예로 드는 것은 환상적인 분위기를 만들기 위해 사용하는 소품, 작위적으로 설정된 이상세계, 상징적인 낙관, 이미지, 표의문자, 놀랄 만한 색채, 단편적으로 들려오는 선율에서 떠오르는 기억, 개인적인 경험과 일본인으로서의 정서에 호소하는 작은 힘의 조합이 어우러져 있기 때문이다. 그리고 그 결과 발생하는 감정의 움직임을 서양인은 감지할 수 없다. 왜냐하면 이는 외국인은 알 수 없는 일본 고유의 전통에 속하기 때문이다. 일본 고유의 전통을 조금 알고 있는 외국인들조차 일본인이 오락을 즐길 때 나타나는 미묘한 감각을 그저 '일본의 감정'이라고 말할 뿐이다.

일본인은 오락을 싼 가격에 즐길 수 있는 것이라고 생각한다. 일본인의 생활을 들여다보면 그들의 삶이 미적으로 발전하는 데 영향을 준 대상이 빈곤임을 알 수 있다. 만일 빈곤이 없었다면 현재의 일본 오락은 존재하지 않았을 것이다.

일본인들은 모든 자연, 즉 풍경, 서리, 구름, 황혼, 새, 벌레, 꽃 등에서 서양인보다 훨씬 큰 즐거움을 발견해낸다. 이것이 바로 돈이 들지 않는 오락이다. 일본인은 자신이 본 대상을 예술적으로 표현하는 능력이 있다. 이것은 일본의 종교와 고풍스러운 교육이 얼마나 섬세하고 상상력을 발현시키는 데 유용한지를 설명해준다.

값싸게 즐길 수 있는 일본인의 오락은 크게 둘로 나누어진다. 첫째는 자연을 정비하여 즐거움을 만들어내는 경우이고, 둘째는 자연의 암시를 받아 즐거움을 만들어내는 경우다. 전자의 예는 각 현에서 나타나는데 매년 증가하고 있다. 언덕 위, 해안, 호숫가, 강가의 특정한 장소를 골라 그곳에 정원을 가꾸고 나무를 심고 전망이 좋은 곳에 휴게소를 만든다. 단순한 자연을 사람들이 찾는 명소로 만드는 것이다. 벚꽃의 명소도 있고 단풍과 등나무의 명소도 있다. 눈이 내리는 겨울 풍경의 명소를 포함하여 각 지역에 명소가 생겨났다. 이름 있는 신사나 사찰은 전부 그렇다고는 할 수 없으나 자연과 관련 있는 건축물이 대부분으로 종교 건축물을 설계한 이가 자연의 아름다움에서 영감을 얻어 지은 것이다. 사찰이나 신사에 가면 승려나 신관이 되고 싶은 마음이 들기도 한다. 이는 종교 건축물의 풍경과 밀접한 관계가 있다. 실제로 일본 전국 어디를 가든 종교는 아름다운 경치와 멋진 조화를 이루고 있다. 폭포, 산꼭대기, 바위, 섬 이외에도 꽃을 볼 수 있는 최고의 장소, 가을이면 달그림자를 볼 수 있는 최적의 장소, 여름밤이면 반딧불이를 볼 수 있는 곳은 종교와 관계가 있다.

축제일에 거리를 장식하는 장식물이나 조명은 만인이 공유할 수 있는 도시 생활의 즐거움 중에서도 중요한 요소다. 많은 이들이 이런 장식물을 만들지만 그들은 사전에 어떤 약속도 하지 않기 때문에 나중에 보면 놀랄 정도로 각각 다양성이 살아 있다. 이런 다양함이 축제를 더욱 풍요롭게 만든다. 재료 역시 비싸지 않다. 종이나 짚, 돌 등 어떤 것을 써도 괜찮다. 예술적 감각은 재료와 아무런 상관이 없기 때문이다. 소재에 형태를 부여하는 것은 자연이나 현실을 제대로 이해하고 있느냐에 따라 결정된다. 닭의 깃털로 만든 꽃, 점토로 만든 용이나 개구리 등 어떤 경우도 정교한 착상을 실현시킨 작품이다. 흙으로 만든 거미는 보금자리를 만들고 있는 것처럼 보이며 종이로 만든 매미는 눈을 깜박이는 듯하다. 모범 작품은 필요하지 않다. 그저 각자가 그 나름대로의 기억을 되살려 다양한 작품을 만든다. 인형가게에서 머리 모양이 개성적인 조그만 종이인형을 스무 개나 샀다. 이곳의 여인들이 만든 인형을 모두 갖고 싶었기 때문이다. 한 소녀가 내 주문을 받고 즉시 인형을 만들기 시작했다. 화가가 다양한 여인들의 그림을 그리는 시간과 거의 같은 시간에 인형이 완성되었다. 실제 인형을 만드는 데 걸린 시간은 인형의 모형을 만드는 데 필요한 최소한의 시간에 불과했다. 그녀는 자신이 만든 인형을 고치거나 다른 인형과 비교하지 않았다. 머리에 떠오른 이미지가 손의 움직임에 따라 즉시 완성된 것이다. 축제일 밤에 사람들의 주목을 끄는 것들은 모두 이런 방식으로 만들어진 것이다. 가벼운 손놀림으로 만든 장난감, 솔로 몇 번만 문지르면 아주 깔끔해지는 아름다운 옷, 모래로 만든 그림도 마찬가지다. 이 같은 마술적인 힘은 인간의 외모에도 위력을 발휘한다. 보통 때에는 사람들의 주목을 전혀 끌지 못하는 평범한 아이도 화려한 의상을 걸치고 분으로 곱게 단장하면 요정으로 변한다. 선과 색에 대한 일본인의 예술적인 감각은 다양한 변신을 가능하게 해준다. 의상의 색깔 역시 세밀한 지식을 토대로 구성된다. 이는 조명 하나만 봐도 쉽게 알 수 있다. 일본인은 조명에도 일정한 색 이외에는 사용하지 않는다. 그러나 이러한 화려함 역시 순간적인 것으로 이내 사라져버린다. 마치 신기루처럼 사라지지만 이걸 본 사람의 뇌리에 1개월 동안 그 잔상이 지속된다.

일본의 서민에게 만족감과 소박한 행복감을 부여하는 소재는 주변에서 쉽게 찾을 수 있다. 눈요기는 항상 가능하다. 특별한 날에만 가능한 일이 아니다. 어떤 지역에서나 어떤 사람이라도 이런 즐거움은 쉽게 만끽할 수 있다. 이런 아름다움을 즐기는 것은 누구에게나 공기처럼 무료다. 더욱이 남자든 여자든 또 가난하다고 해서 아름다움을 소유할 수 없는 건 아니다. 멋진 장난감을 갖지 못한 아이는 없다. 서양은 이렇지 못하다. 서양의 대도시에서 아름다움은 부자의 전유물이며 가난한 사람은 그저 더러운 하늘만 바라보아야 한다. 서양 문명은 아무런 즐거움도 존재하지 않는 지옥을 만들어냈다. 그리고 이 문명을 상징하는 기계의 소음이 가난한 사람의 주위를 둘러싸고 있다.

*

다음 날 아침 대행렬을 보러 밖에 나갔다. 거리는 이미 사람들로 가득해 몸을 움직일 수 없을 정도로 혼잡했다. 그럼에도 사람들은 모두 움직이고 있었다. 아니 그보다는 사람들이 원을 이루어 흘러가고 있다고 해야 할까? 마치 물고기처럼 미끄러지듯이 움직이고 있었다. 겉으로 보기에 사람들의 머리와 어깨는 서로 맞붙어 있는 듯했다. 반 마일(약 804.6m) 정도 떨어진 상인의 집까지 가는 데 그다지 어려움은 없었다. 이렇게 빽빽이 늘어선 군중이 이 정도로 쉽게 움직일 수 있는 이유는 일본의 국민성을 생각해보면 바로 답이 나온다. 나는 사람들과 한 번도 세게 부딪친 적이 없다. 그러나 일본인 모두가 이렇지는 않다. 지나치려고 하면 불쾌한 눈길로 바라보는 사람도 가끔 있다. 언급할 필요도 없지만 군중이 부드러운 것은 사람들이 모두 온화하기 때문이다. 이런 온화함은 지역에 따라 달리 나타난다. 신문명을 얼마나 접했느냐에 따라 사람들의 친절함의 정도가 다르다. 아마 이곳에 모여 있는 사람은 100만 명 가까이는 될 듯하다. 이런 대관중이 놀라울 정도로 온화하고 기분 좋은 표정을 짓고 있는 것은 그들이 대부분 시골 출신이기 때문이다. 경찰이 길을 트려고 등장했을 때에도 군중은 제멋대로 움직이지 않았다. 앞쪽에 아이들을 세우고 어른들은 조용히 뒤편에서 줄을 섰다.

발표에 따르면 행렬은 9시부터 시작된다고 했으나 11시가 가깝도록 나타나지 않았다. 이렇게 사람들로 가득한 곳에서 오랜 시간 기다리는 일은 웬만한 종교적 수행을 쌓은 사람에게도 힘든 일임에 틀림없다. 상인은 나에게 방석에 앉아 기다리라고 권했다. 그가 권한 방석은 아주 품질이 좋은 것으로 나는 그에게 최고의 대접을 받은 셈이었다. 그러나 같은 장소에서 경직된 자세로 앉아 있는 것이 더욱 힘들어 밖으로 나와 인파 속으로 들어갔다. 처음에는 한 다리로 섰다가 다시 다리를 바꿔 서보는 등 행렬을 기다리는 동안 자세를 다양하게 취할 수 있기 때문이다. 이 상인의 집을 떠나기 전에 그곳에 와 있던 손님 중에서 굉장히 매력적인 교토의 부인을 몇 명 볼 수 있었다. 그중의 한 명은 황족이라고 한다. 교토는 여성들이 아름답기로 유명한 곳이다. 내가 일본에서 보았던 가장 아름다운 여성도 바로 이 집에 있었다. 조금 전에 내가 말한 여성은 황족이 아니라 이 집안의 며느리였다. 허버트 스펜서는 생리학의 법칙을 이용해 '아름다움이란 그저 한 겹의 껍질'이라고 증명한 적이 있다. 그러나 그의 증명은 외면적인 아름다움보다 오히려 내적인 우아함이 좀 더 깊은 의의를 갖는다는 것을 입증하는지도 모른다. 그 며느리의 매력은 우아함이었다. 일본의 독특한 의상인 기모노을 입었을 때만이 아니라 다른 의상을 입고 있을 때에도 동일하게 아름다움을 뽐낼 수 있는 여성은 그리 많지 않다. 우리가 보통 일본 여인의 우아함이라고 부르는 것은 그리스인이 생각하는 우아함과는 상당히 거리가 있다. 그녀에게는 바람에 흔들리는 대나무의 유연한 우아함을 연상시키는 분위기가 있었다.

행렬을 지나치게 자세히 묘사하면 여러분이 따분해할 것 같아 여기서는 두세 가지 특성만 언급하겠다. 이 행렬의 목적은 8세기에서 메이지 시대인 현재까지 교토의 역사에서 각 시대의 문·무관의 복장과 무장의 모습을 보여주기 위한 것이다. 적어도 2,000명이 다이묘를 비롯하여 각 계급을 대표하는 복장을 입고 등장하고 그 뒤에는 무용수 등이 행렬을 지어 행진한다. 무용수로 분장한 게이샤들 중에는 화려한 날개를 붙여 마치 나비처럼 보이는 사람도 있다. 행렬이 구비하고 있는 투구나 갑옷, 칼 등의 옛 물품은 모두 귀족 가문이나 골동품상, 개인 수집가에게 빌린 것이다. 오다 노부나가(織田信長),[3] 가토 기요마사, 도쿠가와 이에야스, 도요토미 히데요시 등의 유명한 무장은 모두 전통 복장을 입었다. 이중에서 다이코(太閤)의 분장을 한 사람은 정말 원숭이

---

3 오다 노부나가(1534~1582): 일본의 전국시대와 아즈치(安土) 시대의 무장. 무로마치(室町) 막부를 단절시켰고 무력으로 일본을 통일하겠다는 강력한 의지를 갖고 있었다. 부하인 아케치 미쓰히데의 반란으로 살해되었다. 일본인이 가장 존경하는 역사적 인물이며 강렬한 의지의 상징으로 유명하다.-역주

와 비슷하게 생겼다.[4]

 이미 지나간 수세기 이전의 무장들이 행렬을 통과할 때에도 사람들은 침묵을 지켰다. 서양인들에게는 신기할지도 모르지만 이런 침묵은 사람들이 만족하고 즐거워한다는 의미이다. 칭찬을 늘어놓거나 큰 소리를 지르거나 박수를 치는 것은 일본인의 국민감정에 맞지 않는다. 군인이 만세를 부르는 것 역시 외국에서 들어온 습관이고 도쿄에서 들려오는 시끄러운 시위도 일본인으로서는 새롭고 부자연스러운 일이다. 1895년에 나는 고베에서 인상적인 침묵을 두 번 체험한 적이 있다. 한 번은 천황이 행차할 때로 굉장한 인파가 몰렸으나 기침 소리 한 번 들리지 않았다. 다른 한 번은 중국에서 승리한 군대가 귀환했을 때의 일이다. 군대를 맞이하기 위해 만들어진 개선문을 통해 군인들이 행진하여 돌아왔지만 환영인파 속에서는 한마디도 들려오지 않았다. 내가 그 이유를 묻자 "일본인은 침묵하는 편이 자신의 감정을 드러내는 데 효율적이라고 생각합니다"라는 대답이 되돌아왔다. 실제로 중국과 전투를 벌이기 직전 일본 군대의 침묵은 중국인에게 상당한 공포감을 주었다고 한다. 예외가 있기는 하지만 일본에서는 기쁨이든 슬픔이든 그 감정이 깊으면 깊을수록 겉으로 드러내지 않는 것이 일반적이다.

 행렬을 구경하는 외국인 중에는 행렬에 힘이 없다고 비판하는 사람도 있었다. 또 무장들의 영웅답지 못한 외모, 그를 뒤따르는 부하들의 피곤해 보이는 모습을 비평하는 사람도 있었다. 그러나 일본인은 이런 모습이 오히려 대행렬의 가치를 증대시킨다고 생각한다. 나 역시 이런 일본인의 생각에 동의한다. 실제로 역사상에 이름을 남긴 영웅 중에 위풍당당한 외모를 가진 이는 그리

---

4 다이코는 섭정(攝政)이나 태정대신(太政大臣)의 높임말이다. 여기서 다이코는 도요토미 히데요시를 의미하는데 실제로 그의 외모는 원숭이와 흡사했다고 한다.-역주

많지 않았다. 또 역전의 용사라고 해서 피로감을 느끼지 말란 법은 없다. 오다 노부나가나 도요토미 히데요시, 가토 기요마사도 이번에 교토의 대행렬에 등장한 것처럼 피로에 지쳐 행진한 적이 있었을 것이다. 교양 있는 일본인은 조국의 영웅을 지나치게 이상화하지 않는다. 영웅의 평범한 인간성과 그와는 대조적인 정신생활의 위대함을 부각시키는 것이다.

행렬을 본 다음 나는 다이교쿠덴(大極殿)에 갔다. 이 건물은 정부가 간무 천황(桓武天皇)[5]의 대제(大祭)를 기념하기 위해 지은 장대한 규모의 신전이다. 내가 가지고 간 메달을 보여주자 천황의 위패에 참배할 수 있다는 허가가 났다. 잠시 후 무녀(巫女)가 나와 흰 잔에 술을 따라준다. 내가 술을 마시자 무녀는 잔을 상자에 넣어 포장하고 기념으로 가지고 가라고 전해준다. 메달을 산 사람에게는 이처럼 한 사람당 잔 한 개를 준다고 한다.

이런 조그만 기념품은 일본을 여행하는 사람에게 독특한 즐거움을 준다. 어느 곳을 방문해도 다른 지역에서는 발견할 수 없는 귀한 물건을 살 수 있다. 또 대부분의 지역에서는 자신이 가지고 간 귀한 물건을 선물하면 그 지역의 사람들도 특산물을 건네준다. 이런 물건은 비록 값비싼 것은 아니지만 의외로 커다란 기쁨을 주는 선물이다. 일본 각지를 여행하면서 받은 물건들 중에 가장 아름답고 귀중한 것은 바로 이런 작은 선물들이다.

---

5 간무 천황(737~806, 재위 781~806): 일본의 제50대 천황. 고닌 천황과 백제의 후손인 다카노노 니가사(高野新笠)의 아들. 794년 도읍을 나라에서 헤이안으로 옮겨 헤이안 시대를 열었다. 이후 교토는 1,000여 년에 걸쳐 일본의 수도가 되었다.-역주

*

교토를 출발하기 이전에 하타케야마 유코(畠山勇子)의 묘를 찾아보고 싶었다. 몇 사람에게 유코의 장례식이 있었던 장소를 물었으나 아는 이가 없었다. 그래서 묵고 있던 숙소에 일을 보러 내려온 승려에게 물어보기로 마음먹었다. 승려는 즉시 대답해주었다. "그곳은 마쓰케이지(末慶寺)의 묘지에 있습니다." 마쓰케이지는 여행 안내서에도 나와 있지 않은 곳으로 시내에서 상당히 떨어진 곳에 있는 듯했다. 나는 즉시 인력거를 불러 타고 30분 정도 달려 그 사찰에 도착했다.

승려 한 사람에게 방문한 뜻을 말하자 내가 가려는 묘지까지 안내해주었다. 구름 한 점 없는 맑은 하늘을 배경으로 햇살이 묘석 위에 내리비치고 있었다. 그곳에는 정절을 지킨 진실한 여성을 의미하는 불교의 경칭 '열녀'를 붙인 여성의 이름이 커다랗게 새겨져 있었다.

열녀(烈女) 하타케야마 유코의 묘

묘는 최근 손을 본 듯 주변의 풀도 말끔히 정리되어 있었다. 묘의 정면에는 조그만 차양이 만들어져 있고 그 아래에는 꽃과 물 등이 바쳐져 있다. 나는 용감한 유코의 영혼에 마음으로부터 경의를 표시하고 관례에 따라 문구를 외웠다. 그곳에 와 있던 다른 사람들 중에는 신도 방식으로 참배하는 이들도 있었다. 그 주변에는 다른 묘도 많았기 때문에 묘석의 뒷면을 보기 위해서는 묘석을 밟아야만 했다. 유코가 나의 이런 무례함을 용서해주리라고 생각하면서 묘석을 밟고 뒷면의 비문을 살펴보았다.

향년 27세. 나가사 군(長狹郡) 가모카와초(鴨川町) 사람, 천성이 선량
메이지 24년 5월 20일 나라를 걱정하다가 교토부청(京都府廳)에서 자살.

승려는 사찰에 남아 있는 유품인 조그만 일본검 한 자루를 보여주었다. 그 칼에는 피가 묻어 있었는데 몇 겹으로 싼 흰 종이가 붉게 물들어 있었다. 값싼 지갑, 피로 물든 옷과 띠, 편지와 메모, 그리고 사진 - 유코와 묘지의 사진 몇 장, 장례식 때에 찍은 사진 몇 장 - 도 남아 있었다. 나는 장례식이 신도의 방식으로 치러졌다는 사실이 흥미로웠다. 자살은 불교에서는 허용되지만 신도에서는 허용되지 않기 때문이다. 의류는 모두 싸구려였다. 유코는 여비와 장례식 비용을 마련하기 위해 자신의 옷 중에서 값나가는 것은 전당포에 맡겨버렸기 때문이다. 유코의 탄생에서 죽음까지의 경위, 유서의 복사본, 고관들이 그녀를 추모한 노래, 그리고 그다지 잘 찍히지 않은 그녀의 사진이 실린 소책자가 있어 샀다. 유코와 그녀의 친척의 외모는 그다지 특출하지 않았다. 일본 어디에서도 볼 수 있는 보통 사람이었다. 이 소책자에서 흥미로운 점은 심리적인 면 - 저자는 유코의 심리를 묘사하는 데 힘을 쏟고 있는 듯하다. 유코의 편지에는 일본인 특유의 심리적 고양 상태가 잘 나타나 있다 - 으로 무서운 결의를 했음에도 사소한 측면에서 주의를 게을리하지 않는 유코의 정신상태가 나타나 있다. 메모에도 이런 면이 나타난다.

- 메이지 24년 5월 18일

금(金) 5전 니혼바시(日本橋)에서 우에노(上野)까지 인력거 비용.

- 5월 19일

금 5전 아사쿠사 인력거 비용.

금 1전 5리 시타야(下谷)에서 머리 손질.

금 10엔 바바(馬場)의 전당포에서 입금.

금 20전 신초(新町)까지 기찻삯.

금 1엔 2전 요코하마에서 시즈오카(靜岡)까지 기찻삯.

▪ 5월 20일

금 2엔 9전 시즈오카에서 요코하마까지 기찻삯.

금 6전 편지 두 통의 우표.

금 14전 기요미즈에서.

금 12전 5리 우산값.

그렇지만 이런 기록상의 특징과 대조적인 것은 고별의 편지에 적힌 시적인 정서다. 그곳에는 다음과 같은 글이 적혀 있다.

이제 한겨울 밤도 지나 얼음은 녹아 물방울이 되고 눈은 비로 바뀌었습니다. 눈을 즐겁게 해주던 벚꽃도 바람에 흩날리기를 기다리지 않고 제각각 흩어져버렸습니다. 얼마 지나지 않으면 꽃잎은 바람에 춤을 추고 봄은 눈으로 변해 흩날리겠지요. 그러나 저를 사랑해주시는 분들의 마음에는 봄이 오지 않을지도 모르겠습니다. 다음으로 올 비의 계절에 마음을 위로해줄 대상은 존재하지 않습니다……. 저는 어찌하면 좋을런지요? 모든 분들에 대해 생각지 않은 적이 없는데……. 그렇지만 얼음도 눈도 언젠가는 흘러가는 물이 될 테지요. 향기 좋은 국화의 꽃봉오리는 서리 속에서 꽃을 피웁니다. 부디 제 말을 기억해주십시오. 제게 지금은 서리와 국화의 꽃봉오리와 비슷한 계절입니다. 멋지게 꽃피울 수 있다면 좋겠습니다. 이승에 오래 머무를 수 없는 것은 인간의 운명입니다. 저를 불효자로 기억하지 말아주세요. 제가 죽어 어두운 세계로 갔다고 말씀하지 말아주세요. 행복한 시대가 오기를 기다리며.

소책자의 편집자는 유코를 칭찬하면서도 한편으로는 아쉬워하고 있다. 유코는 당국에 보낸 편지에서 친척 중 한 사람에 관한 청원을 남겼는데 이 책의 편집자는 이를 여성의 연약함이라고 비판했다. 자신의 이기심을 버렸던 유코가 친척의 구명을 언급한 것은 참으로 어리석은 일이라는 것이다. 이 이외에도 몇 가지 점에서 이 책은 실망스러웠다.

한 몸을 바친 유코의 행위는 분명 내 마음을 울렸다. 아니 일본 국민을 울렸다. 유코에 관한 책은 수천 권이나 팔렸다. 많은 사람이 그녀의 묘를 방문하여 음식을 바치고 마쓰케이지에 있는 유품을 동정심과 존경의 눈길로 바라보았다. 이것 역시 중요한 사건이라고 생각한다. 일본인은 진실한 아름다움은 내면에 존재한다고 생각한다. 그래서 그들에게는 평범한 사건이라도 얼마든지 영웅적인 사건이 될 수 있다. 형편없는 옷, 값싼 지갑, 전당포에 갔던 사항을 기록한 메모, 편지와 사진 같은 유품이나 경찰의 세밀한 기록을 통해 알 수 있는 평범한 일상생활의 흔적이 눈에 보이는 확실한 증거다. 만일 유코가 일본에서 가장 아름답고 고귀한 신분의 사람이었다면 그녀의 희생적 행위가 이 정도로 일본인의 가슴을 울리지는 않았을 것이다. 현실적으로 숭고한 행위를 하는 사람은 보통 사람이지 비범한 사람은 아니다. 서양인들은 서민으로부터 윤리도덕을 배워야 한다. 서양의 지식인들은 잘못된 이상주의와 인습에 오랫동안 얽매여왔기 때문에 인간적인 감정이 거의 없다. 그런 까닭으로 그들은 보고 듣거나 느끼고 생각하는 능력을 잃어버렸다. 서양의 인습적인 이상주의보다도 유코의 거울 뒷면에 적힌 노래 한 수가 더 많은 진실을 포함하고 있다. 그 노래는 '마음을 깨끗하게 유지하면 덕, 선, 악도 거울에 비치듯이 확실히 보인다'는 의미를 담고 있다.

*

돌아올 때는 다른 방향을 선택했다. 처음 보는 곳인데 근방은 전부 사찰이다. 아주 여유로운 곳으로 마치 마법이라도 걸린 듯이 주변은 매우 조용했다. 주택이나 상점은 한 곳도 없다. 엷은 황색 언덕이 도로의 양쪽으로 이어져 있다. 성벽과 흡사한데 그 위에는 나무와 기와로 지붕이 만들어져 있다. 아주 긴 간격을 두고 이곳저곳에 예쁜 문이 달려 있다. 담 위에는 삼나무, 소나무, 대나무 잎이 떨어져 있고 그 사이로는 멋진 곡선의 지붕이 당당히 늘어서 있다. 어느 가을날 오후, 금색의 햇살을 받고 있는 이 조용한 사찰의 모습을 글로 표현해보려고 노력했던 적이 있다. 그러나 내 노력은 항상 실패였다. 지금 내 내면에는 이런 아름다운 광경을 완벽하게 묘사한 시를 발견해낸 것 같은 기쁨으로 가득하다.

그러나 그 매력을 만들어낸 것은 과연 무엇인가? 아름다운 담도 그저 색깔을 입힌 흙에 불과하고 문이나 사찰 역시 목재의 골조에 지나지 않는다. 나무, 정원의 돌, 연꽃 등은 정원의 일부일 뿐이다. 견실하고 영속적인 것은 아무것도 없다. 선과 색과 그림자의 조합은 너무 아름다워서 언어로서는 도저히 표현이 불가능할 정도다. 담이 레몬색의 대리석으로, 기와가 수정으로 바뀐다고 해도 이러한 예술적인 분위기를 만들어내지는 못할 것이다. 건축물과 풍경을 아름답게 만드는 것은 구름이다.

그러나 비싸고 안정적인 것, '견고한 현실'과 아름다움을 관련짓는 사람들에게 이 나라의 미를 발견하라고 강요하는 것은 어불성설이다. 이 나라를 '해가 뜨는 순간의 나라'라고 말한 것도 무리는 아니다. 해가 뜰 때가 바로 환상이 숨쉬는 순간이니까. 봄이나 여름날의 아침, 해가 떠오를 시각에 아침 안개에 뒤덮인 일본의 산과 마을, 해변 마을만큼 아름다운 것은 없다. 그렇지만 현실적인 사람의 눈에는 그 매력 역시 안개와 함께 사라져버린다. 그런 햇살 아래서 온갖 부귀영화의 대상은 보이지 않는다. 그저 그의 눈에는 목조 주택의 초가지붕과 기묘한 모양의 조그만 배만이 보일 뿐이다.

일본 이외의 어느 나라에서도 인생을 아름답게 만드는 방법은 이와 비슷할 것이다. 사람과 자연을 기쁨으로 바라보기 위해서는 주관적이든 객관적이든 대상을 환상적으로 바라볼 필요가 있다. 대상은 우리 내부에 존재하는 도덕적인 상황에 따라 다르게 보인다. 그렇지만 그럼에도 현실과 비현실이라는 두 대상은 모두 환상을 토대로 한다. 저속한 것과 귀중한 것은 모두 환상인 것이다. 탄생해서부터 죽을 때까지 평범한 것을 금으로 바꾸는 민족. 일본인은 정말 행복한 민족이다.

09

규슈의 학생들과

관립(官立) 칼리지라고 불러도 좋을 구마모토 제5고등중학교 학생들을 소년이라고 부를 수는 없다. 학생들의 연령은 최연소 학급이라고 해도 평균 18세이고 최고령 학급은 평균하여 25세의 범위까지 확대된다. 아무리 학업성적이 우수하다고 해도 23세 이전에 제국대학에 입학하는 것은 무리다. 대학에 들어가기 위해서는 우선 한문을 습득하고, 더욱이 영어와 독일어, 아니면 영어와 프랑스어를 어느 정도 말할 수 있어야 하기 때문이다. 그렇기 때문에 고등중학교의 학생은 모국어인 일본어를 우아한 고문(古文)까지 공부해야 하는 것 이외에도 3개 국어를 공부하지 않으면 안 된다. 이것은 굉장히 부담스러운 일이다. 한문 한 가지를 공부하는 것만으로도 유럽의 여섯 개 언어를 학습하는 것에 필적할 정도이기 때문이다.

구마모토 고등중학교의 학생들에게서 받은 인상은 이즈모에서 중학생들을 처음 만났던 순간과는 상당히 차이가 있었다. 이는 구마모토의 학생들이 일본의 보통 학생과는 달리 근엄한 어른이라는 사실만으로는 설명할 수 없다. 구마모토 고등중학교 학생들은 규슈인의 전형적인 특징을 보여준다. 규슈는 이전에도 그러했지만 지금도 일본에서 매우 보수적인 지역이며 구마모토라는 도시는 이런 규슈를 대표하는 중심지이다. 그러나 규슈의 보수주의는 합리적이기도 하고 실제적이기도 하다. 규슈는 다른 지역보다 철도를 부설하는 데 뒤지지 않았다. 농업기술을 개량하는 데도 힘을 쏟았다. 과학기술을 응용하는 데도 노력했다. 그러나 규슈는 일본에서 서양의 풍속이나 습관을 모방하려고 하지 않은 가장 대표적인 지역이다. 일본의 무사도 정신은 이 지역에서 아직 힘을 발휘하고 있다. 그리고 '규슈혼(魂)'이 수백 년 동안 이들의 내면을 지배해왔다. 의복이나 여타의 분야에서 사치를 금지하는 규율이 엄격히 적용되었다. 이런 규율이 유명무실해진 지 거의 한 세대가 지났지만 규율의 영향은 여전히 남아 있다. 사람들은 소박한 차림이며 풍속 또한 소박하다. 더욱이 구마모토 사람들은 다른 지역에서는 이미 사라진 습관을 지금도 유지하고 있다. 그들의 말투나 행동은 진실하다. 외국인의 입장에서 이들의 모습을 정확하게 설명하기란 어렵지만 교육받은 일본인의 눈에는 확실히 그런 면이 보인다고 한다. 그리고 이 지역에는 가토 기요마사가 쌓은 거대한 성이 남아 있다. 이 때문인지 구마모토의 국민정신은 도쿄의 그것보다 강하다고 한다. 이는 충군애국(忠君愛國)의 정신을 말한다. 지금 구마모토 성에는 1개 사단이 주둔하고 있다. 구마모토 사람들은 이를 자랑으로 여긴다. 하지만 달리 말하면 이런 것 이외에는 자랑할 만한 것이 전혀 없다는 것이기도 하다.

구마모토에는 그리 유명한 곳이 없다. 기묘한 정취를 발산하는 오솔길도 없고 큰 사찰도 없으며 멋진 정원도 남아 있지 않다. 메이지 10년의 내전[1]

---

1 메이지 10년의 내전: 1877년에 가고시마(鹿兒島)의 사족인 사이고 다카모리(西鄕隆盛)가 일으킨

때에 불에 탄 이곳은 아직 그저 황무지라는 인상을 줄 뿐이다. 찾아갈 만한 명승지도 없다. 시내에도 이렇다 할 명소가 없다. 유적도 없다. 즐거움도 없다. 이런 상태가 오히려 학교에는 상당한 장점으로 작용한다. 학교에 기숙하는 학생들은 근처에 유해시설이 존재하지 않기 때문에 학업에 매진할 수 있다. 그러나 멀리 도쿄에 사는 부자들은 이 이외에 다른 이유에서 이곳으로 아이들을 보낸다. 이는 젊은이들에게 '규슈혼'이라는 기풍을 불어넣어 주기 위해서다. 구마모토의 학생들은 규슈혼을 갖고 있다는 점에서 일본에서 가장 특색 있는 존재다. 그러나 나는 이 규슈혼에 대해 제대로 배운 적이 없다. 규슈혼이란 옛날 규슈의 사무라이들이 어떤 정신을 갖고 살았는가와 밀접한 관련이 있을 것이다. 어쨌든 도쿄나 교토에서 이곳으로 온 학생들은 자신이 살아온 환경과 완전히 다른 상황에 맞닥뜨리지 않으면 안 되었을 것이다.

구마모토의 젊은이들은 - 가고시마의 젊은이도 마찬가지지만 - 군사훈련을 받기 위해 군복을 입어야 하는 특별한 상황을 제외하고는 옛날 사무라이 복장을 고집한다. 사무라이 복장은 검도를 할 때에 입는 옷과 비슷한 것으로 길이가 무릎 아래에 이를 정도로 짧다. 거기다 짚신이나 나막신을 신는다. 옷감은 아주 싸고 조잡해 보이며 색깔은 세련되지 못한 편이다. 아주 추운 날이거나 장거리 행군을 하는 경우가 아니면 버선은 거의 신지 않는다. 행군할 때에 일본식 버선을 신는 이유는 나막신이 미끄러지는 것을 방지하기 위해서다. 젊은이들은 강건한 성향을 키우려고 노력한다. 그들은 어떤 놀랄 만한 상황 아래서도 흔들리지 않는 자신을 유지하려고 노력한다. 그러나 이런 자기관리 능력을 유지하기 위해서는 철저한 노력이 필요하다. 그런 젊은이 몇 명을

반정부 내란. 세이난 전쟁(西南戰爭)이라고 부른다. 반란군은 구마모토 성을 포위했으나 정부군에게 진압되고 지도부는 대부분 자결했다. 이 당시 구마모토 성을 비롯하여 시내가 불에 탔다.-역주

알고 있는데 그들은 비교적 유복한 가정에서 태어났음에도 스스로의 목표를 위해 자신을 아주 절박한 상황에 빠뜨리기도 했다. 아마 이런 젊은이의 대다수는 자신의 고매한 이상을 버리기보다는 오히려 목숨을 버리는 쪽을 선택할 것이다. 나라의 위기가 다가오면 이 젊은이 400명은 즉각 강건한 병사들로 변모할 것이다. 학생들은 과묵하고 감정을 드러내지 않아 그들을 이해하기는 쉽지 않았다.

이처럼 미소짓지 않는 학생들의 내면에는 도대체 어떤 감정과 사상이 숨어 있는가를 조사하려고 오랫동안 노력했다. 그러나 그들의 내면을 들여다보는 것은 거의 불가능에 가까웠다.

일본인 교사들은 공무원이라고 불러도 좋을 사람들인데 학생들과 특별히 친숙한 관계를 맺으려고 하지 않았다. 이즈모의 중학교에서 학생들과 맺었던 사랑이 넘치는 사제관계를 이곳에서는 기대할 수 없었다. 교사와 학생의 관계는 교실에서 시작되고 끝나는 듯했다. 그러나 이런 생각이 나의 잘못이었음을 나중에 깨달았다. 그래도 사제관계는 자연적이라기보다는 의례적인 수준임이 분명했다. 이즈모와는 본질적으로 달랐다. '신들의 나라의 수도'에서 경험했던 추억은 마쓰에를 떠난 이후에도 선명하게 남아 있다.

그러나 나는 나중에 그들의 근엄한 외모 속에 섬세한 내면이 살아 숨쉬고 있다는 사실을 알았다. 그들은 정서적인 면에서 다양한 개성을 가지고 있었다. 이런 사실을 알게 된 순간은 과제물로 준 영작문을 읽었을 때였다. 학생들의 영작문을 통해 나는 놀랄 만한 사실을 알았다. 그들의 영작문을 보고 즐거웠던 이유는 그 글들에 허위가 전혀 없었기 때문이다. 그들은 자신이 느끼는 문제를 있는 그대로 드러냈다. 가정, 부모에 대한 효도, 소년 시절의 행복한 체험, 우정, 방학 중에 생각지도 않게 일어난 사건 등을 아무런 가감 없이 썼기 때문에 나는 이 글들이 아름답다고 생각했다. 그런 체험을 몇 번이나 되풀이하면서 나는 왜 처음부터 이런 선택을 하지 않았나 후회했다. 매주 학생들이 제출한 영작문 중에서 가장 훌륭한 몇 점을 골라 교실에서 낭독하고 그 자리에서 영작문을 정정해주었다. 나머지는 집에서 교정했다. 특히 좋은 영작문은 큰 소리로 낭독하고 학급 전체를 위해 비평할 만한 문장도 골라서 설명해주었다. 왜냐하면 학생들의 작문 속에는 아주 진지한 내면을 드러낸 것도 있었기 때문이다. 예를 들면 다음과 같은 것이다.

영작문에 'What do men remember longest?(사람들은 무엇을 가장 오래 기억할까?)'라는 제목을 부여했다. 한 학생은 "우리는 행복했던 시간을 다른 경험보다 오래 기억한다. 왜냐하면 불쾌한 것이나 고통스러운 것을 잊어버리고 싶은 것이 이성적 존재의 기본이기 때문이다"라고 대답했다. 이 밖에도 몇 편의 글에서 아주 날카로운 심리적 통찰을 발견할 수 있었다. 그러나 나는 가슴 아픈 사건이 제일 기억에 남는다는 단순하고 솔직한 글이 가장 좋았다. 이 학생의 글은 고칠 데가 한 곳도 없을 정도였다.

인간은 무엇을 가장 오래 기억할까? 인간은 괴로운 순간에 보고 들은 것을 가장 오래 기억한다고 생각한다. 고작 네 살이었을 때 나는 소중한 어머니를 잃었다. 그날은 바람이 처마 자락에 세차게 불어닥치던 겨울날이었다. 나뭇가지에는 이미 이파리가 붙어 있지 않았다. 멀리서 메추라기의 서글픈 울음소리가 들려왔다. 나는 당시 내가 했던 행동을 지금도 기억한다. 어머니가 병상에 누워 계실 때, 사실 어머니가 돌아가시기 조금 전이었는데 나는 어머니에게 단 밀감을 드렸다. 어머니는 방긋 웃으며 밀감을 받으시고 그 자리에서 드셨다. 그게 바로 어머니가 마지막으로 웃으신 얼굴이었다…….

어머니가 돌아가신 뒤로부터 16년이 지났다. 그러나 그 16년의 세월이 내게는 아주 짧게 느껴진다. 지금은 겨울이다. 어머니가 돌아가시던 날에 불었던 바람이 지금도 거세게 불어온다. 메추라기도 그때처럼 울어댄다. 만물은 그때와 다름없다. 그렇지만 어머니는 돌아가셨다. 그리고 두 번 다시 어머니는 내 곁으로 돌아오지 않으셨다.

다음 작문도 같은 질문에 대한 답으로 쓴 글이다.

내 생애에서 가장 큰 슬픔은 아버지의 죽음이다. 내가 일곱 살 때였다. 그날 하루 종일 아버지가 병고에 시달리신 것을 지금도 기억한다. 나는 장난감을 정리하고 조용히 앉아 있으려고 노력했다. 그날 아침 나는 아버지의 모습을 보지 못했다. 하루가 매우 길었다고 기억한다. 마침내 나는 아버지 방으로 몰래 숨어들었다. 그리고 아버지의 뺨에 입술을 대고 속삭였다. "아버지! 아버지!" 아버지는 아무 말도 하지 않으셨다. 숙부가 방으로 들어와 나를 안고 밖으로 나갔다. 그러나 숙부는 아무 말도 하지 않으셨다. 그 순간 나는 아버지가 돌아가시지나 않을까 하는 생각이 들어 갑자기 두려워졌다. 왜냐하면 아버지의 뺨 주위가 차가웠기 때문이다. 여동생이 죽었을 때도 뺨이 차가웠다. 저녁이 되자 이웃 사람들이 우리 집에 오더니 내 머리를 쓰다듬어 주었기 때문에 난 우쭐해졌다. 그렇지만 그날 밤 아버지는 어딘가로 실려가버렸다. 그 후 나는 두 번 다시 아버지를 볼 수 없었다.

*

앞에서 예로 든 작문을 접하다 보면 일본 중고등학교 학생의 영작문의 특성은 평범한 문체를 구사하는 점이라고 생각하는 사람이 있을지도 모르겠다. 그러나 실제로는 이와 반대다. 학생들은 일반적으로 좀 과장된 언어를 쓰고 싶어한다. 그들은 짧고 평범한 문장보다는 길고 복잡한 문장을 좋아한다. 그들에게 이런 경향이 나타나는 이유로 몇 가지 – 그중 하나는 그들이 아주 기이한 영어교재를 쓰고 있다는 점이다 – 가 거론되어왔다. 아마도 이를 설명하기 위해서는 바질 홀 체임벌린 교수가 언어학적 견지에서 설명한 구절을 예로 드는 것이 좋을 것이다. 그러나 이런 경향은 부분적으로 다음과 같은 사실이 밑바탕에 깔려 있기 때문이다. 영어 표현에는 관용구나 숙어 등이 있는데 일본인은 이를 이해하기 힘들어한다. 학생들은 영어의 관용구를 수수께끼처럼 생각한다. 영어의 관용구나 숙어의 배후에 존재하는 사고방식이 그들의 생각과는 상당히 다르기 때문이다. 이런 일본인의 사고방식을 이해하기 위해서는 일본인의 심리에 대해 얼마간의 지식이 있어야 한다. 일본 학생들은 평범한 관용구조차 사용하지 않으려고 했다. 그들은 본능적으로 자신의 취향에 걸맞은 표현을 쓰려고 했다.

나는 학생들의 이런 경향을 고쳐보려고 다양한 노력을 기울였다. 때로는 학급의 모든 학생을 위해 잘 알려진 이야기를 단순한 문장이나 1음절 단어로 써보기도 했다. 또 경우에 따라서는 특이한 테마를 주어 학생들이 그에 관해 써보도록 지도하기도 했다. 물론 나의 목적은 매번 달성되지 않았으나 그러한 테마 중의 하나로 진행된 '학교에서의 첫날'에 대해 학생들은 대단한 호응을 보였다. 이 글들은 문체의 문제와는 별개로 학생들이 진실한 감정을 토로했다는 측면에서 흥미를 끌었다. 다소 잘라내거나 정정하기도 했으나 내가 고른 이 글들은 원시적인 매력으로 가득하다. 이런 영작문이 어린아이가 쓴 글이 아니라는 사실을 생각해보면 특히 그렇다. 나는 다음의 글들을 최고의 작품으로 생각한다.

나는 여덟 살이 될 때까지 학교에 가지 못했다. 내 놀이 친구들은 모두 학교에 갔기 때문에 나는 아버지에게 학교에 보내달라고 몇 번이나 부탁을 드렸다. 그러나 아버지는 내 몸이 약하다면서 학교에 보내주지 않으셨다. 그래서 집에서 형과 놀았다. 학교에 가는 첫날, 형은 나를 교실까지 데려가주었다. 선생님은 무언가 말씀하시더니 내게 긴 의자에 앉아 있으라고 명령하셨다. 형은 나를 그 상태로 남겨둔 채 가버렸다. 아무 말도 하지 않고 의자에 앉아 있을 때 슬펐다. 나와 놀아주던 형의 모습은 보이지 않았다. 주위에는 알지 못하는 남자아이들뿐이었다. 종이 세 번 울렸다. 선생님이 교실로 들어오셔서 공책을 꺼내라고 말씀하셨다. 그리고 칠판에 글자 한 자를 쓰시더니 학생들에게 그걸 그대로 써보라고 하셨다. 그날 선생님은 글자 두 개를 쓰는 방법을 알려주시고 훌륭한 소년이 어떤 사람인지에 관해 말씀하셨다. 집에 돌아가 어머니 옆에 앉아 그날 선생님이 알려주신 것을 말씀드렸다. 아아! 얼마나 행복했던지……. 난 그날의 감격을 지금 말로 표현할 수 없다. 글로 적을 수도 없다. 그저 지금 말할 수 있는 것은 당시 선생님은 아버지보다도, 아니 그 다른 누구보다도 학문적으로 뛰어났고 세상에서 가장 무섭지만 친절한 분이었다는 사실이다.

다음에 예로 든 작문에도 선생님에 대한 상당히 호의가 드러나 있다.

선생님이(교장 선생님이었다고 생각한다) 나를 불러 훌륭한 학생이 되어야 한다고 말씀하셨다. 그리고 나서 난 누군가의 손을 잡고 학생 40~50명이 있는 교실로 갔다. 친구들이 있다는 생각을 하니 한편으로는 두렵고 다른 한편으로는 즐거웠다. 모든 학생이 나를 주시했다. 처음에는 친구들에게 말을 걸기가 좀 불편했지만 이내 익숙해졌다. 잠시 후에 난 아이들과 자유롭게 어울릴 수 있었다. 그리고 아이들 역시 내가 그들과 즐겁게 놀고 있다는 사실을 아무렇지도 않게 받아들였다.

먼저 예로 든 작문 두 편은 신교육 제도 아래서 처음으로 학교에 갔던 학생들이 쓴 것이다. 신교육 제도하의 교사들은 학생을 부드럽게 대해야 했다. 그러나 그 이전 시대의 교사들은 학생에게 친절하지는 않은 듯했다. 다음에 예로 든 작문 세 편은 앞서 소개한 작문을 쓴 학생들보다 나이가 많은 학생들이 쓴 것으로 그들은 아주 다른 경험을 한 것 같다.

메이지 이전에는 지금처럼 공립학교가 존재하지 않았다. 그러나 어느 지방이건 사무라이의 자제들이 가입하는 일종의 학생 조직이 있었다. 이 조직에는 사무라이의 자제만 들어갈 수 있었다. 이 조직은 각 번의 다이묘의 관할하에 있었고 학생들을 감독하는 대표자는 번주가 임명했다. 사무라이의 주요한 학문은 한문이었다. 현 정부의 각료의 대부분은 이와 같은 번의 직영 조직에서 공부한 사람들이다. 평민은 아들과 딸을 '데라코야(寺子屋, 서당 - 역자)'라고 부르는 학교에 보냈다. 이는 현재의 초등학교에 해당하는 곳인데 교사 한 명이 모든 교과를 가르쳤다. 교과의 내용은 읽고 쓰기, 주판 정도이고 수신(修身)이 추가되었다. 그곳에서는 보통 편지를 쓰는 등 아주 쉬운 문장을 연습했다.
나는 사무라이의 자식이 아니었기 때문에 여덟 살이 되자 데라코야에 다니게 되었다. 처음에는 이런 곳에 다니고 싶지 않았다. 그러자 매일 아침 할아버지가 몽둥이로 나를 때려 어쩔 수 없이 가게 되었다. 그곳은 규율이 매우 엄격해 선생님의 말을 듣지 않는 아이는 대나무 회초리로 심하게 맞았다. 데라코야는 이런 체벌을 견디지 못하면 다닐 수 없는 곳이었다. 그로부터 1년 후 이곳저곳에 공립학교가 생겨났다. 나도 공립학교에 들어갔다.

커다란 문, 멋진 건물, 넓고 음산한 분위기의 교실에 빼곡히 들어찬 긴 의자. 이런 모습이 우선 떠오른다. 선생님은 매우 위엄 있게 보였다. 난 그런 얼굴을 좋아하지 않았다. 교실의 긴 의자에 앉은 내 마음에는 증오심이 일어났다. 선생님들은 모두 불친절했다. 주변의 아이들 중에서 아는 아이가 한 명도 없었다. 아무도 내게 말을 걸어오지 않았다. 선생님은 칠판 앞에 서서 학생들의 이름을 부르기 시작했다. 손에는 몽둥이가 들려 있었다. 내 이름이 불렸다. 난 대답하지 못하고 그만 큰 소리로 울어버렸다. 선생님은 내게 당장 집에 돌아가라고 말씀하셨다. 이것이 내가 체험한 학교의 첫날이었다.

일곱 살이 되었을 때 나는 고향의 초등학교에 입학했다. 아버지는 내게 연필 두세 자루와 공책 몇 권을 구해주셨다. 난 너무 좋아 내가 할 수 있는 한 최선의 노력을 하겠다고 맹세했다. 그렇지만 학교에서의 첫날은 정말 불쾌했다. 학교에 가보니 내가 아는 아이는 한 명도 없었다. 친구도 한 명 없이 난 그저 외톨이였다. 교실에 들어가니 손에 몽둥이를 든 선생님이 큰 목소리로 날 불렀다. 난 너무 놀라 그만 엉엉 울어버렸다. 아이들은 웃으며 날 바보 취급했다. 선생님은 그런 아이들을 꾸짖고 그중에 한 아이를 몽둥이로 때리셨다. 그리고 내게 물으셨다.
"나를 무서워하지 않아도 돼. 네 이름이 뭐지?" 나는 콧물을 훌쩍이면서 이름을 말했다. 난 그때 '학교란 참으로 싫은 곳이다. 마음껏 울지도 웃지도 못하는 곳이다'라고 생각했다. 당장 집에 돌아가고 싶었다. 내 마음대로 집에 돌아가지 못할 것이라는 사실을 알고 있었지만 수업이 전부 끝날 때까지 학교에 남아 있기는 정말 힘들었다. 집에 돌아온 나는 아버지에게 "학교 같은 곳에는 정말 가고 싶지 않다"고 말씀드렸다.

다음의 추억이 메이지 시대 이후의 내용이라는 건 말할 필요도 없다. 이 글에서는 상당한 개성이 느껴진다. 여섯 살에 불과한 아이는 스스로 새로운 상황에 적응하려는 의지를 보여준다. 또 어린 누이가 자신의 버선을 벗어 어린 남동생에게 신겨주는 추억 역시 아름답다.

나는 여섯 살이었다. 어머니가 아침 일찍 나를 깨우셨다. 누나는 내게 자신이 신고 있던 버선을 벗어주겠다고 말했다. 난 정말 기뻤다. 아버지는 집안의 하인을 불러 내가 학교에 가는 데 동행하라고 명령했다. 나는 하인은 필요 없다고 거절했다. 나 혼자 갈 수 있다고 생각했다. 그래서 혼자서 집을 나섰다. 학교는 집에서 그다지 멀지 않았기 때문에 곧 교문 앞에 도착했다. 나는 한동안 그곳에 서 있었다. 학교로 들어가는 아이들 중에서 얼굴을 아는 아이는 한 명도 없었기 때문이다. 남자아이나 여자아이들 모두가 친척이나 하인의 손을 잡고 교정 안으로 들어갔다. 학교 안에서는 많은 아이들이 놀고 있었다. 왠지 부러웠다. 그런데 그중의 한 아이가 나를 보더니 웃으면서 달려왔다. 그래서 기분이 좋아졌다. 그 아이의 손을 잡고 이곳저곳을 돌아다녔다. 마침내 선생님이 오셔서 교실로 들어가라고 말씀하셨다. 선생님이 무슨 말씀을 하셨지만 너무 어려워 알아들을 수 없었다. 그리고 해산이었다. 학교에 간 첫날이었기 때문에 일정은 그것으로 끝이었다. 친구와 함께 집에 돌아가니 부모님은 과일과 과자를 준비하고 내가 돌아오기를 기다리고 계셨다. 친구와 나는 함께 그걸 먹었다.

다른 학생은 이렇게 썼다.

처음 학교에 간 것은 여섯 살 때였다. 할아버지가 나를 위해 교과서와 연필을 갖다주셨다는 것, 선생님과 동급생이 내게 정말 친절하게 대해주었다는 것 이외에는 아무것도 기억나지 않는다. 그래서 학교는 이 세상에서 최고의 낙원이라고 생각했다. 집에 돌아가고 싶지 않았다.

다음 작품은 후회의 감정을 순수하게 쓴 글이어서 가치가 있다.

내가 처음 학교에 간 것은 여덟 살 때였다. 나는 악동이었다. 학교에서 돌아오는 길에 나보다 나이 어린 친구와 싸웠던 것이 지금도 기억난다. 상대가 조그만 돌을 집어 던졌는데 그게 내 몸에 맞았다. 나는 길가에 떨어진 나뭇가지를 집어 들어 상대의 얼굴을 때렸다. 그리고 길 한가운데에서 울고 있는 친구를 버리고 도망쳐버렸다. 내가 무슨 일을 저질렀는지 충분히 알고 있었다. 집에 돌아와서도 친구의 울음소리가 들려오는 듯했다. 나의 어린 친구는 지금 이 세상에 없다. 누가 나의 이런 기분을 알아줄까?

마치 어린 시절로 되돌아간 듯 자연스럽게 그 시절을 회상하는 일본 젊은이들의 능력이 내게는 놀라웠다. 서양인은 자신의 어린 시절에 대해 이 정도로 생생하게 기억하지 못한다. 일본인의 소년기는 다른 나라에 비해 행복한 듯하다. 그렇기 때문에 어른이 되었을 때 어린 시절을 동경할 수 있는 것이 아닐까? 방학 중에 겪은 일을 기록한 다음 글은 그런 동경을 말해주는 것 같아 가슴을 울린다.

이번 봄방학에 부모님을 뵈러 집에 돌아갔다. 이제 방학도 끝나가고 고등중학교에 돌아갈 시간이 다가오고 있었다. 나는 고향의 중학교 학생들이 구마모토로 소풍을 간다는 말을 듣고 동행하기로 결심했다. 중학생들은 총을 들고 정렬하여 행진했다. 나는 총이 없었기 때문에 대열의 맨 뒤쪽에서 따라갔다. 하루 종일 행진하고 일제히 군가를 부르면서 보조를 맞추었다. 저녁 무렵 소에다(添田)에 도착했다. 소에다의 학교 교사와 학생들 그리고 지역의 유지들이 우리를 맞아주었다. 우리는 분대별로 나누어 숙박을 했다. 나는 마지막 분대와 함께 숙소로 들어가 그곳에서 밤을 보내기로 했다. 그러나 좀처럼 잠이 오지 않았다. 5년 전 나는 이번과 비슷한 '행군(行軍)'을 하면서 이 숙소에서 같은 중학교 학생들과 머물렀다. 당시 느꼈던 피로감과 유쾌함이 지금도 기억난다. 나는 지금 내 기분과 중학교 시절의 기분을 비교해보았다. 오늘 동행한 중학생들처럼 다시 한 번 어려지고 싶었다. 소년들은 긴 행군에 지쳤는지 깊게 잠들어 있었다. 나는 자리에서 일어나 그들의 얼굴을 바라보았다. 잠든 소년들의 얼굴은 참으로 아름다웠다.

*

위에서 예로 든 것들이 학생들의 일반적인 영작문은 아니다. 이는 다만 특별한 감정을 구체적으로 표현한 것을 고른 것에 불과하다. 좀 더 심각한 주제를 제시하면 다양한 대답이 들려왔다. 이는 모두 독자성이 있는 좋은 글이었다. 그러나 그 모든 영작문을 이곳에 예로 들기에는 지면이 부족하다. 그래서 나는 내가 노트에 기록해놓은 사항을 예로 들어볼까 한다. 이 속에서 여러분은 많은 암시를 받을 것이다.

메이지 26년(1893년) 여름에 '문학에서 영원이란 무엇인가?'라는 주제로 영작문 시험을 치렀다. 이 주제는 수업 중에 다룬 적이 없었고 학생들의 서양사상에 관한 지식을 고려해보았을 때 새로운 주제였다. 나는 아주 독창적인 답안이 나오리라고 내심 기대했다. 학생들의 답안은 대부분 매우 재미있었다. 그 예로 스무 개의 답안을 골라 핵심을 소개해보겠다.

① 진리와 영원은 같은 것이다. 진리와 영원은 완전한 원형 위에 존재하며 한어(漢語)로 '원만(圓滿)'이라고 한다.

② 인간의 생활과 행동 중에서 우주의 질서에 따르는 모든 것.

③ 애국자의 목숨. 격언을 이 세상에 남긴 사람들의 교훈.

④ 효행과 효행의 가르침을 역설한 스승들의 가르침. 공자의 책은 불에 탔지만 분서(焚書)는 성공하지 못했다. 공자의 가르침은 문명세계의 다양한 언어로 번역되고 있다.

⑤ 윤리와 과학적 진리.

⑥ 중국의 현자(賢者)는 선악이 모두 불멸이라고 말한다. 우리는 선(善)만을 추구해야 한다.

⑦ 선조의 위대한 사상.

⑧ 수억 년, 수조 년 묵은 진리가 진정한 진리다.

⑨ 다양한 윤리의 통합을 목적으로 하는 관념.

⑩ 우주의 여러 현상을 정확히 설명하는 책.

⑪ 양심만이 불변이다. 그러므로 양심에 기초해 쓴 책은 영원하다.

⑫ 고귀한 행동의 이유. 이런 이유는 시대의 흐름에 상관없이 불변한다.

⑬ 최대다수에게 최대행복을 가져다주는 가장 좋은 도덕적 수단에 관해 쓴 책.

⑭ 5경(중국의 다섯 가지 고전).

⑮ 중국의 성전. 불교의 성전.

⑯ 인간이 걸어야 할 길을 가르쳐주는 모든 것.

⑰ 나라에 충성을 맹세한 구스노키 마사시게의 말.

⑱ 도덕적 감정. 이것이 없으면 세계는 거대한 흙덩이에 불과하다.

⑲ 노자 『도덕경』.

⑳ ⑲와 같은 내용이지만 의견이 붙어 있다. "영원을 읽는 사람의 혼은 영원히 우주를 방랑하게 될 것이다."

학생들의 생각에는 동양적인 감정이 잘 드러나 있었다. 그리고 내가 교실에서 학생들에게 해준 이야기가 바탕에 깔려 있었다. 이에 관해 학생들의 의견을 문장이나 말로 직접 표현하도록 했다. 그 결과는 나중에 말하겠다. 이런 논의가 이뤄질 수 있는 단계에 도달하기까지 상급반의 학생들에게 여러 이야기를 들려주었다. 특히 그리스 신화를 굉장한 많이 들려주었다. 그중에서 오이디푸스와 스핑크스는 그 속에 감추어진 도덕문제 때문인지 학생들의 취향에 맞는 듯했다. 그러나 오르페우스 이야기는 일본 학생들의 흥미를 전혀 끌지 못했다. 나는 서양 근대의 유명한 이야기들을 들려주었다. 『라파티니의 아가씨』는 학생들에게 굉장히 인기가 있었다. 너대니얼 호손(Nathaniel Hawthorne)[2]의 영혼은 일본 학생들이 자신의 작품에 대해 해석해놓은 내용을 듣는다면 기뻐했을 것이다. 『모노스와 다이모노스』 역시 평판이 좋았다. 에드거 앨런 포(Edgar Allan Poe)[3]의 굉장한 단편인 「침묵」은 생각지도 않았던 평가를 받았기 때문에 놀랐다. 이에 반해 『프랑켄슈타인(Frankenstein)』[4]은 학생들에게 그다

---

2 너대니얼 호손(1804~1864): 미국의 소설가. 우의적·상징적인 기법으로 유명하다. 대표작으로 『주홍글씨(The Scarlet Letter)』(1850), 『일곱 박공의 집(The House of the Seven Gables)』(1851)이 있다.-역주
3 에드거 앨런 포(1809~1849): 미국의 시인이자 단편 소설가. 미국 낭만주의 문학을 대표한다. 괴기소설과 시로 유명하며 고딕소설·추리소설·범죄소설의 선구자적 인물이기도 하다.-역주
4 『프랑켄슈타인』(1818): 영국의 여류작가 M. W. 셸리의 괴기소설. 부제는 '근대의 프로메테우스(The Modern Prometheus)'이다. 무생물에 생명을 부여할 수 있는 방법을 알아낸 프랑켄슈타인은 죽은 자의 뼈로 인형을 만들어 생명을 불어넣는다. 이 괴물이 인간 이상의 힘을 발휘하고 프랑켄슈타인의 동생과 신부를 죽인다. 프랑켄슈타인은 증오심과 복수심에 불타올라 북극까지 괴물을 쫓아갔다가 탐험대의 배 안에서 비참하게 죽는다. 괴물은 프랑켄슈타인의 죽음을 확인한 뒤에 스스로 몸을 불태우겠다는 말을 남기고 사라진다.-역주

지 영향을 주지 못했다. 아무도 이 작품을 진지하게 받아들이지 않았다. 서양인에게 『프랑켄슈타인』은 굉장한 공포감을 준다. 이는 헤브라이즘 사회에서 성장한 서양인들이 신의 역할을 우롱하는 『프랑켄슈타인』을 상당히 충격적으로 받아들이기 때문이다. 그러나 기독교관이 없는 동양인의 뇌리에는 신과 인간 사이의 거리감이 없다. 그들은 이런 이야기에 공포감을 갖지 않는다. 왜냐하면 동양인의 관점에 따르면 인간은 자신의 행위에 따라 다양한 보상과 벌을 받는 존재이기 때문이다. 학생들이 쓴 작문의 내용에 의하면 프랑켄슈타인은 그저 골계적인 이야기에 불과했다. 이런 일이 있은 후에 어느 날 학생들은 '가장 서양적이며 도덕적인 이야기'를 해달라고 요구했다. 난 망설였다. 그 순간 - 상당히 위험한 영역에 발을 들여놓는 것임을 알았지만 - 아서 왕의 전설[5]을 들려주고 싶었다. 물론 학생들이 이 이야기를 맹렬하게 비판할 거라고 생각했지만. 이 전설을 듣고 학생들이 어떻게 반응할지 궁금했다.

그래서 나는 토머스 맬러리(Thomas Malory)[6] 경의 『아서 왕의 죽음』[7]에 나오는 이야기를 학생들에게 들려주었다. 보르스 경이 어떻게 붙잡혔으며

---

[5] 아서 왕의 전설: 아서 왕은 6세기경의 전설적 인물로 켈트 민족의 영웅이다. 역사상 실존했을 가능성은 희박하다. 그는 보검(寶劍) 엑스캘리버를 높이 휘두르며 무공을 세워 여러 나라를 공략했다. 조카의 반란을 토벌하다가 치명상을 입은 아서 왕이 아발론 섬으로 갈 때까지의 여정을 다룬 무용·건국담이며 원탁의 기사들의 무훈과 사랑이 펼쳐진다[예를 들어 랜슬롯의 사랑이 등장하고, 그리스도가 최후의 만찬에 사용했다는 성배(聖杯)를 찾는 모험담이 있다].-역주

[6] 토머스 맬러리(1408-1471): 워릭셔 주(州) 출신의 영국 작가. 그가 쓴 『아서 왕의 죽음』(1485)은 총 21권의 대작이다. 당시 전해지던 아서 왕의 전설을 집대성한 것으로 보인다. 간소하고 정연한 문체는 당대 산문의 모범으로 일컬어지며 후세의 여러 작가들에게 큰 영향을 주었다.-역주

[7] 『아서 왕의 죽음』: 랭커스터와 요크 가(家)의 '장미전쟁'에 휘말려 옥살이를 하던 15세기의 기사 맬러리가 켈트 신화와 역사서 등을 종합하여 만든 필생의 역작. 맬러리는 영국을 분열에 빠뜨린 30년 전쟁을 극복할 리더십을 아서 왕 이야기를 통해 찾으려 했다. 서구 영문학의 마르지 않는 원천이 되었을 뿐만 아니라 유럽사를 이해하는 단초를 발견할 수 있다.-역주

어떤 경로를 통해 형을 만났는지, 그런 어려운 경로를 통해 형을 만났음에도 그가 어떤 과정을 통해 형을 버리고 자신의 연인을 구하려고 나서게 되었는지, 그리고 라이오넬의 죽음이 어떤 경로를 통해 두 사람의 귀에 들어갔는지에 대해 학생들이 동양적인 관점에서 무엇인가 말하리라 생각했다. 그래서 나는 이 아름다운 이야기에 대해 서양인이 갖고 있는 기사도적 이상주의는 설명해 주지 않았다.

이즈이 게타로(嚴井敬太郎)가 분연히 말한다.

"기사의 행동은 그리스도교의 원리조차 배반하고 있습니다. 그리스도교에서 주장하는 '모든 사람은 형제'라는 사실이 진실이라면 기사의 행동은 잘못된 것입니다. 기사의 행동은 사회가 존재하지 않는다면 정의가 될 수 있을지도 모릅니다. 그러나 가족을 기본으로 하는 사회가 존재하는 한 가족애(愛)는 그 사회를 지탱하는 힘입니다. 앞에서 선생님이 말씀하신 기사의 행동은 가족애를 근본적으로 흔드는 것입니다. 즉, 사회의 일반적 가치를 허물어뜨리고 있습니다. 기사가 따른 원리는 사회의 가치를 흔드는 문제로 끝나는 것이 아니라 다양한 종교나 국가의 도덕에도 위배되는 것입니다."

오리토(折戶)는 말한다.

"이 이야기는 어떤 각도에서 보아도 비도덕적입니다. 이 이야기는 사랑과 충성에 관한 우리의 관념과 배치됩니다. 인간다운 가치에도 어긋납니다. 충성심은 단순히 의무감이 아닙니다. 그것은 마음에서 우러나오는 것이어야 합니다. 그렇지 않다면 충성심이 아닙니다. 충성심은 선천적인 감정이어야 합니다. 그리고 이런 정서는 일본인의 본성 안에 숨어 있는 가치이기도 합니다.

안도 도시아키(安東俊明)가 말한다.

"이건 정말 두려운 이야기입니다. 박애는 형제애의 연장선상에 존재하는 가치입니다. 자신의 형제를 버리고 다른 여자를 구한 남자는 사악한 인간입니다. 그는 무언가 특이한 감정에 좌우된 것임이 틀림없습니다."

이 대목에서 내가 말했다.

"그렇지 않습니다. 그의 행위에는 이기심이 없었다는 내 설명을 잊었군요. 이 이야기는 영웅주의적인 관점에서 이해해야 합니다."

야스코우치 아사키치(安河內麻吉)는 말한다.

"이 이야기는 종교적인 내용입니다. 우리에게 이 이야기는 기묘하게 비쳐지지만 그건 우리가 서양적인 관념을 이해하지 못하기 때문이라고 생각합니다. 자신의 형제를 버리고 알지도 못하는 여인을 구하는 것은 동양인의 정의감에 정면으로 배치됩니다. 그러나 그 기사가 순수한 마음을 가진 사람이라면 어떤 의무감 때문에 그렇게 행동했을 것입니다. 자신의 신념에 어긋나는데 그런 행동을 할 수는 없기 때문입니다. 그러나 그렇다고 해도 그러한 행동을 할 수밖에 없었던 기사는 고통과 치욕감을 맛보았을 것이 틀림없습니다."

그 대목에서 난 대답했다.

"군의 생각은 옳습니다. 그러나 보르스 경이 따랐던 감정은 지금도 서양에서 용감하고 고귀한 사람들의 귀감이 되고 있다는 점을 생각해야 합니다. 그런 사람들은 상식적인 의미에서 종교적이라고 부를 수 없는 사람들인지는 모르지만요."

이즈이가 말한다.

"그렇지만 그런 감정은 매우 좋지 않은 것이라고 생각합니다. 그것보다는 다른 형식의 이야기를 듣고 싶습니다."

그래서 나는 알케스티스(Alkestis)의 불멸의 이야기를 들려주기로 했다. 그 이야기에 나오는 신성성이 두드러진 헤라클레스의 성격이 학생들에게 특별한 매력을 줄 것이라고 생각했다. 그러나 이 이야기에 대한 학생들의 의견과 비평은 내 예측과 어긋났다. 학생들은 아무도 헤라클레스를 문제로 거론하지 않았다. 서양인이 이상적으로 여기는 목적 달성에 대한 강한 신념, 죽음을 경멸하는 용기는 일본의 젊은이들에게 그다지 깊은 인상을 주지 못했다. 이는 일본인이 이런 영웅적인 면을 특별한 것으로 여기지 않는다는 의미이다. 일본인에게 이런 영웅주의는 당연한 것이며 일본인 남자라면 누구나 지향해야 하는 필요조건이다. 일본의 젊은이는 말할 것이다. 여자는 남자와 달리 특별히 부끄러워할 만한 일이 없다. 그러나 남자는 그렇지 않다. 그런 의미에서 헤라클레스는 동양인의 관심을 끌 만한 대상이 아니다. 일본 신화에서 육체적인 힘을 신격화한 존재는 많다. 그러나 일본인이 진실로 높이 평가하는 사람은 육체적인 힘만이 아니라 기민함이라든지 교묘함을 갖춘 사람이다. 일본 남자 모두가 무사시보 벤케이(武蔵坊弁慶)⁸가 되고 싶어하는 것은 아니다. 오히려 그들은 미나모토 요시쓰네(源義經)⁹가 되고 싶어한다. 일본의 젊은이들의 이상은 바로 미나모토 요시쓰네라는 인물이다.

가메카와 도쿠타로(龜川德太郎)가 말한다.

"알케스티스 이야기 중에서도 아드메토스(Admetos) 이야기는 비겁함과 불충, 부도덕한 내용입니다. 아드메토스는 경멸할 만한 행동을 합니다. 그의 아내는 실제로 고귀하고 덕이 있는 여성입니다. 그처럼 경멸할 만한 인간의 아내로서는 과분할 정도입니다. 아드메토스의 아버지는 자신의 아들을 위해 목숨을 내던질 만한 인물입니다. 그는 아들의 비겁함을 상쇄할 수 있다면 기꺼이 자신의 목숨을 내던질 수 있습니다. 그건 그렇다고 해도 아드메토스의

---

8 무사시보 벤케이(1155~1189): 일본의 무사, 승려. 미나모토 요시쓰네를 주군으로 섬겼으며 초인적으로 헌신하여 일본에서 가장 인기 있는 역사적 인물이 되었다.-역주
9 미나모토 요시쓰네(1159~1189): 일본의 무사. 수많은 전투에서 승리해 이복형 요리토모(賴朝)가 일본의 지배권을 장악하는 데 크게 기여했다. 당대의 역사적 인물 중 크게 인기를 모은 사람으로 그의 영웅적인 업적은 일본인의 마음을 사로잡고 있다.-역주

아랫사람들은 충성심이 형편없습니다. 가신들은 왕이 위험하다는 소식을 듣자마자 궁성으로 달려가야 했습니다. 그리고 왕을 대신해 자신의 목숨을 던질 수 있다고 말해야 했습니다. 왕이 아무리 비겁하고 잔인하다고 해도 그건 가신들의 의무입니다. 그들은 왕의 은혜를 받아 그때까지 살아왔습니다. 그러한 그들이 그런 불충한 행동을 할 수 있는 것입니까? 그처럼 부끄러움을 알지 못하는 사람들이 사는 나라는 멸망해야 합니다. 물론 이야기에 나오는 것처럼 산다는 것은 즐겁습니다. 그 누가 자신의 목숨을 버리려고 하겠습니까. 그러나 의무감이 목숨을 요구할 때 용감하고 충성스러운 자는 자신의 목숨을 생각해서는 안 됩니다."

"그렇지만" 교실에 늦게 들어와 이 토론의 앞부분을 듣지 못한 미조구치 산시(溝口三始)가 말한다.

"아마 아드메토스의 행위는 효행이 동기일 것입니다. 내가 아드메토스라면 나를 위해 죽어줄 사람이 없을 때 아내에게 분명 이렇게 말할 것입니다. '이제 와서 아버지를 혼자 남겨둘 수는 없어. 아버지에게는 나 이외에 다른 아들이 없어. 손자들 역시 아직 어려 아무 소용이 없어. 그래서 날 사랑한다면 내 대신 죽어줘!'라고."

"너는 이 이야기를 제대로 몰라."

야스코우치가 말한다.

"아드메토스의 내면에는 원래부터 효(孝)라는 가치가 존재하지 않았어. 아드메토스는 아버지가 자기 대신 죽어주었으면 하고 바랐던 거야."

이런 말을 듣자 그때까지 아드메토스를 변호했던 미조구치는 놀라서 말한다.

"선생님! 이건 바람직한 이야기가 아닌 듯합니다."

가와부치 구스시게(川淵楠茂)가 단언한다.

"아드메토스는 모든 악의 화신입니다. 죽음을 두려워하는 비겁자에 불과합니다. 가신들에게 자기 대신 죽어달라고 한 폭군입니다. 부친에게 자기 대신 죽어달라고 부탁하는 패륜아입니다. 더욱이 남자인 주제에 자신이 하고 싶지 않은 일을 아내 – 어린아이가 있는 연약한 여자 – 에게 부탁하는 불친절한 남편입니다. 아드메토스보다 비겁한 존재가 이 세상에 있을까요?"

이즈이는 알케스티스를 칭송한다.

"알케스티스는 모든 선(善)의 화신입니다. 여인은 마치 석가처럼 자신의 아이도 포기해버렸습니다. 여인은 아직 젊습니다. 그럼에도 이 얼마나 진실하고 용감한 행동입니까? 알케스티스의 아름다운 얼굴은 봄꽃처럼 사라질지도 모르지만 그녀의 아름다운 행동은 천 년 후에도 기억될 것입니다. 그녀의 영혼은 우주를 떠돌 것입니다. 지금 여인의 모습은 존재하지 않지만 이 형체 없는 여인은 우리에게 귀중한 것을 가르쳐줍니다. 깨끗하고 용감하며 현명한 행동을 한 사람의 영혼은 이 세상에 머물 수 있다는 것을."

하지만 구마모토는 그녀의 행동에 혹독한 판결을 내린다.

"아드메토스의 아내는 그저 남편의 뜻에 순종했을 따름입니다. 그렇다고 그녀에게 잘못이 없는 것은 아닙니다. 죽기 전에 그녀는 남편의 어리석음을 준엄하게 꾸짖어야 했습니다. 그러나 그녀는 이런 의무를 수행하지 않았습니다. 적어도 선생님의 말을 통해 내가 느낀 것은 바로 이런 점입니다."

자이쓰(財津)는 말한다.

"서양인들이 이 이야기를 미담이라고 생각하는 이유를 우리는 전혀 이해할 수 없습니다. 이 이야기 속에는 우리를 화나게 하는 내용이 매우 많습니다. 이런 이야기를 들으면 우리 중의 누군가는 자신의 부모님을 생각하게 될 것입니다. 메이지 유신 후 한동안 굉장히 어려운 시기가 계속되었습니다. 아마도 부모님은 자주 굶으셨을 것입니다. 그런 상황에서도 우리는 항상 마음껏 먹을 수 있었습니다. 생활비가 상당히 부족했을 것입니다. 그래도 우리는 교육을 받았습니다. 우리의 교육비는 부모님에게 얼마나 부담이 되었을까요. 우리를 키우기 위해 부모님은 얼마나 고생을 하셨을까요. 부모님은 자식에게 얼마나 많은 애정을 쏟으셨을까요. 그럼에도 바보 같은 자식들은 부모님의 속을 얼마나 썩였을까요. 이런 것을 생각하면 우리는 부모님에게 아무리 효도한다고 해도 그 은혜를 다 갚을 수 없을 것입니다. 그렇기 때문에 난 아드메토스 이야기가 싫습니다."

쉬는 시간을 알리는 나팔이 울렸다. 나는 행진이 벌어지는 운동장으로 나가 담배 한 대를 피워 물었다. 잠시 후에 총과 총검을 몸에 장착한 학생들이 내 주위로 몰려들었다. 다음이 군사훈련 시간이었기 때문이다. 그중의 한 학생이 말했다.

"선생님! 다음 영작문에는 어려운 테마가 좋을 것 같습니다."

난 학생들에게 이런 제안을 했다.

"'이해하기 가장 어려운 것'은 어떨까요?"

가와부치가 대답했다.

"그에 대해 말씀드리는 것은 어렵지 않습니다. 바로 영어 전치사 사용법입니다."

나는 그의 말에 일단 가볍게 대응했다.

"일본인 학생이 영어를 배울 때에는 물론 그렇지만."

나는 내 속마음을 말했다.

"그러나 내가 말하고 싶은 것은 그런 종류의 어려움이 아닙니다. 인간이 이해하기 가장 어려운 것에 관해 여러분이 품고 있는 생각을 알고 싶은 겁니다."

"우주일까요?"

야스코우치가 대답했다.

"그건 주제가 너무 방대해."

오리토가 화제에 끼어든다.

"여섯 살 때 나는 날씨가 좋은 날이면 해변을 돌아다녔지. 그때 해변을 바라보면서 우주의 거대함에 마음을 빼앗겼어. 우리 집은 해변에 있었는데 나중에 나는 우주는 연기처럼 사라지는 것이라고 교육을 받았어."

미야카와 가즈이치로(宮川和一郎)가 입을 열었다.

"가장 이해하기 어려운 문제는 '인간은 왜 살아가야 하는가'야. 태어났을 때부터 아이는 먹고 마시고 웃다가 울지. 밤에는 잠을 자고 아침에는 자리에서 눈을 떠. 학교를 다니고 어른이 되고 결혼하여 아이를 얻어. 나이를 먹고 머리카락은 회색이 되었다가 이내 백발로 변해. 점점 쇠약해지고 이내 죽지. 그의 전 생애은 과연 무엇으로 이뤄진 걸까? 이 세상에서 인간의 일이란 그저 먹고 마시고 잠을 자고 일어나는 게 고작이야. 시민으로서 그의 직업이 무엇이든 매일 그가 일에 매달리는 이유는 이런 일상을 되풀이하기 위해서야.

그렇지만 인간은 도대체 어떤 목적을 완수하기 위해 이 세상에 태어난 것일까? 먹기 위해서? 마시기 위해서? 아니면 잠을 자기 위해서? 인간은 매일 정확하게 같은 행동을 되풀이해. 그런 일에는 권태로움이나 피로감을 느끼지도 않아. 칭찬을 받으면 즐거워하고 질책을 들으면 슬퍼해. 돈이 많으면 행복해하고 가난하면 스스로 불행한 사람이라고 여기지. 왜 인간은 자신이 지금 처한 현실 때문에 즐거워하거나 슬퍼하는 걸까? 행복도 슬픔도 그저 찰나의 감정에 불과해. 왜 우리는 열심히 공부하는 걸까? 아무리 위대한 학자가 되었다고 해도 죽으면 뭐가 남을까? 한 줌의 뼈 외에 뭐가 남는 거지?"

미야카와는 학급에서 가장 활달하고 기지(機智)가 풍부한 학생이다. 그가 명랑한 성격과 사뭇 다른 생각을 하고 있다는 데 상당히 놀랐다. 그러나 이런 우울한 사고방식은 메이지 이후 일본의 젊은이들에게 종종 나타났다가 사라지는 현상이다. 이는 마치 여름날의 구름 그림자처럼 재빨리 나타났다가 사라지곤 한다. 이런 현상은 서양의 젊은이들에게는 나타나지 않는다. 일본인에게 사고(思考)나 감정은 중요한 게 아니다. 그들에게 중요한 것은 의무다. 그렇지만 이런 사고방식은 권장할 만한 것은 아니다.

내가 입을 열었다.

"여러분에게 가장 좋은 주제는 '하늘(空)'입니다. 오늘 같은 날 하늘을 바라보면 마음속에서 어떤 생각이 일어나지요? 자, 얼마나 멋진 하늘이란 말입니까?"

하늘은 정말 푸르렀다. 구름 한 점 없다. 지평선 위에도 구름 한 점 보이지 않는다.

그러자 구마시로(神代)가 하늘을 올려다보며 진지하게 말한다.

"저 하늘이야말로 고매한 사상과 넓은 마음의 상징이다."

내가 말했다.

"오늘은 정말 멋진 여름날입니다. 그러나 이미 나뭇잎은 떨어지기 시작했고 매미는 사라졌습니다."

"선생님은 매미를 좋아하십니까?"

모리 겐고(森賢吾)가 물었다. 나는 대답해주었다.

"매미 소리를 듣는 것은 정말 즐거운 일입니다. 이런 매미는 서양에는 없습니다."

"인간의 목숨은 매미에 비유할 수 있습니다."

오리토가 말했다.

"매미같이 허망한 세상이라는 말이 있습니다. 매미의 노랫소리처럼 인간의 기쁨은 모두 일시적인 것입니다. 청춘 역시 마찬가지고요. 인간이나 매미나 같습니다. 어느 순간 나타났다가 사라져버리는 존재가 바로 매미입니다."

"매미는 이미 사라져버렸습니다. 선생님은 지금 슬프신지요?"

야스코우치가 이렇게 말하자 노구치 야사부(野口彌三)가 말을 보탠다.

"전 슬프지 않습니다. 매미 소리는 공부에 방해가 됩니다. 매미 소리는 정말 싫습니다. 여름에 그 소리를 듣고 있으면 금방 피곤해집니다. 피로가 쌓이면 잠도 오고요. 독서를 하거나 무엇인가를 쓰거나 생각하고 있을 때에 매미 소리가 들리면 어떤 일을 할 마음이 싹 사라져버립니다. 그런 순간에는 매미는 모두 사라지는 편이 낫다는 생각마저 듭니다."

내가 말한다.

"그렇다면 군은 잠자리는 좋아하겠군요. 잠자리는 우리 주위에서 반짝이면서 날아다니지만 소리는 내지 않으니까."

구마시로가 말한다.

"일본인은 모두 잠자리를 좋아합니다. 일본은 아시는 바와 같이 잠자리의 나라라고 불립니다."

우리는 다양한 잠자리의 종류에 관해 이야기를 나누었다. 내가 아직 본 적이 없는 '정령(精靈) 잠자리'에 관한 이야기도 나왔다. 이 잠자리는 죽은 자와 밀접한 관계가 있다고 알려져 있다. 왕잠자리에 대해서도 이야기했다. 왕잠자리는 굉장히 몸집이 큰 잠자리로 옛날 노래에서는 사무라이라고 불린 적도 있다.

나팔 소리가 들려왔다. 교련교관의 소리가 들린다.

"집―합!"

그렇지만 젊은이들은 한동안 꾸물거렸다. 한 학생이 나를 향해 물었다.

"결국 이해하기 가장 곤란한 것은 무엇입니까?"

내가 대답했다.

"하늘입니다."

그날 온종일 학생들과 나누었던 대화가 귓가에 맴돌아 기분이 들떴다.

*

교사와 학생의 관계가 표면적인 것으로 끝나지 않는 실례가 한 가지 있다. 이는 사제 간의 애정이 드러나는 예라고 할 수 있다. 제5고등중학교의 연로한 한문교사는 모든 사람들에게 존경을 받고 있다. 그는 젊은이들에게 많은 영향을 준다. 학생들은 이 교사의 말 한 마디에 감정을 진정시키고 이 교사의 미소에 감동한다. 그는 학생들에게 일본인의 강인함의 상징이자 진실하고 고귀한 존재로서 귀감이 되고 있다. 또 그는 일본의 혼을 상징하는 분으로 학생들의 눈에 비쳐지고 있다.

이 교사의 이름은 아키쓰키 데지로(秋月悌次郎)라고 하는데 그는 고향에서는 그다지 유명한 인물이 아니다. 최근 이 교사의 초상을 넣은 소책자가 출판되었다. 그는 원래 고위직 사무라이였다. 그는 젊었을 때 요직에 발탁되었다. 그는 군의 지휘관으로 다이묘 사이의 교섭을 담당했으며 정치가이자 지방의 통치자이기도 했다. 봉건시대에는 무사가 이러한 직무를 맡는 경우도 많았다. 그러나 군사적·정치적 임무를 마치면 그는 항상 교사로 돌아왔다. 세상에 이런 교사와 학자는 얼마든지 있다. 그러나 지금 이 사람을 바라보면 과연 이 사내가 자신의 수하에 있던 사무라이들에게 존경의 대상이었는지 두려움의 대상이었는지 예측이 되지 않는다. 젊었을 때에 엄격했던 무인이 나이 들어 부드러운 사람이 된 것만큼 매력적인 경우는 없다.

봉건시대가 그 존립을 두고 마지막 일전을 벌일 때에 아키쓰키는 주군의 부름을 받았다. 그는 자신의 모든 것을 걸고 전투에 임했다. 그러나 칼과 용기만으로는 신식 전투에서 승리할 수 없었다. 그의 군대는 패했고 아키쓰키는 반란군의 지도자로서 오랜 기간 감옥생활을 했다.

그러나 승자 역시 아키쓰키에게 경의를 표시했다. 얼마 전에 아키쓰키와 싸웠던 관군은 그를 신세대를 교육시키는 자리에 임명했다. 젊은이들은 젊은 교사에게 서양 학문과 서양어를 배웠다. 그렇지만 아키쓰키는 이전처럼 중국 선현의 지혜를 가르쳤다. 이런 지혜는 영원불멸의 가치를 갖기 때문이었다. 그는 또 충성심과 명예 등 인간이 반드시 갖추어야 할 가치를 가르쳤다.

그의 자식 중 몇 명은 이미 사망했지만 그는 고독을 느낄 겨를이 없었을 것이다. 왜냐하면 그가 가르친 학생들이 바로 그의 자식이었고 그들은 아키쓰키 선생을 존경했기 때문이다. 아키쓰키는 이미 나이를 먹었다. 아주 많이 먹었다. 그리고 그의 외모는 신과 비슷해 보였다.

신도의 신은 불상과 닮지 않았다. 명상을 하는 모습으로 보이지도 않는다. 신도의 신은 자연을 사랑한다. 아름다운 자연 속에서 숨을 쉰다. 나무나 물, 바람 속에서 자신을 드러낸다. 신도의 신은 이승에서 사람들과 함께 살아간다. 이 땅에 사는 사람들은 이들 신의 자손이다. 신도의 신은 매우 인간적이며 다양한 기질을 갖고 있다. 또 인간의 감정과 활기를 구현하는 존재이기도 하다. 그러나 전설을 고찰해보면 신도의 신은 매우 유쾌한 존재이기도 하다. 여기서 언급하는 것은 최근의 회의주의의 결과 생겨난 일련의 경향을 말하는 것이 아니다. 오히려 아주 오래전의 경향을 말하는 것이다. 물론 신을 묘사하는 방법은 경우에 따라 아주 다양하다. 그러나 누군가가 신의 전통적인 모습을 말해달라고 한다면 나는 이렇게 대답할 것이다. '아주 온화한 표정의 연로한 노인이 얼굴 가득 미소를 짓고 있다. 그는 길고 흰 수염이 났으며 흰옷으로 몸을 감싸고 있다.'

이 연로한 교사가 검은 옷을 입은 것을 제외하면 그의 모습은 신도의 신과 다를 바가 없다.

아키쓰키 선생을 고등중학교에서 만났을 때 그는 내게 이렇게 말했다.
"선생의 집에 경사가 있다고 들었습니다. 그럼에도 제가 축하의 말을 건네지 못한 것은 제가 나이가 들었기 때문도 아니고 선생이 제 집에 멀리 떨어져 있기 때문도 아닙니다. 제가 오랫동안 병으로 누워 있었기 때문에 그랬습니다. 가까운 시일 안에 찾아뵙겠습니다."

그런 어느 날 아키쓰키 선생이 선물을 들고 나를 찾아왔다. 그가 가지고 온 선물은 아주 귀한 것이었다. 조그만 매화였다. 매화의 가지마다 마치 눈과 같은 꽃이 피어 있다. 거기다 술이 가득 찬 기묘한 모양의 대나무 통. 그리고 아름다운 시가 적힌 두루마리 두 개. 그 시는 유명한 시인의 작품이었다. 이것은 아주 귀중한 선물이었다. 아키쓰키 선생이 직접 쓴 글이었기 때문이다. 선생이 내게 들려준 한 마디 한 마디를 내가 전부 이해했다고는 할 수 없다. 지금 기억나는 것은 당시 선생이 나의 직무에 관해 건넨, 애정이 가득한 충고와 격려였다. 그가 젊은 날에 직접 경험한 지혜로 가득한 신비로운 이야기였다. 당시 내가 들었던 이야기는 아주 즐거웠던 꿈처럼 기억에 남아 있다. 그때 나는 선생이 나를 찾아왔다는 사실만으로도 상당한 위로를 받았다. 선생이 가지고 온 꽃에서는 맑은 향기가 났다. 마치 신이 나타났다가 사라지듯 아키쓰키 선생은 미소를 지으며 사라져갔다. 그곳에 남아 있던 것들은 이미 모습이 바뀌었고 조그만 매화나무에 피었던 꽃은 떨어져버렸다. 다시 꽃이 피려면 겨울을 지내야만 한다. 그러나 무언가 감미로운 기운이 손님이 없는 거실에 떠돈다. 이것이 바로 신의 모습과 비슷한 노인의 잔영인지도 모른다. 혹은 조상의 영혼인지도 모른다. 그렇지 않으면 당시 노인과 함께 왔던 여인의 자태인지도 모른다.

10

하카타에서

　　인력거를 타고 여행을 할 때에는 그저 경치를 바라보면서 꿈을 꾸는 일이 전부다. 인력거의 움직임이 격렬하기 때문에 앉은 채로 독서를 하기는 불가능하다. 설사 도로의 폭이 넓어 인력거 두 대가 나란히 달릴 수 있을지라도 인력거에서 들려오는 소리와 바람 소리 때문에 옆에서 달리는 인력거의 손님과 대화를 나누기는 어렵다. 일본의 경치에 익숙해진 후에도 인력거 여행을 하면서 강렬한 인상을 남기는 주변 경치를 발견하기란 쉬운 일이 아니다. 대체로 일본의 길은 벼를 심은 논이나 야채를 심은 밭, 그리고 초가집 마을로 이어진다. 좌우로 보이는 것은 신록과 언덕과 산이 전부다. 가끔 놀라운 빛이 펼쳐지는 경우도 있다. 채소가 꽃을 피운 밭의 한구석이 마치 불에 타는 듯이 보이든가 아니면 연꽃이 만발한 계곡을 지나칠 때가 바로 그런 순간이다. 그러나 이런 정경은 아주 짧은 순간에만 볼 수 있다. 이런 광경 이외에는 그저 단순한 정경이 이어진다. 주목할 만한 정경은 그다지 눈에 띄지 않는다.

보통 인력거를 탄 손님은 바람을 얼굴에 맞으면서 꾸벅꾸벅 졸다가 무아지경에 빠지는 게 고작이다. 가끔 인력거가 세게 흔들려 잠에서 깨어나는 경우도 있지만.

이번 가을에 하카타(博多)[1]를 찾았을 때에도 이전과 다를 바가 없었다. 그저 주변 경치를 바라보다가 깜빡 잠에 빠져들어 꿈을 꾸곤 했다. 왕잠자리가 날아다니는 모습이나 좌우로 끝없이 이어진 논두렁길을 아무 생각 없이 바라보곤 했다. 또 아득한 지평선으로 떨어지는 황혼을 배경으로 산등성이가 서서히 변해가는 정경을 여유 있게 감상했다. 산등성이 위쪽에는 푸른 하늘이 보였고 그곳에는 구름 몇 조각이 떠 있었다. 난 이런 풍경을 바라보면서 자문자답해보았다. 이제부터 몇 번이나 이런 규슈의 정경을 보아야만 하는가? 좀 더 아름다운 풍경은 없을까?

그렇지만 그 순간 내 뇌리에 불현듯 이런 생각이 떠올랐다. 다양한 풍경 속에서 가장 멋진 것이란 바로 이런 평범함 속에 숨어 있는 것이 아닐까? '생명'이 살아 숨쉬는 이런 평범함 속에 진정한 아름다움이 존재하는 게 아닐까?

언제나 주위에서는 우리 눈에 보이지 않는 신록이 자라나고 있다. 부드러운 대지나 단단한 바위 사이로부터. 아주 다양한 모습으로 인간이 태어나기 훨씬 오랜 옛날부터 이런 생명은 소리 없이 자라왔다. 이런 식물의 겉모습에 대해서는 이미 많은 것이 밝혀져 있다. 인간은 이런 식물에 이름을 붙이고 분류해왔다. 식물의 이파리는 왜 이런 모양인가? 열매의 품질이나 꽃의 색깔이 왜 이런 모습인지 대부분 규명되었다. 이는 우리가 이런 존재에 대해 연구를 거듭해왔기 때문에 가능한 일이었다. 그렇지만 우리는 이런 것이 어떤 이유 때문에 존재하는지는 전혀 알지 못한다. 주변에 널려 있는 신록은 과연 영혼을

---

1 하카타: 현재의 후쿠오카(福岡) 현 일대.-역주

갖고 있을까? 이런 신록에 존재하는 신비는 과연 어떤 것인가? 얼핏 보면 생명이 없는 것처럼 보이는 존재도 역시 살아 있는 것일까? 그저 자신의 생명을 신비한 영역에 감추고 있는 것은 아닐까?

그렇지만 이런 식물보다도 훨씬 더 신비한 생명체들이 세계의 표면을 돌아다니고 있다. 이런 생명체들은 공중이나 수중에도 가득 들어차 있다. 곤충이나 조류 등은 자신을 대지로부터 구별해내는 특수한 힘을 갖고 있다. 그러나 이런 존재들은 궁극적으로 모두 대지로 되돌아온다. 자신이 먹고 성장했던 식물의 먹이가 되어 대지로 되돌아오는 것이다. 이게 바로 존재의 운명이다. 생명체는 감각을 갖고 있으며, 기고, 헤엄치고, 달리고, 날며 생각한다. 또 모습도 아주 다양하다. 이와 비교하여 신록의 생명은 단지 존재 자체가 목적인 듯하다. 그렇지만 신록 역시 자신의 존재를 부정하려는 대상과는 영원히 싸움을 지속한다. 우리는 이런 운동 메커니즘을 알고 있다. 그 성장법칙을 알고 있다. 그런 구조를 대부분 해명했다. 이런 존재의 다양한 영역까지 분류하여 이름을 붙였다. 그러나 이런 생명체가 존재하는 의미를 알려줄 이는 누구인가? 도대체 생명체는 궁극적으로 어떤 존재로부터 생성되는 것일까? 단순하게 말해 생명체는 과연 무엇일까? 어떤 이유로 생명체는 괴로움을 맛보아야만 하는가? 왜 생명체는 고통을 맛보면서 진화할까?

고통을 겪는 생명체는 바로 인간이다. 상대적인 관점에서 말하면 이 생명체는 대상을 바라보고 그 대상을 인식한다. 그렇지만 절대적인 관점에서 바라보면 맹목적이며 그저 주변을 더듬고 있을 뿐이다. 이런 점에서 우리의 생명은 신록과 다를 바가 없다. 그렇지만 인간의 생명은 좀 더 높은 세계를 지향하는 것은 아닐까? 인간은 인간의 생명보다 활동적이고 복잡하며 눈에 보이지 않는 생명체를 키우고 있는 게 아닌가? 인간의 영혼은 다른 영혼에 포섭되어 헤어나지 못하고 있는 것은 아닐까? 생명이란 다른 존재의 내부에 존재하는 것인가? 그런 관계는 끝없이 지속되는 것인가? 우주는 여러 개가 서로 뒤섞여 있는 상태인가?

우리 시대에 와서 인간의 지식은 한계를 극복하는 수준에 이르렀다. 이런 지식의 내부에 해답이 존재한다. 그렇다면 이런 지식을 구성하는 것은 과연 무엇일까? 인간의 본성 이외에 다른 구성요소는 존재하지 않는 것일까? 후손들 역시 우리와 마찬가지 수준의 본성이나 기질을 갖게 될 것인가? 그렇지 않다면 후손들은 우리가 갖지 못한 정밀한 감각, 뛰어난 능력, 예민한 지각능력을 발달시키게 될 것인가? 이러한 관점에서 과학은 우리에게 무엇을 가르쳐 줄까?

존 클리퍼드(John Clifford)의 말에 따르면 인간은 피조물이 아니라 스스로 자신을 만들어온 존재이다. 이것은 과학이 우리에게 알려준 가르침 중에서 가장 의미 깊은 것이다. 그렇다면 인간은 어떤 방법으로 스스로를 만들어온 것일까? 고통과 죽음을 피하려고 인간은 스스로를 만들어온 것이 아닐까? 인간은 고통을 절감하면서 스스로의 존재를 만들어왔다. 그렇기 때문에 고통이 존재하면 그와 같은 수준으로 자신을 개조하려는 치열한 노력을 반복한다. 고대에 인간이 생활하기 위해 필요한 것은 거의 형이하학적이며 물질적인 것이었다. 그러나 오늘날 들어 생활에 필요한 것은 형이하학적인 것이기도 하지만 형이상학적이며 도덕적인 것도 많다. 앞으로 인간에게 필요한 것 중에 가장 중요한 문제는 '우주의 비밀'을 해명하는 것이다.

세계 최고의 사상가는 '우주의 비밀'을 해명하고 싶다는 욕구는 미래에도 인간을 지배할 것이라고 말했다(한편 그는 인간이 '우주의 비밀'을 해명할 수 없을 것이라고 말하기도 했다).[2]

---

2 허버트 스펜서의 『제1원리』에 이런 내용이 나온다. 헌이 스펜서의 책을 인용한 것이다.-역주

이런 필요성을 인정했다는 점 자체가 인간에게 희망을 상징한다. 인간이 자신의 내부에 존재하는 고통의 실체를 알고 싶다는 욕망이 크면 클수록 자연스럽게 인간의 능력은 진화할 것이다. 이런 과정에서 지금까지 불가능했던 것도 달성하고 지금까지 보이지 않았던 것까지 지각하게 된 것이다. 오늘날 인간은 스스로의 욕망을 실현하는 존재가 되어가고 있다. 그렇다면 우리의 내면을 이어받을 후손들은 오늘날 우리가 욕망하는 방향으로 끊임없이 스스로를 개조해나가게 될 것이다.

*

나는 지금 직물(織物)로 유명한 하카타에 있다. 이 도시는 높은 지대에 있다. 또 놀랄 만큼 화려한 색채감이 돋보이는 신비한 도시다. 나는 쇼묘지(称名寺, Street-of-Prayer-to-the-Gods)에서 발길을 멈췄다. 이곳에는 거대한 청동 불상의 머리가 안치되어 있다. 아름다운 불상이 맞은편에서 나를 바라보며 미소짓고 있다. 이 사찰은 정토종에 속한다.

그렇지만 불상은 머리뿐이다. 불상의 턱 부분까지는 수많은 금속거울로 뒤덮여 있다. 이 거울은 여신도들의 기증품이다. 이 거울은 거대한 불상을 만들기 위한 것들이다. 이 인근에 연꽃 모양의 좌대를 포함해 높이 35척(약 10m)의 큰 불상이 만들어질 예정이다. 이 불상은 여신도들이 기증한 청동거울로 만든다고 한다. 이미 청동거울 수백 개가 불상의 머리 부분을 만드는 데 이용되었다. 이 거대한 불상을 만드는 데에는 아직 거울 수천만 개가 더 필요하리라. 이런 모습을 보면 도대체 누가 메이지 일본에서 불교가 쇠퇴하고 있다고 말했는지 이해가 되지 않는다.

그러나 이런 상황을 바라보면서 단지 즐거워할 일은 아니라고 생각했다.

고귀한 대불상을 만드는 일은 분명 예술적인 감각을 만족시키는 일임에 틀림없다. 그러나 반면 이는 예술적 감각에 손상을 입히는 일이 될 수도 있다. 이 계획이 실행되면 필연적으로 수많은 파괴가 자행될 것이다. 즉 일본제 청동거울 - 지금은 추악한 서양제 청동거울로 바뀌어가고 있지만 - 은 예술품에 비견되기 때문이다. 이 거울을 보지 못한 사람은 이것의 진정한 가치를 이해하지 못할 것이다. 청동거울은 한 면만 거울이다. 뒷면에는 조각이 새겨져 있다. 그 조각은 나무나 꽃, 새, 짐승, 벌레, 경치, 전설, 행복의 상징, 불상 등으로 다양하다. 이런 조각은 아주 평범한 거울에도 새겨져 있다. 거울의 종류는 거의 무한대다. 그중에는 아주 우수한 조각이 새겨진 것도 있다.

어떤 막이나 벽에 비쳤을 때 거울 뒤편의 조각이 그대로 나타나는 거울을 '마경(魔境, magic mirror)'이라고 한다.[3] 이 쇼묘지 경내에 쌓인 청동거울 중에 '마경'이 있는지는 알 수 없다. 그러나 그 속에는 분명히 많은 예술품이 뒤섞여 있을 것이다. 이런 우수한 예술품이 기증되어 완전히 사라진다고 생각하니 왠지 안타깝다. 적어도 지금으로부터 10년이 지나면 은제나 청동제 거울은 만들지 않을 것이다. 그러면 이런 공예품을 수집하는 사람은 단순히 유감 이상의 감정으로 일본 거울을 바라보게 될 것이다.

먼지에 뒤덮이고 바람과 비에 시달리는 일본의 공예품을 바라보자니 비애감이 몰려온다. 저 거울에 아름다운 신부의 미소나 아기와 어머니의 미소가 머물렀던 적이 있을 것이다. 아마 대부분의 거울에는 평온한 가정생활 모습이 추억처럼 묻어 있을 것이다. 그러나 일본의 거울에는 영적인 기운이 떠돌고 있다. '거울은 여자의 혼'이라는 옛 속담이 있다. 이 말은 단순한 비유로 받아들

---

3 헌은 당시 W. E 아일턴이 쓴 『The Magic Mirrors of Japan』 등을 읽고 이런 내용을 알고 있었던 듯하다.-역주

일 일이 아니다. 거울이 주인의 기쁨과 슬픔을 느낀다는 이야기는 정말 많다. 그렇기 때문에 거울은 옛날이나 지금이나 인간의 생사에 영향을 주는 의식에 폭넓게 이용되고 있다. 또 주인이 죽으면 거울도 함께 매장하는 게 보통이다.

이렇기 때문에 거울이 쌓여 있는 광경은 영혼의 잔해를 바라보는 느낌이었다. 이 거울들은 과거에 사람들의 얼굴을 비춘 적이 있다. 그런 과거의 얼굴이 이 거울에 존재하지 않는다고 말하기는 어렵다. 한번 거울에 나타났던 존재는 계속하여 어딘가에는 존재한다. 나는 가까이 다가가 햇살에 비쳐 빛을 내는 거울을 집어 들고 뒤집어 보았다. 몸을 떨며 사라지는 '과거'를 만날 수 있을지도 모른다. 나는 이런 환상에서 벗어날 수 없었다.

내가 거울에 특별한 감정을 갖는 이유는 또 있다. 일본 거울을 볼 때마다 마음속에 떠오르는 기억이 있기 때문이다. 그건 바로 '마쓰야마(松山)의 거울'이라는 옛날이야기다. 이 이야기는 아주 단순하지만 요한 괴테(Johann W. von Goethe)의 단편에 비견할 만한 명작이다. 또 읽는 사람의 경험이나 능력에 따라 전혀 다른 의미로 읽힐 가능성이 많은 작품이다. 제임스 부인은 이 이야기에 관한 저작을 남겼다. 부인이 남긴 작품은 다양한 심리적 가능성이 있는 이야기를 단순화한 경향이 있다. 그러나 이 저술은 매우 흥미롭다. 만일 부인의 저작에 감동하지 않는 사람이 있다면 그는 인간세계에서 추방당할 만한 인물임에 틀림없다. 또 이 이야기에 대해 일본인이 어떻게 생각하는지 추측하기 위해서는 부인의 책에 실려 있는 판화의 의미를 정확히 이해할 필요가 있다. '마쓰야마의 거울'은 다양한 이본(異本)이 있다. 아래에 첨부하는 부분을 읽으면 독자들은 이 이야기를 쉽게 이해할 수 있으리라.

*

　옛날 에치고(越後)⁴ 지방의 마쓰야마라는 지역에 젊은 사무라이 부부가 살았다. 그들의 이름은 이미 잊어버렸다. 두 사람 사이에는 어린 딸이 하나 있었다.

　어느 날 남편은 에도에 가게 되었다. 아마 에치고 영주의 호위병으로 따라갔을 것이다. 그는 돌아오는 길에 선물을 샀다. 어린 딸을 위해서는 단 과자와 인형, 아내를 위해서는 은으로 칠한 청동거울을 샀다. 젊은 아내는 이 거울을 보고 몹시 좋아했다. 왜냐하면 이 거울은 마쓰야마에 들어온 최초의 거울이었기 때문이다. 그녀는 이 거울의 사용 방법을 몰라 거울 안을 들여다보면서 여기 있는 젊은 여자가 누구인지 남편에게 물었다.

　"무슨 말을 하는 거야. 그건 당신 얼굴이야. 당신도 참 바보로군."

　남편이 웃으면서 이렇게 말하자 아내는 더 이상 물어보기가 부끄러웠다. 그래서 아무 말도 없이 거울을 깊숙한 곳에 넣어두고 꺼내보지 않았다. 아내는 거울을 생각하면서 별 신기한 물건이 다 있다고 고개를 갸웃거렸다.

　거울은 깊숙한 곳에 보관된 채로 수년이 지났다. 왜 이런 상태가 지속되었는지 확실히 알 수는 없지만 아마도 아내는 남편이 준 소중한 선물을 사람들에게 함부로 보여줘서는 안 된다고 생각했을 것이다. 이런 단순한 이유는 어느 지방에서나 나타나는 현상이다.

　나중에 부인은 위중한 병에 걸렸다. 그때 부인은 딸에게 거울을 건네주면서 말했다.

　"내가 죽으면 아침저녁으로 이 거울을 보거라. 그러면 거울 안에서 엄마가

---

4 에치고: 현재의 니가타 현 인근 지역.-역주

보일 거야. 슬퍼하지 말거라."

부인은 이 말을 남기고 죽었다.

그 후 딸은 매일 아침저녁으로 거울을 들여다보았다. 거울 속의 얼굴이 자기 자신이라는 것은 알지 못했다. 그저 엄마의 말대로 거울에 나타나는 사람이 엄마라고 생각했다. 실제로 딸은 엄마를 매우 닮았다. 딸은 매일 거울 속에서 엄마를 만나 많은 대화를 나누었다. 딸은 거울을 소중히 간직했다.

이런 사정을 몰랐던 부친은 딸의 행동을 이상히 여겼다. 그는 딸에게 거울을 보면서 무얼 하는 것이냐고 물었다. 딸은 모든 걸 있는 그대로 아버지에게 말해주었다. 일본 옛날이야기의 저자는 다음과 같이 적었다.

'그러자 부친은 딸이 가련해 두 눈에 눈물이 고였다.'

*

이게 바로 '마쓰야마의 거울'이라는 옛날이야기다. 딸이 거울을 바라보고 착각한 것은 부친이 생각하는 대로 슬픈 일일까? 아니면 부친이 딸의 착각에 슬픔을 느낀 것은 그저 무상한 일에 불과한 것일까?

나는 거울에 대한 딸의 감정이 부친의 감정보다 훨씬 진리에 가깝다고 생각한다. 왜냐하면 이야기의 우주적 질서에서 현재는 과거의 그림자이며 미래는 현재를 반복하는 것이기 때문이다. 우리는 모두 결과적으로 하나이다. 빛이 하나인 것처럼. 빛을 구성하는 진동은 수백만 가지 이상이지만 빛은 항상 하나이다. 우리는 영원히 하나다. 그러나 빛의 진동처럼 우리는 몇 개의 형태로 존재한다. 이는 한 사람 한 사람이 복수의 영혼으로 구성되어 있다는 의미이다. 아마 딸은 모친의 영혼을 보고 대화를 나누었을 것이다. 물론 딸이 본 것은 그녀의 젊은 눈과 입술이고, 거울 속의 입술이 속삭이던 사랑의 말은 그녀에게서 흘러나온 것이었지만…….

이런 생각이 머릿속을 스치자 사찰의 정원에 널브러져 있는 청동거울이 새롭게 보였다. 그것들이 숭고한 시대의 상징처럼 다가왔다. 우리 인간 한 사람 한 사람은 거울임에 틀림없다. 그 거울은 우주의 어떤 의미를 상징한다. 또 우주 안에 존재하는 우리의 모습을 비추어주는 대상이기도 하다. 우주에 존재하는 모든 생명체의 운명은 '죽음'이라는 강력한 이미지를 제작한 이의 의도에 따라 달라진다. 우리는 모두 '죽음'을 떠나서 존재할 수 없다. 이런 상황에서 우리는 어떻게 우리에게 주어진 일을 완수할 수 있을 것인가? 이는 우리 다음에 오는 존재만이 알 수 있다. 현대의 서양인인 우리는 도저히 알 수 없는 일이다. 우리는 그저 꿈을 꿀 수 있을 뿐이다. 그러나 고대부터 동양은 서양과 달리 이런 문제를 해결하려 혼신의 힘을 다해왔다. 이런 점이야말로 동양의 신앙이 얼마나 소박한가를 나타내주는 징표다. 형태가 있는 모든 존재는 소멸하여 궁극적으로 좀 더 큰 존재로 융합한다.

11

삶과 죽음의 단편

7월 25일

이번 주에는 세 번이나 귀한 사람이 우리 집을 찾아왔다.

가장 먼저 찾아온 사람은 우물을 청소해주는 사람이었다. 매년 한 번씩 우물을 청소하지 않으면 우물신이 화를 낸다고 한다. 우물의 수호신을 부르는 이름은 보통 두 가지인데 그중의 하나가 미즈하노메노미고토(水波之賣命)다. 나는 이번 기회를 통해 일본의 우물과 그 수호신에 대해 알게 되었다.

우물신은 모든 우물을 지켜주고 물을 맛있고 시원하게 유지해준다. 그 대신에 집주인은 우물의 청결을 유지하기 위한 지침을 엄격히 지켜야만 한다. 이 지침을 지키지 않는 사람은 병들어 죽는다. 가끔 우물신은 뱀으로 변신하여 나타나기도 한다. 지금까지 우물신을 모시는 신사를 본 적이 없다. 그러나 신앙심이 깊은 집에서는 그 집에 우물이 있다면 매달 신도의 간누시(神主)를 부른다. 간누시는 우물신을 향해 옛날부터 전해 내려오는 주문을 외우고 우물 주변에 조그만 종이 깃발을 세운다. 우물을 판 이후에도 같은 의식을 행한다. 이런 의식이 끝나면 우물에서 떠올린 첫 잔은 남자가 마신다. 이 물을 여자가 먼저 마시면 우물물이 흐려지기 때문이다.

우물신에게는 조그만 조력자가 있어 신의 역할을 수행하는 데 도움을 준다. 붕어라는 조그만 물고기가 바로 그 조력자다. 어떤 집이건 우물의 유충을 퇴치하기 위해 붕어를 한두 마리 키운다. 우물을 청소할 때에 이 조그만 물고기는 아주 중요하다. 우리 집 우물에도 붕어가 있다는 사실은 이번에 우물을 청소하는 사람이 와서 처음 알았다. 우물을 청소할 때에는 붕어를 대야의 차가운 물에 옮긴다. 그리고 청소가 끝나면 붕어는 다시 원래의 고독 속으로 들어간다. 우리 집 우물물은 얼음처럼 차갑다. 지금 그 물을 마실 때마다 나는 암흑 속을 헤엄치며 살아가는 붕어를 떠올린다.

두 번째 방문자는 소방대원들이었다. 그들은 소방 장비를 갖추고 펌프를 손에 들고 있었다. 옛날부터 그랬듯이 그들은 자신의 관할구역을 돌아다니며 지붕에 물을 뿌린다. 여유가 있는 집에서는 기부를 받기도 한다. 일조량이 많으면 햇볕만으로도 지붕에 불이 붙는다고 한다. 소방대원들은 우리 집 지붕과 정원의 나무에 물을 뿌려 집안을 선선하게 해주었다. 난 그들에게 얼마간의 술값을 주었다.

세 번째 방문자는 이 지역의 아이들 대표였다. 그는 우리 집 맞은편에 있는 지장보살에게 제례를 올리는 데 힘이 되어달라고 부탁한다. 나는 기쁜 마음으로 이에 응했다. 이 보살의 온화한 표정을 특히 좋아하고 이때 벌어질 축제가 정말 재미있다는 것을 알기 때문이다. 다음 날 아침에 보니 지장보살은 이미 꽃과 등으로 장식되어 있었다. 보살의 목에는 턱받이가 걸려 있었고 불교의 공물이 바쳐진 상태였다. 얼마 있다가 사찰의 경내에는 아이들이 춤을 출무대가 설치되었다. 해가 지기 전에 부지 내 양편에 있는 장난감 가게의 등 좌판이 만들어졌다. 나는 아이들이 춤추는 모습을 보려고 제등의 불빛 속을 지나쳤다. 그 순간 사찰의 정문에 세 척(약 90cm)이 넘는 잠자리가 붙어 있다는 사실을 알아차렸다. 이는 내가 얼마간의 돈을 기부한 데 대해 아이들이 보답으로 붙여놓은 장식물이었다. 언뜻 보면 진짜처럼 보이지만 자세히 보면 모형이라는 걸 알 수 있다. 더욱이 모형은 불빛을 받아 절묘한 효과를 냈다. 이 모형은 가난한 집의 여덟 살 난 아이가 혼자서 만든 것이었다!

*

7월 30일

우리 집 남쪽에는 낮은 지붕의 우중충한 집이 있는데 이곳은 염색을 하는 집이다. 일본에서 염색집은 겉만 보아도 쉽게 알 수 있다. 집 앞에 세워놓은 대나무 장대 사이에는 온갖 색깔의 옷감이 어지럽게 널려 있다. 어제 옆집 사람과 함께 그 염색집을 방문했다. 조그만 입구를 통해 안으로 들어가보니 예상치도 못했던 커다란 정원이 눈에 들어왔다. 자연을 모방한 곳이었는데 한가운데 연못에 물고기들이 보였다.

정원을 구경한 다음 주인의 안내를 받으면서 집 안으로 들어갔다. 그곳은 아주 조그만 공간이었는데 지금까지 내가 본 적이 없을 정도로 아름다운 곳이었다. 주인은 이 정원을 만드는 데 1,500엔 정도가 들었다고 말했다. 그러나 그 정도의 돈만으로 이런 정원을 만든 게 믿기지 않을 정도였다. 이곳은 불단을 모신 곳인데 정교하게 조각된 불단이 세 개나 있었다. 이 불단은 모두 금박을 입혀 반짝반짝 빛이 났다. 매력적인 불상이 몇 개 있고 아주 정교하게 세공한 불구도 보인다. 이곳에는 사찰에 있는 모든 것이 구비되어 있는 듯했다. 이 집의 주인은 젊었을 때에 사찰에서 수행한 적이 있는 사람으로 불경도 알고 정토종의 경문은 모두 갖고 있을 정도다. 주인은 집 안에서 언제라도 예불을 드릴 수 있다고 말한다. 매일 정해진 시간에 가족 전원이 이곳에 모여 예불을 드리는데 그 자리에서 주인이 불경을 읽는다고 한다. 단지 특별한 자리일 경우에는 근처의 스님을 초대하여 독경을 부탁한다는 것이다.

그는 좀 특이한 강도에 관한 이야기를 들려주었다. 염색집은 특히 도둑들의 표적이 되기 쉽다. 값비싼 견직물을 취급하기 때문이기도 하고 이 장사가 돈을 잘 번다는 소문이 널리 퍼져 있기 때문이기도 하다. 어느 날 밤 이 염색집에 도둑이 들었다. 당시 집에는 노모와 아내 그리고 하녀만 있었다. 복면을 쓰고 긴 칼을 든 강도 세 명이 대문으로 들어왔다. 그중 한 명이 하녀에게 직공들이 집 안에 있느냐고 물었다. 하녀는 도둑들을 놀라게 하여 쫓아낼 생각으로 젊은 직공들이 아직 일하고 있다고 대답했다. 그러나 하녀의 이 말을 듣고도 도둑들은 조금도 움직이지 않았다. 한 사람은 망을 보고 다른 두 명은 집 안으로 들어갔다. 여자들은 놀라 자리에서 일어났다. 아내는 "왜 우릴 죽이려고 하는 것이지요?"라고 물었다. 대장으로 보이는 사내가 "죽일 생각은 없다. 그저 우린 돈이 필요할 뿐이야. 그렇지만 돈을 주지 않으면 끝장이야"라고 말하며 다다미에 칼을 꽂았다. 그때 노모가 말했다. "우리 며느리를 겁주지 마세요. 돈은 얼마든지 드릴 테니까. 단지 아들이 지금 교토에 가 있기 때문에 돈은 그다지 많지 않습니다. 이 점만 생각해주십시오." 노모는 이렇게 말하고 돈이 들어 있는 서랍을 열어 자신의 지갑을 도둑에게 건넸다. 27엔 87전이 전부였다. 두목은 돈을 세어보고 부드러운 어조로 말했다. "난 당신들을 위협하고 싶지 않아. 이 집은 불심이 깊은 집이라지? 그러니 거짓말은 하지 않았을 것이라고 믿는다. 이게 전부야?", "그렇습니다. 이게 전부입니다." 노모가 대답했다. "말씀하신 대로 전 부처님의 가르침을 믿고 있습니다. 지금 당신은 우리 집에 돈을 빼앗으러 들어오셨지만 이건 분명히 전생에서 제가 당신의 돈을 빼앗았기 때문일 것입니다. 전생의 제 죄에 대한 업보인 것이지요. 그렇기 때문에 저는 당신의 눈을 속일 수 없습니다. 오히려 이 기회에 전생에서 지은 죄를 용서받을 수 있어 감사할 따름입니다." 강도는 웃으면서 말했다. "정말 믿음이 좋은 할멈이로군. 믿어주지. 만일 이 집이 가난했다면 우린 이곳에서 아무것도 훔치지 않았을 거야. 그렇다면 옷 두세 벌 하고 이걸 가지고 가야겠군." 강도는 좋은 견직물에 손을 뻗쳤다. 노모가 다시 말했다. "아들의 옷감이라면 얼마든지 드릴 수 있습니다. 그러나 그것만은 참아주십시오. 그건 제 아들 옷감이 아닙니다. 염색을 하기 위해 손님이 가져온 옷감입니다. 우리 것이라면 얼마든지 드릴 수 있지만 손님의 것은 드릴 수 없습니다.", "그렇군. 맞는 말이야." 강도는 노모의 말에 수긍했다. "그렇다면 이건 안 되겠군."

옷 몇 벌을 챙겨든 도둑들은 "그럼 이만" 하고 정중히 인사를 한 후 사라졌다. 그들은 여자들에게 자신들이 가는 방향을 바라보지 말라고 명령했다. 나이든 하녀는 아직 방의 입구에 서 있었다. 두목은 하녀를 보더니 "넌 우리에게 거짓말을 했더군. 거짓말에 대한 보복이다"라고 말하고 하녀를 내리쳐 기절시켰다. 그 도둑들은 아직 한 명도 붙잡히지 않았다.

*

8월 29일

불교식 장례에서는 다비식을 마친 다음 뼛가루 속에서 조그만 뼛조각을 찾아낸다. 이 뼈는 목구멍 부근의 조그만 뼛조각이라고 한다. 그러나 이 뼈가 실제로 어느 부분의 뼈인지는 정확히 알 수 없다.

화장한 후 발견되는 이 뼛조각의 모양에 따라 죽은 자의 사후세계를 예상해 볼 수 있다고 한다. 만일 사자의 영혼이 행복하다면 뼛조각은 불상 모양을 하는 게 보통이다. 그렇지만 만일 불행한 모습으로 이승에 다시 태어나게끔 결정되었다면 뼛조각은 보기 흉한 모습이든가 아니면 전혀 형태가 없다.

근처의 담배 가게 아들이 그저께 밤에 죽어 오늘 다비식이 열렸다. 화장을 한 후에 남겨진 조그만 뼛조각을 보니 불상 모양이었다고 한다. 어린 아들을 잃어버린 양친에게 이는 굉장한 위안이었을지도 모른다.

*

9월 13일

이즈모의 마쓰에서 온 편지에 담배설대를 갈아 끼워주던 노인이 사망했다는 소식이 있었다. 일본의 담뱃대는 세 부분으로 나뉘어 있어 정기적으로 대나무 부분을 교환해주어야 한다. 그의 설대는 칠이 아주 멋있었다. 마치 바늘처럼 생긴 것도 있고 뱀가죽처럼 보이는 것도 있었다. 그는 마을에서 조금 떨어진 외진 골목에 살았다. 그 골목을 지금도 기억하는 이유는 그곳에 '백자지장(白子地藏)'이 있어 그걸 보러 간 적이 있기 때문이다. 이 지장보살의 얼굴에는 마치 무희(舞姬)처럼 새하얀 분이 칠해져 있었다. 왜 그런지 지금도 이유를 알 수 없다.

노인에게는 오마스(おます)라는 딸이 있었는데 그 아이에 관한 이야기가 전해진다. 오마스는 지금도 건강하게 살고 있다. 행복한 결혼생활을 보내고

있으나 문제는 말을 하지 못한다는 것이다. 한참 전의 일이지만 성난 군중이 쌀가게 주인의 집과 창고를 습격하여 파괴한 적이 있다. 쌀가게의 돈은 길 위에 흩어졌고 그중에는 금화도 섞여 있었다. 폭도의 무리는 순박한 사람들이어서 이런 돈에는 거의 신경을 쓰지 않았다. 그들의 목적은 돈을 훔치는 것이 아니고 가게를 파괴하는 것이었기 때문이다. 오마스의 부친은 그날 밤에 진흙 속에서 금화 한 개를 주워 집에 돌아갔다. 그런데 인근에 사는 사람이 오마스의 부친을 밀고했다. 그에게 법정에 출두할 것을 명령한 판사는 당시 열다섯 살에 불과했던 오마스를 심문하여 확실한 증거를 얻으려고 했다. 그녀는 순간 생각했다. 만일 판사가 묻는 대로 대답을 계속한다면 자신도 모르는 사이에 아버지에게 불리한 증언을 해버릴 수 있다. 자신의 앞에 앉아 있는 취조관은 노련한 사람이므로 자신을 마음대로 조정할 수도 있다. 그녀는 갑자기 입을 다물었다. 그 순간 그녀의 입술에서는 붉은 피가 흘러내리기 시작했다. 그녀는 혀를 깨물어 영원히 입을 다물어버린 것이다. 부친은 석방되었다. 오마스의 행위에 감동한 상인이 그녀에게 결혼을 신청했다. 나중에 그녀는 연로한 부친을 돌보기까지 했다.

*

10월 10일

아이는 인생에서 단 하루, 자신의 전생을 떠올리고 그것을 구체적으로 말할 수 있다고 한다.

아이가 만 두 살이 되면 모친은 아이를 집 안에서 가장 조용한 장소로 데리고 가서 쌀을 까불리는 '키'에 앉힌다. 그러고 나서 모친은 아이의 이름을 부르면서 묻는다. "네 전생은 과연 무엇이었는지 말해보아라." 그러면 아이는 반드시 한 마디로 대답한다. 무엇인가 신기한 이유가 있더라도 대답이 길어지는 경우는 없다. 때때로 아이의 대답이 지나치게 어려운 경우도 있는데 이때에는 스님이나 점쟁이를 불러 아이의 말을 풀기도 한다. 예를 들어 가까운 곳에 사는 대장간의 어린 아들이 이 질문에 '우메(梅, 매화)'라고 대답했다고 한다. 그러나 '우메'가 '매화의 꽃'인지 '매화의 열매'인지 아니면 '우메'라는 이름의 소녀인지 알 수 없었다. 혹시 이 아이가 전생에는 여자였을 수도 있다. 아니면 그냥 '매화나무'를 의미하는 것인지도 몰랐다. "인간의 영혼은 매화나무에는 들어갈 수 없다"고 근처에 사는 사람이 말했다. 오늘 아침에 이 이야기를 들은 점쟁이는 이 아이는 아마도 전생에 학자나 시인 아니면 정치가였을 것이라고 말했다. 왜냐하면 '매화나무'는 신의 상징인데 이 신은 학자나 정치가 혹은 문인의 수호신이기 때문이다.

*

11월 17일

일본 생활에서 외국인이 이해하기 어려운 문제에 대해 책을 쓴다면 놀라운 것이 될지도 모른다. 이런 책에는 분노를 불러일으킬 정도로 놀라운 연구결과까지도 포함되어야 한다.

일본인은 분노를 겉으로 드러내지 않는다. 이는 일본인의 국민성이기도 하다. 서민들조차 어떤 형태로 위협을 가해도 미소를 지으며 응하는 경우가 대부분이다. 그러나 이런 미소는 단순한 미소로 끝나지 않을 수도 있다. 보복은 생각지도 않은 순간에 몰려온다. 보복을 맹세한 순간 일본인에게 장애물은 존재하지 않는다. 거리나 시간은 그들에게 장애요소가 아니다. 흉기로 부엌칼이 쓰이는 경우도 있지만 일반적으로는 일본도가 쓰인다. 이 칼은 일본인에게 최고의 무기다. 분노로 가득한 사내가 혼자서 열이나 열두 사람 정도를 살해하는 데는 1분도 걸리지 않는다. 살인을 저지른 자가 그 자리에서 도망치는 경우도 거의 없다. 옛날의 습관처럼 살인자는 스스로 목숨을 끊는다. 따라서 살인자가 경찰의 손에 잡힌다는 것은 커다란 수치다. 살인자는 살인을 저지르기 이전에 모든 준비를 해둔다. 편지를 쓰고 자신의 장례식을 준비한다. 더욱이 작년에 실제로 벌어진 바와 같이 자신의 비석을 파는 사람까지 있다. 이런 준비를 마치고 자해를 한다.

　최근 구마모토에서 그다지 멀리 떨어지지 않은 스기가미무라(杉上村)에서 서양인으로서는 이해하기 어려운 이런 비극이 발생했다. 이 비극의 주요한 등장인물은 나리마쓰 이치로(成松一郎)이다. 이치로는 결혼한 지 아직 1년밖에 지나지 않았다. 그리고 그의 아내 오노토(おのと). 오노토의 외숙부인 스기모토 요시나리(杉本吉成). 요시나리는 거친 성격의 사내로 전과가 있다. 이 사건은 4막으로 이뤄진 비극이다.

　　제1막　　　　장면 – 목욕탕. 요시나리가 목욕을 하고 있다. 그곳에 이치로가 등장했다. 옷을 벗고 온탕으로 들어간다. 친척이 있는 줄도 모르고 커다란 목소리로 말한다.

　"아아! 이건 마치 '지고쿠'에 있는 온탕 같군. 정말 따뜻해."

　['지고쿠'는 불교에서 말하는 '지옥(地獄)'이라는 의미이지만 구어로는 '감옥(監獄)'이라는 뜻도 있다.]

　요시나리는 이 말을 듣고 몹시 화가 나서 소리쳤다.

　"이 새끼가 너 지금 나랑 싸우겠다는 거야? 정말 미쳐버리겠네."

이치로는 순간적으로 놀랐으나 요시나리의 심한 말에 즉각 반격한다.

"뭐라고? 내가 무슨 말을 하든 상관할 바 아니잖아? 물이 따뜻해서 좋다고 말한 것뿐이야. 네게 물을 데워달라고 부탁한 적은 없어."

요시나리는 얼굴 가득 살기를 띠며 말한다.

"분명 난 두 번이나 감옥에 들어갔었다. 그게 재미있다는 거야? 이 바보 같은 녀석아."

(두 사람은 서로 노려보며 싸울 듯한 기세다. 두 사람은 입에 담지 못할 심한 말까지 해버렸지만 아직 싸움을 벌일지 망설이고 있다. 한쪽은 노인이고 다른 한쪽은 젊은이지만 힘은 막상막하다.)

요시나리는 이치로가 감정적으로 대응하자 점점 냉정한 태도를 취한다.

"네 마누라는 내 핏줄이다. 바로 내 친척이야. 지옥에서 살아 나온 내 핏줄이다. 네 마누라를 친정으로 돌려보내라."

이치로는 힘으로는 요시나리를 이길 수 없음을 알고 자포자기한다.

"아내를 돌려보내라고? 알았다. 돌려주지. 지금 당장."

여기까지는 모든 것이 분명했다. 이치로는 급히 집으로 돌아왔다. 그는 아내를 안고서 아내에 대한 변함없는 사랑을 전하고 그간의 경위를 말해주었다. 그는 아내를 친정으로 돌려보냈다. 이틀 후 해가 지고 나서 오노토는 대문에서 남편의 부름을 받는다. 두 사람은 어둠 속으로 사라진다.

제2막   장면 — 밤. 요시나리의 집 대문이 잠겨 있다. 샛문의 틈새로 불빛이 비친다. 여자의 그림자가 다가온다. 문을 두드리는 소리. 샛문이 열린다.

요시나리의 아내가 찾아온 여인이 오노토임을 알고 반긴다.

"반가워요. 정말 잘 왔어요. 안으로 들어와요. 차라도 마시고 가요."

오노토는 부드러운 어조로 대답한다.

"고맙습니다. 그런데 외숙부께서는 어디 가셨습니까?"

요시나리의 아내는 아무 생각 없이 말한다.

"옆 마을에 갔어요. 이제 곧 돌아올 시간이니까 들어와서 기다려요."

오노토는 더욱 부드러운 어조로 대답한다.

"정말 고맙습니다. 조금 있다가 다시 오겠습니다. 먼저 외숙부께 알려드릴 일이 있어서요."

(이 말을 남기고 오노토는 어둠 속으로 사라진다. 그녀는 그림자가 된다. 곧 다른 그림자 하나가 또 나타난다. 두 그림자는 한동안 그 자리를 지킨다.)

제3막   장면 - 밤이 찾아온 강변. 강둑을 따라 소나무가 늘어섰다. 요시나리의 검은 그림자가 멀리 보인다. 소나무 아래에 오노토와 이치로의 모습이 나타난다. 두 사람은 머리에는 흰 수건을 묶었고 입고 있는 윗도리의 소매는 적당한 길이로 잘려 있다. 이는 행동을 자유롭게 하기 위한 것이다. 두 사람 모두 긴 칼을 차고 있다.

이런 상황은 일본인의 정서를 자극하기에 가장 알맞다. 바늘 같은 소나무 잎새가 바람에 흩날린다. 바람 소리 이외에는 어떤 소리도 들리지 않는다. 이미 가을이 깊어 개구리의 울음소리는 들려오지 않고 그저 고요할 뿐이다. 두 사람의 그림자는 침묵을 지키고 있고 그저 강물 소리가 좀 더 크게 들려올 뿐이다.

갑자기 물을 건너오는 소리가 들린다. 누군가 강을 건너는 것이다. 그리고 나서 불규칙하고 휘청거리는 게다 소리가 들린다. 술에 취한 사람의 발걸음 소리다. 그 소리가 점점 가까워온다. 술에 취한 자가 소리를 지른다. 요시나리의 목소리다. 요시나리는 이런 노래를 부르고 있다. 사랑과 술에 관한 노래다.

사랑하는 이에게 술을 따라라!
오오! 아아!

곧 그림자 두 개가 노래를 부르는 사람 쪽으로 달려간다. 아무 소리도 내지 않고 달려간다. 요시나리는 여전히 노래를 부르고 있다. 그때 갑자기 요시나리가 돌을 밟았는지 몸이 휘청인다. 그와 거의 같은 시각에 요시나리의 얼굴에 제등의 그림자가 덮친다. 대략 30초 동안 세 사람의 얼굴에 등불이 비친다. 아무도 입을 열지 않는다. 희미한 불빛이 세 사람의 무표정한 얼굴에 비친다. 요시나리는 순식간에 취기에서 깨어난다. 상대의 얼굴을 보자 목욕탕에서의 사건이 떠올랐다. 상대의 허리춤에 꽂힌 칼이 눈에 들어왔다. 그러나 그는 상대에게 두려움을 느끼지는 않는다. 오히려 상대를 조소하듯 큰 소리로 웃었다.

"헤헤. 이치로 부부잖아. 이건 날 반쪽짜리 인간으로 보고 있군. 그런 칼을 손에 쥐고 무얼 하자는 거냐? 그걸 어떻게 사용하는지 알려줄까?"

이치로는 제등을 던져버리고 두 손으로 칼을 힘껏 휘둘렀다. 요시나리의 오른팔이 어깨에서 거의 잘려나갔다. 요시나리가 거의 쓰러질 듯한 순간 여인이 칼을 휘둘러 왼쪽 어깨를 내리쳤다. 요시나리는 "이런 살인자!"라는 처절한 비명을 지르면서 쓰러졌다. 그러나 더 이상 그의 목소리는 들려오지 않았다. 10여 분 동안 두 사람의 칼은 요시나리의 몸을 난자했다. 희미하게 빛을 발하는 제등이 그 처참한 광경을 비쳐주고 있다. 그때 밤늦게 집에 돌아가는 두 사내가 다가온다. 그들은 처참한 광경을 본다. 두 사내는 신발을 버리고 어둠 속으로 사라진다. 이치로와 오노토는 제등 옆에 앉는다. 이제 힘든 일은 마쳤다.

그 순간 요시나리의 아들이 부친을 찾으러 왔다. 아버지의 노랫소리가 비명으로 바뀌자 아버지를 찾으러 온 것이다. 그는 아직 아버지의 처참한 최후를 알지 못한다. 두 사람은 소년이 다가오는 걸 그냥 내버려둔다. 소년은 오노토의 바로 옆까지 다가온다. 오노토는 순식간에 소년을 붙잡아 무릎을 꿇린 다음 칼을 빼들었다. 그러나 이치로는 기침을 해가면서 소리친다.

"안 돼! 안 돼! 아이는 살려둬! 그 아이는 나쁜 짓을 한 적이 없어!"

오노토는 아이를 놓아준다. 아이는 놀라서 몸을 움직이지도 못한다. 오노토는 아이를 바라보며 "가라!" 하고 소리지른다. 아이는 달린다. 너무 두려운 나머지 소리도 내지 못한 채.

이치로와 오노토는 처참한 시신을 내버려둔 채 요시나리의 집으로 가서 소리친다. 그렇지만 아무런 대답도 없다. 그저 다가올 죽음을 기다리는 나머지 식구들의 비통한 침묵이 있을 뿐이다. 그 순간 이치로가 외친다.

"장례식 준비를 해라! 요시나리는 내 손에 죽었다!"

"요시나리를 죽이도록 도운 건 바로 나다!" 오노토가 소리친다.

마침내 발걸음 소리는 멀어져간다.

제4막   장면-이치로의 집. 세 명이 앉아 있다. 이치로, 오노토, 그리고 눈물을 흘리는 노모.

이치로가 입을 연다.

"어머니! 자식이라곤 저밖에 없는데……. 어머니만 이 세상에 남기고 제가 먼저 가는 불효를 범하게 되었습니다. 저를 용서해주십시오. 외숙부님이 어머니를 보살펴드리겠지요. 외숙부님 댁으로 지금 가주십시오. 저희 두 사람은 이제 죽어야만 합니다. 한심하고 고통스러운 방법으로 죽지는 않겠습니다. 반드시 아름답고 멋지게 죽을 것입니다. 그렇지만 제 죽음을 어머니가 보셔서는 안 됩니다. 자아! 이제 가주십시오."

노모는 탄식하면서 사라진다. 어머니가 나간 후 대문에 빗장이 걸린다. 준비는 이미 끝났다. 오노토는 칼끝을 목에 갖다 댄다. 그렇지만 죽지 못하고 괴로워한다. 이때 이치로가 마지막으로 부드럽게 아내에게 말을 건네자 그녀의 목은 방바닥에 떨어진다. 그녀의 고통은 이제 끝났다.

그는 서랍을 열고 벼루를 꺼내 먹을 간다. 좋은 붓을 꺼내 화선지에 시 다섯 수를 짓는다. 그중에서 마지막으로 지은 시가 다음의 작품이다.

저승에 전보가 있다면
그곳에 이르러 소식 전하지.

그러고 나서 그는 칼로 자신의 목을 찔렀다.

당국이 이 사건을 조사하면서 밝혀진 사실은 이치로 부부가 사람들에게 좋은 평가를 받았으며 어린 시절부터 모범생이었다는 것이었다.

일본인의 기원에 관한 학문상의 문제는 아직도 해결되지 않았다. 어떤 사람들은 일본인의 원류가 말레이(Malay)인이라고 주장하는데 이들의 주장에는 심리적 근거가 있다는 생각이 든다. 일본 여성은 매우 순종적이고 상냥하다. 서양인으로서는 거의 상상할 수 없을 만큼 상냥한 편이다. 그러나 이와 반대로 실제로 보지 않으면 믿을 수 없을 만큼 비정한 일면이 그녀의 내면에 숨어 있다. 일본 여성은 1,000번이라도 다른 사람을 용서하고 자신을 희생할 마음이 있어 보인다. 그렇지만 일단 자신의 급소를 찌르는 사람이 있다면 격렬하게 분노하며 그 상대를 절대로 용서하지 않는다. 연약해 보이는 여자가 강렬한 용기를 내어 처절한 복수에 나선다. 경탄할 정도의 자제심과 인내력이 그녀의 내면에 존재한다. 그걸 건드리는 것은 위험하다. 그걸 자극한다면 용서는 없다. 단순히 우연한 사건으로 상대의 원한을 사는 경우는 거의 없다. 일본인은 상대의 행동 동기를 엄격하게 검토하고 상대가 의도적으로 자신에게 해를 가했다고 결론지으면 절대로 용서하지 않는다.

부잣집에 초대를 받으면 그 집안의 가보를 구경할 수 있다. 이런 가보는 대체로 일본의 전통적인 차와 관계되는 경우가 대부분이다. 아름다운 상자 하나가 손님 앞에 놓인다. 그걸 열면 꾸러미 몇 개가 있을 뿐이다. 이 꾸러미를 묶은 끈은 부드럽고 섬세하다. 과연 이 속에는 무엇이 들어 있을까? 이런 생각을 하면서 꾸러미를 열어보면 그 안에는 다른 것과는 완전히 구별되는 멋진 꾸러미가 다시 나타난다. 그걸 연다. 그러면 그 안에는 꾸러미 세 개가 또 나타난다. 그중에 한 꾸러미를 열면 다시 조그만 꾸러미가 있는데 그 속에 아주 진귀한 물건이 들어 있다. 어디서 본 적도 없는 기묘하고 단단한 모양의 중국제 토기가 바로 그것이다. 이는 아주 귀중한 물건으로 천 년 이상 지난 골동품이다.

과거 수세기에 걸친 수준 높은 사회문화는 일본인의 국민성을 고귀한 영역으로 발전시켰다. 이는 예의나 섬세함, 인내력, 부드러움, 도덕심 등 모든 영역을 포함한다. 그러나 이런 고귀한 가치의 이면에는 원시시대의 기질이 굳건하게 남아 있다. 이는 몽고인의 기개와 말레이인의 용감성을 말한다.

*

12월 28일

우리 집 뒤뜰 너머에는 조그만 집이 몇 채 있다. 이 초가집에는 가난한 사람들이 살았다. 그 집들 중 한 집에서 고통으로 신음하는 소리가 계속 들려왔다. 밤낮 구분 없이 들려오던 이 소리는 1주일 이상이나 계속되었는데 최근에는 그 강도가 더 강해졌다. 마치 숨을 거두기 직전의 상황과 비슷했다.

"저 집에는 중병에 걸린 사람이 있습니다."

통역을 해준 만에몬(万右ㅗ門) 노인이 가엾다는 듯이 말했다.

나는 그 소리에 신경이 쓰였기 때문에 이렇게 말했다.

"그 사람은 빨리 죽는 편이 주변 사람들을 돕는 거겠군요."

만에몬은 내 말을 듣자마자 불길한 말은 듣고 싶지 않다는 듯이 두 손을 내저으면서 불경을 외우기 시작했다. 그리고 나를 비난하는 듯한 눈길로 바라보며 밖으로 나가버렸다. 나는 양심의 가책을 느껴 하녀를 그 집에 보내 동정을 알아보도록 했다. 환자가 지금 의사의 치료를 받고 있는지 무언가 도와줄 일은 없는지 알아오게 했다. 하녀가 돌아와 보고한 내용에 따르면 환자는 정기적으로 의사의 진료를 받고 있으며 다른 도움은 불필요하다는 것이었다.

그렇지만 인내심이 강한 만에몬조차 그 집에서 들려오는 신음 소리에 상당히 신경을 쓰고 있다는 사실을 알게 되었다. 그가 신음 소리에서 좀 더 벗어나려고 현관 옆의 조그만 방으로 거처를 옮기고 싶다고 말할 정도였으니까. 내 서재는 제일 안쪽에 있기 때문에 마치 환자의 방에 있는 것처럼 신음 소리가 선명하게 들려왔다. 환자의 신음 소리에는 고통의 강도가 실려 있었다. 나는 이 환자가 언제까지 목숨을 유지할지 자문자답해보았다.

오늘 아침 아주 늦은 시각에 환자의 방에서는 신음 소리보다 더 큰 목탁 두드리는 소리와 불경 외우는 소리가 들렸다. 이때 나는 솔직히 안도감을 느꼈다. 스님과 친척들이 집에 모인 듯했다.

"이제 죽음을 맞이하는 듯하군요."

만에몬이 말했다. 그리고 그 역시 '묘법연화경'을 외웠다.

불경을 외우는 소리와 목탁 두드리는 소리는 수시간 동안 계속되었다. 그 소리가 그치자 다시 신음 소리가 이어졌다. 숨을 들이쉬고 내쉬는 신음 소리다. 저녁이 되자 신음 소리는 더욱 강해졌다. 소름 끼치는 소리다. 그때 갑자기 신음 소리가 그친다. 순간적으로 침묵이 이어진다. 곧이어 처참한 통곡 소리가 들려온다. 여인의 통곡 소리다. 이름을 부르며 통곡하는 소리가 들려온다.

"아아! 드디어 죽었군요."

만에몬이 말했다.

나는 집에서 이 문제에 대해 의논했다. 만에몬에게 듣기로 그 집안은 매우 가난하다고 했다. 그래서 만에몬에게 그다지 많은 돈은 아니지만 장례식 비용으로 얼마간을 도와주면 어떻겠느냐고 제안했다. 만에몬은 나의 순수한 뜻을 알았기 때문에 나를 칭찬했다. 나는 하녀에게 우선 정중하게 조의를 전하고 그간의 사정을 알아오라고 했다. 죽은 사람에게 어떤 비극적인 일이 있었으리라고 짐작했다. 일본에서 일어나는 비극 중에는 흥미로운 사건이 대부분이다.

*

12월 29일

내가 예상했던 대로 죽은 자의 이야기는 들어볼 만한 가치가 있었다. 그 집은 4인 — 연로하여 쇠약해진 부모와 두 아들 — 가족이었다. 이번에 죽은 사람은 올해 34세인 장남이었다. 그는 7년이나 병을 앓았다. 그의 동생은 인력거를 끌면서 집안을 지켜왔다. 그는 인력거가 없어서 다른 사람에게 빌려 일했는데 그 비용만도 하루에 5전이었다. 그는 몸이 건장했기 때문에 빠른 속도로 달릴 수 있었으나 벌이는 수월치 않았다. 최근 인력거도 경쟁이 격화되어서 그다지 돈을 많이 벌 수 없었던 것이다. 부모와 병든 형을 부양하는 게 고작이었다. 아마 그에게 불굴의 절제력이 없었다면 이때까지 버틸 수 없었을 것이다. 그는 술도 한 잔 마시지 않을 정도로 스스로를 절제해왔으며 결혼도 아직

하지 않았다. 그저 부모와 형에게 의리를 지키기 위해 살아왔을 뿐이다.

　이번에 죽은 형에게는 다음과 같은 사연이 있었다. 스무 살 무렵에 그는 생선 장사를 했는데 어느 여관의 하녀를 사랑하게 되었다. 하녀 역시 그를 사랑했다. 두 사람은 서로 마음 깊이 사랑했다. 그러나 두 사람이 결혼하려고 마음먹었을 때 시끄러운 문제가 발생했다. 어떤 부자가 심성이 고운 그녀에게 반해 정식으로 결혼해달라고 청혼한 것이다. 그녀는 그 부자를 싫어했다. 부자는 좋은 조건을 제시해 그녀의 부모를 자기편으로 만들어버렸다. 이런 상황에 절망한 두 사람은 '정사'하기로 결심했다. 두 사람은 밤에 만나 결의의 술잔을 나누고 이 세상에 이별을 고하기로 했다. 남자는 칼을 들어 사랑하는 여자를 단번에 살해하고 다음에는 자신의 목을 찔렀다. 그러나 그의 목숨이 끊어지기 전에 그가 머물고 있는 방에 사람들이 들이닥쳤다. 사람들은 그의 손에서 칼을 빼앗고 경찰을 부른 다음 군의(軍醫)를 불러왔다. 그는 병원에 실려가 정성스러운 치료를 받고 목숨을 건졌다. 수개월의 회복기를 거친 후 그는 살인죄로 고소를 당했다.

　어떤 판결이 내려졌는지 구체적인 내용은 알 수 없다. 단지 당시 일본에서는 이런 사건에 대해 재판관 개인이 재량껏 형량을 정하는 경우가 일반적이었다. 또 정상 참작이 법률에 의해 규제를 당하는 경우도 없던 시절이었다. 재판관은 그가 '정사'에서 살아남은 것이 무엇보다도 잘못이라고 생각했던 것 같다. 그는 일정 기간의 금고형을 치른 후에 가족의 품으로 돌아왔다. 그러나 세간의 눈을 무시할 수는 없었다. 그는 경찰의 감시를 받았고 사람들은 그를 의도적으로 피했다. 살아남은 것이 그의 치명적인 실수였던 것이다. 양친과 동생이 그의 곁을 지켰다. 곧 그는 원인을 알 수 없는 중병에 걸렸다. 그렇지만 그는 생에 집착했다.

　사건이 발생했을 당시에 적당한 치료를 받았지만 훗날 목에 남은 상처가

치명적인 통증을 유발했다. 겉으로 보기에는 완전히 나은 것처럼 보였으나 악성 종양이 상처 부위에서 천천히 퍼지기 시작한 것이다. 이 종양은 기관지로 퍼졌다. 외과 의사의 메스도, 뜨거운 인두도 그의 병세를 약화시키지는 못했다. 그는 날로 커져가는 고통에 맞서서 7년 동안 연명했다. 죽은 자를 배신한 자, 함께 저승에 가자는 약속을 어긴 자에게는 죽은 자가 해코지를 한다는 불길한 미신이 전해진다. 사람들은 살해당한 여자가 그의 상처 부위를 들추는 것이라고 했다. 낮에 외과 의사가 상처를 치료하면 밤에는 죽은 여인이 찾아와 그 상처를 원래대로 되돌려놓는다는 것이다. 밤이 되면 그는 격렬한 통증에 시달렸고 특히 여인과 '정사'를 하기로 약속한 시간이 되면 통증의 강도는 더 심해졌다.

한편 그의 가족은 돈을 아껴 약값이나 치료비를 마련했다. 식구들은 그를 위해 자신들은 생전 맛본 적도 없는 영양가 많은 음식을 사는 데 돈을 치렀다. 그들은 일가의 수치이고 가난함의 원흉이며 그저 짐에 불과한 생명을 지키기 위해 온갖 희생을 감수해왔다. 그리고 이제 그런 짐이 사라진 순간 그들은 눈물을 흘리는 것이다.

우리는 누군가를 위해 희생하는 사람을 보았을 때 그것이 얼마나 고통스러운 일인가 가늠하며 상대를 동정한다. 그러나 인간은 자신에게 가장 커다란 고통을 주는 사람을 가장 사랑하는 것이 아닌가 하는 생각이 들기도 한다.

12

비원 달성

시가지는 흰 군복으로 뒤덮였고 진군나팔이 귀청을 찢는다. 포병대가 거리를 통과하는 소리가 우렁차게 들려온다. 일본 군대가 조선을 제압한 것은 이번으로 세 번째다.[1] 청나라에 대한 선전포고는 진홍색 종이에 인쇄되었으며 이 지역의 각 신문사가 배포했다. 제국 군대는 총동원 태세에 들어갔다. 예비병 역시 제1그룹이 소집되어 각각의 부대가 구마모토에 결집했다. 이곳을 통과하는 대군이 숙박하는 데 막사나 여관, 사찰만으로는 부족하여 수천 명이 민가에 머무르게 되었다. 특별열차가 북쪽에 위치한 시모노세키(下關)에서 대기하고 있는 수송선까지 병사들을 긴급 수송하고 있으나 열차로는 충분치 않은 듯했다.

---

1 진구 황후(神功皇后)의 삼한정벌, 도요토미 히데요시의 조선 침략에 이어 20세기 초반 일본의 조선 침략을 말하는 것으로 보인다. -역주

그러나 군대가 대이동을 함에도 시내는 놀라울 정도로 안정된 상태였다. 군대의 대열이 이동하는 모습은 수업 중의 일본 학생들이 그러한 것처럼 조용하고 어른스러웠다. 지나치게 설치고 다닌다든지 건방진 태도를 취하는 사람은 아무도 없었다. 사찰의 승려들은 부대별로 병사들을 모아 경내에서 설교를 했고 연병장에서는 교토에서 초대받은 큰스님이 거창한 의식을 거행하기도 했다. 큰스님이 손수 부처님의 축원을 약속한 병사만도 수천 명에 이르렀다. 젊은 병사들의 머리에 면도질을 하는 행위에 불과했으나 이런 의식은 병사들에게 안도감을 느끼게 해주었다. 이런 의식을 통해 병사들은 정화를 받은 것이다. 또 민간신앙의 전통이 강한 신사에서도 신관과 서민이 한마음이 되어 의식을 거행했다. 이는 과거에 황제를 위해 목숨을 바쳤던 '영웅의 사령(死靈)'이나 '군대의 신'에게 드리는 기도이다. 후지사키궁(藤崎宮)이라 부르는 신사에서도 다양한 의식이 거행되었다. 그러나 그중에서 가장 큰 의식이 거행된 곳은 니치렌슈의 사찰로 유명한 혼묘지(本妙寺)이다. 이곳에는 조선의 정복자이자 예수회의 일본 진출에 맞서 불교를 보호한 인물로서 유명한 가토 기요마사의 유해가 300년 동안이나 안치되어 있다. 혼묘지에서 순례자들이 외치는 주문이 마치 파도치는 소리처럼 들려온다. 또 이곳에서는 사찰의 모습을 본뜬 조그만 조형물을 살 수 있다. 더욱이 이런 조형물에는 이곳 사람들이 신으로 숭배하는 무사의 모습이 새겨져 있다. 본전이나 본전과 이어지는 길가에 위치한 사찰에서는 독경 소리가 들려온다. 이 독경은 영혼의 구원을 비는 행위이다. 가토 기요마사의 갑옷과 투구 그리고 칼은 300년 동안이나 본전에 안치되어 있다. 그러나 최근 이 유품이 보이지 않는다고 한다. 군의 사기를 높이기 위해 누군가가 이 유품을 조선으로 보냈다는 소리도 들려온다. 또 경내에서 말발굽 소리가 들리고 오랫동안 잠들어 있던 가토 기요마사의 유해가 몸을 일으켜 정복의 꿈을 성취하라고 외친다고 말하는 사람도 나타났다. 이는 모두 지어낸 이야기일 것이다. 하지만 이를 믿는 사람은 시민뿐이 아니다. 지방에서 모여든 소박한 소년 병사나 백전노장의 병사 중에서도 이를 믿는 사람이 적지 않다. 마라톤 전쟁에서 무장 테세우스의 재래(再來)를 믿은 아테네 병사들처럼. 오히려 이 정도만이 아니라 신병들에게 구마모토는 위대한 무장이 숨쉬는 신비스러운 땅으로 비치는 듯했다. 가토 기요마사가 건축한 구마모토 성은 바로 조선에서 그가 공략했던 성곽의 구조를 본뜬 구조물이었다.

전쟁터에 출전하기 직전에 사람들은 기묘할 정도로 냉정하고 침착한 태도를 보였다. 다른 곳에서 온 사람이 외면적인 분위기만으로 봐서는 이곳의 실상을 파악하기 어렵다. 공공장소에서는 물을 뿌린 듯 고요한 분위기가 지속된다. 이는 일본인의 가장 대표적인 특징으로 일본인들은 자신의 감정을 억제하는 데 익숙하다. 일본 천황은 조선에 주둔하고 있는 자국 군대에 물자를 보내고 병사들에게는 마치 부모와 같은 입장에서 따뜻한 말을 건넸다. 일반 시민도 이를 따라 술이나 식량, 과일, 담배 등을 보냈다. 조선으로 떠나는 수송선은 이런 것들로 가득했다. 값비싼 물품을 준비하지 못한 사람들은 직접 짚신을 만들어 보내기도 했다. 구마모토는 결코 풍족한 지역이 아니었으나 나라를 위한 충성심을 표현한다는 면에서는 어느 지역에도 뒤지지 않았다. 빈부를 가리지 않고 시민 모두가 모금활동에 적극적으로 참여했다. 상인들이 갹출한 수표는 직인(職人)이 모금한 지폐, 노동자의 은화, 인력거꾼의 동화(銅貨)와 뒤섞여버렸다. 그 누구도 누군가의 명령에 따라 이런 행동을 한 것이 아니었다. 그저 따뜻한 형제애의 결과로 이런 행동이 자연스럽게 나타난 것이다. 어른뿐만 아니라 아이도 참가했다. 그 누구도 이런 모금에 반대하지 않았다. 애국정신에 따른 이런 행동을 저지할 수는 없다. 이번 전쟁에 출정하는 병사들의 가족을 돕기 위한 모금도 동시에 이뤄졌다. 예비병 중에는 기혼자가 많았는데 원래부터 그다지 풍족하지 않았던 가족을 남겨두고 이번 소집에 응한 사람도 많았다. 그들은 가족에 대한 아무런 대책도 없는 상황에서 전쟁터로 출발해야만 했다. 시민들은 이런 병사들의 사정을 모른 척할 수 없었다. 시민들은 이들을 돕기 위해 진지한 태도로 모금에 응했다. 이런 원조를 받은 병사들이 자신의 임무를 사무적으로 수행할 수는 없다. 그들은 자신의 임무에 최선 그 이상을 다할 것이다.

*

만에몬이 손님이 찾아왔다고 알린다. 군인이라고 한다.

"뭐라고요! 군인이라고요? 그거 곤란한 일이군요. 이 집은 너무 좁아요. 무슨 일 때문에 왔는지 물어봐요."

"물어봤는데 당신을 알고 있다고 합니다."

현관을 나서보니 군복을 입은 젊은이가 서 있다. 다가가니 그는 빙긋 웃으면서 모자를 벗었다.

도대체 누구지? 언젠가 본 적이 있다. 도대체 언제 본 사람이지?

"선생님! 설마 저를 잊지는 않으셨겠지요?"

아직 그는 자신의 이름을 밝히지 않았다. 그의 얼굴을 자세히 뜯어보자 청년은 웃으면서 이름을 말했다.

"야스코우치 아사키치."

두 손을 내미는 나의 손길이 얼마나 떨렸는지!

"올라오세요. 올라오세요."

나는 나도 모르게 큰 소리로 말했다.

"정말 몰라보게 어른이 되었군요. 이 정도면 당연히 몰라볼 수밖에요."

그는 내 말에 소녀처럼 얼굴을 붉히면서 군화를 벗고 군도를 뺐다. 그는 학생이었을 때 내가 던진 질문에 오답을 말하면 얼굴을 붉혔고 정답을 말해 잘했다는 칭찬을 들어도 부끄러워했다. 그는 지금도 열여섯 살 마쓰에 중학 시절의 부끄러움 많던 순정을 간직하고 있었다. 그는 상관에게 별도의 허락을 받고 인사를 하러 왔다고 했다. 내일 아침에 그가 속한 부대는 조선으로 향할 예정이었다.

우리는 저녁을 함께 먹으면서 이즈모와 기쓰키에서의 재미있었던 일을 떠올리며 대화를 나누었다. 와인이라도 조금 마시는 게 어떠냐고 권하자 군대에 있는 동안에는 술을 마시지 않겠노라 어머니와 약속했다고 한다. 우리는 와인은 포기하고 커피를 마시기로 했다. 나는 그에게 무슨 이야기든 좋으니 말해보라고 했다. 졸업 후에 그는 집안의 일을 거들려고 고향에 돌아갔다. 고향에서 그는 학교에서 배운 농업 지식이 얼마나 유용한 것인지 통감했다. 다음 해에 그는 열아홉 살인 친구들과 함께 징병검사를 받았다. 신체검사와 학력검사의 두 분야였다. 군의관과 징병을 전담하는 소좌(少佐)가 검사를 담당했는데 그는 1급 판정을 받았다. 그는 군대에 입대했다. 13개월의 병역기간을 마친 후에 그는 군조(軍曹)[2]까지 승격했다. 그는 군대가 자신의 적성에 맞는다고 생각했다. 나고야, 도쿄 그리고 주둔지를 전전하며 군대생활을 했다. 그런데 최근 이런 자신의 경력으로는 조선에 갈 수 없다는 판단을 내리고 구마모토 사단에 전출을 신청하여 허가를 받았다고 한다.

"지금 저는 매우 기쁩니다."

그의 얼굴에는 환희의 표정이 떠올랐다.

"내일 출정합니다."

---

2 군조: 일제 강점기 때 일본군 하사관 계급의 하나. 오장(伍長)의 위, 조장(曹長)의 아래로서 지금의 중사에 해당한다.-역주

이때 그는 자신의 감정을 너무 직설적으로 표시했다는 생각이 들었는지 다시 얼굴을 붉혔다.

'인간의 진심을 유혹하는 것은 즐거움이 아니라 고통이나 죽음이다.'

나는 그의 얼굴을 보면서 토머스 칼라일(Thomas Carlyle)의 말을 떠올렸다. 그 당시 소년의 눈에서 보았던 환희 – 사실 이 이야기는 일본인에게 하고 싶었지만 아직 하지 못한 것이다 – 는 결혼식 날 아침 한 청년의 눈에 나타날 법한 찬란한 빛처럼 감동적이었다.

"기억납니까? 언젠가 수업시간에 천황폐하를 위해 자신의 몸을 바치고 싶다고 말했던 것을."

"물론입니다."

그는 웃으면서 대답했다.

"그런 절호의 기회가 찾아왔습니다. 저뿐이 아닙니다. 우리 학급의 몇 명에게도 그런 기회가 왔습니다."

"다른 학생들은 지금 어디에 있습니까? 함께 있습니까?"

"아닙니다. 다른 학생들은 지금 히로시마 사단에 있는데 그들은 이미 조선으로 출정했습니다. 이마오카(今岡)를 기억하십니까? 키가 큰 학생이었지요. 그리고 나가사키, 이시하라 등은 모두 세이칸(成歡)에서 벌어졌던 전투3에 참가했습니다. 군사교관이었던 중위도 참가했다는데 기억하십니까?"

"후지이(藤井) 중위였지요. 후지이 중위."

"그는 예비역으로 등록된 상태에서 조선으로 갔습니다. 선생님이 이즈모를 떠나신 후에 그는 또 아들 하나를 얻었습니다."

"그 당시도 조그만 여자아이 둘과 아들이 한 명 있었지요. 내가 마쓰에에

---

3 1894년 서울 아산만에 거점을 둔 청나라 군대를 공격하여 일본군이 승리한 전쟁.-역주

있을 때도."

"네. 그랬지요. 이번에 아들이 둘이 된 것이지요."

"그렇다면 가족이 모두 걱정하겠군요. 그렇지 않습니까?"

"아닙니다. 전혀 걱정할 바가 아니지요."

소년은 단호한 어조로 말했다.

"전사(戰死)는 명예로운 일이고 정부는 유족의 뒷바라지를 철저하게 할 것입니다. 그렇기 때문에 군인에게 전쟁은 전혀 두려운 일이 아닙니다. 단 대를 이을 아들을 얻지 못하고 죽는다면 비참하겠지요."

"그건 무슨 이유 때문인가요? 난 이해할 수 없습니다."

"서양은 다릅니까?"

"서양은 오히려 반댑니다. 우리는 아이를 이승에 둔 채 죽는 사람을 애처롭게 여깁니다."

"예? 그건 어떤 이유 때문입니까?"

"훌륭한 부친이라면 자식의 장래를 걱정하는 건 당연합니다. 갑자기 아버지가 사라진다면 정말 아쉬운 일이겠지요."

"일본에서 군인 가정은 다릅니다. 친척들이 아이들을 보살펴줄 것이고 정부로부터 유족연금을 받을 수 있습니다. 그렇기 때문에 정상적인 부친이라면 전쟁터에 나간다고 해도 전혀 걱정할 일이 아닙니다. 오히려 아이도 없이 전사하는 게 가엾은 일이지요."

"부인과 자식들이 가엾다는 말인가요?"

"아닙니다. 부인과 아이들을 남겨둔 채 죽는 남편이 가엾다는 말입니다."

"죽는 사람 입장에서 아이들이 무슨 의미가 있습니까?"

"아들은 대를 잇습니다. 아들은 집안을 상징합니다. 또 아들은 조상의 제사를 지냅니다."

"죽은 사람에 대한 공양을 말하는 것입니까?"

"이제 제 말을 제대로 알아들으시는군요."

"사실관계는 이해합니다만 심정적으로는 이해할 수 없습니다. 군인들은 지금도 그렇게 생각합니까?"

"분명히 모두 그렇게 생각할 것입니다. 서양에서는 이렇게 생각하지 않습니까?"

"그런 시대는 이미 지났습니다. 고대 그리스인나 로마인은 그런 생각을 했던 것 같습니다. 그들은 조상의 영혼이 자신의 집에 머무르고 있다고 믿었습니다. 또 조상이 후손이 바치는 공물을 매일 받으면서 가족을 지켜준다고 생각했습니다. 왜 그들이 그런 생각을 했는지 나도 어느 정도는 알고 있습니다. 그러나 심정적으로는 이해할 수 없습니다. 왜냐하면 자신을 알지도 못하는 먼 조상이 자신을 지켜준다고 생각하기는 힘들기 때문입니다. 마찬가지로 일본인이 죽은 자를 대하는 감정도 이해하기 어렵습니다."

"그렇다면 선생님은 죽음이 모든 것의 종말이라고 생각하십니까?"

"그렇다고 볼 수 있지요. 어떤 종류의 감정은 조상으로부터 후손에게 전해집니다. 관념이 전해지는 경우도 있겠지요. 죽은 자에 대한 일본인의 감정이나 사고, 살아 있는 자가 죽은 자에게 수행해야만 하는 의무나 관념은 서양인과는 다른 것이겠지요. 우리에게 죽음은 완전한 이별을 의미합니다. 살아 있는 대상뿐만 아니라 세계와의 이별을 의미하는 것이지요. 죽은 자가 얼마나 어둡고 기나긴 길을 걸어야만 하는지는 불교의 가르침을 통해 일본인도 알고 있지 않습니까?"

"저승으로의 여정을 말씀하시는군요. 우리 모두는 죽음의 길을 걸어갈 수밖에 없습니다. 그렇지만 우리는 그 여행을 완전한 이별이라고 생각지는 않습니다. 일본인은 죽은 자가 항상 우리 곁에 함께 있다고 생각합니다. 우리는 매일같이 그들과 대화를 나누기도 하니까요."

"그건 알고 있습니다. 단지 내가 이해하기 어려운 것은 그런 사실관계의 배후에 있는 사상입니다. 죽은 자가 저승에 갔다면 왜 조상의 위패에 공물을 바쳐야 합니까? 왜 기도를 해야 하지요? 그런 행동을 한다면 조상은 저승에 간 것이 아니라 위패에 아직 머무르고 있는 것이 아닙니까? 그런 상태라면 보통의 일본인은 불교와 신도의 가르침을 혼동하고 있는 것이 아닙니까?"

"그런 사람도 많겠지요. 그러나 불교를 믿지 않는 사람이라도 이곳저곳에서 공물을 바치고 불공을 드리는 경우가 있습니다. 보살을 모신 사찰에 공물을 바치기도 하고 집안의 불단에 공물을 바치기도 합니다."

"그렇지만 저승에 있어야 할 영혼이 이곳저곳에 동시에 존재하는 것은 어쩐 일인가요? 만일 인간의 영혼이 복수로 존재한다면 논리적으로 모순이지요. 불교의 가르침에 따르더라도 이는 맞지 않습니다."

"우리의 영혼은 하나이기도 하고 복수이기도 합니다. 마치 공기처럼 이곳저곳에 존재합니다."

"공기처럼?"

"네. 그렇습니다."

나의 젊은 친구는 불교에서 가리키는 '저승'의 개념과 신도의 조상 숭배가 서로 뒤섞여 있다는 듯이 말했다. 아마도 불교사상을 연구하는 이들조차 이 두 사상 사이의 심각한 모순을 알아차리지 못할 것이다. '묘법연화경'이라고 부르는 경전에 따르면 '불토(佛土)'는 '공(空)'과 비슷한 개념이다. 먼 옛날 '열반'에 도달한 석가는 그곳에서 사멸한 후 영원히 우주를 떠돌고 있다고 한다. 또 '묘법연화경'의 다른 부분을 보면 석가가 '갠지스의 모래알처럼 무수히 쪼개진 내 분신을 일으켜 세우기 위해 이곳에 왔다'고 말한 대목도 있다. 그러나 생각해보면 신도의 소박한 관념체계와 불교의 가르침이 조화를 이룰 가능성은 없다.

"아사키치 군은 진실로 죽음을 또 다른 삶이나 빛이라고 생각합니까?"
내가 물었다.

"그렇습니다."

그는 웃으면서 확실하게 대답했다.

"우리는 죽은 후에도 가족과 함께 있을 것입니다. 부모님을 뵐 수도 있겠지요. 친구도 마찬가지입니다. 우리는 계속 현세에 존재할 것입니다. 지금처럼 빛을 볼 수도 있겠지요."

(이 순간 나는 '당신의 미래는 어떻게 될까?'라는 주제로 작문시간에 학생들이 썼던 글 – 우리의 영혼은 영원히 우주를 떠돌리라 – 이 떠올랐다.)

"그렇기 때문에" 아사키치는 말을 이어갔다.

"아들이 있는 사람은 기쁜 마음으로 죽을 수 있습니다."

"아들이 위패에 제물을 바치기 때문입니까? 먹는 것, 마실 것이 없으면 인간의 영혼은 편안하지 않은 것입니까?"

나는 아사키치를 힐난하듯이 말했다.

"그런 이유 때문만은 아닙니다. 더 중요한 일이 남아 있습니다. 누구든 죽은 후에도 자신을 사랑해줄 사람이 필요합니다. 아시겠습니까?"

"그거야 얼마든지 이해할 수 있지요. 그러나 그 내면은 도저히 이해가 가지 않는군요. 살아 있는 사람의 사랑이 죽은 자를 행복하게 해줄 수 있을까요. 죽은 후에도 인간이 사랑을 자각할 수 있다는 것은 나로서는 도무지 납득이 가지 않는군요. 더욱이 아사키치 군은 이제 먼 전쟁터로 향하려는 중입니다. 아들이 없는 몸인데 자신이 한심하다고 생각지 않습니까?"

"그런 생각은 전혀 들지 않습니다. 저는 아직 아들일 뿐입니다. 형도 있습니다. 부모님도 건재하십니다. 형이 부모님을 돌봐드리고 있습니다. 만일 전쟁터에서 죽는다고 해도 제게 아쉬운 일은 한 가지도 없습니다."

"죽은 분에게 드리는 공양은 몇 년이나 합니까?"

"100년입니다."

"고작 100년?"

"그렇습니다. 사찰에서도 위패는 100년 동안 모시게 되어 있습니다."

"그렇다면 100년 후에 죽은 자는 그 누구의 기억 속에서도 사라진다는 말이군요. 소멸한다는 말입니까? 영혼에 죽음이 존재하는 것이로군요."

"그렇지는 않습니다. 단 100년이 지나면 이제 우리와 함께 있지 않게 된다는 말입니다. 새롭게 태어나는 사람도 있고 신이 되는 사람도 있습니다. 우리는 그들을 신으로 모시는 것이지요. 제삿날에는 그들의 위패에 제물을 바칩니다. 우리가 죽은 자를 사랑하는 것이 선생님에게는 특이하게 여겨지는 듯하군요."

"아닙니다."

나는 대답했다.

"아름다운 습관이라고 생각합니다. 그렇지만 나 같은 외국인은 그런 습관을 현대적이라고는 생각하지 않아요. 아주 먼 고대의 풍습처럼 생각됩니다. 고대 그리스인이 죽은 자를 대하던 사고방식과 현대 일본인의 사고방식은 정확히 일치합니다. 페리클레스 시대의 아테네 병사가 느끼던 감정을 메이지 시대의 일본인이 느끼고 있다고나 할까요. 그리스인이 죽은 자에게 희생을 바쳤으며 용감한 자나 애국자의 영혼에 얼마나 존경심을 표시했는지는 수업시간에 배운 적이 있지요?"

"네. 배웠습니다. 그들의 풍습은 얼마쯤 우리와 비슷합니다. 청나라와의 전쟁에서 전사한 병사는 상당한 존경을 받을 것입니다. 그들은 신으로서 숭배를 받겠지요. 천황폐하 역시 그들에게 경의를 표시할 것입니다."

"그러나" 나는 말했다.

"조상의 묘에서 상당히 떨어진 곳에서 죽음을 맞는다는 것은 서양인에게는 참혹한 일입니다."

"일본에서는 그렇지 않습니다. 고향에서는 전사자에게 경의를 표시하는 기념비가 세워질 것입니다. 유해 역시 화장된 상태로 고향에 돌아오겠지요. 가능하면 이 같은 절차를 밟습니다. 대격전 후에는 이렇게 되지 않을 수도 있습니다만."

이때 나의 뇌리에는 호메로스(Homeros)의 『일리아스』의 한 구절이 불현듯 떠올랐다. '사자를 태우는 짚은 엄청난 규모로 타오르고 있었다.'

"그리고 이번 전쟁에서 사망한 군인의 영혼은 국가가 위험에 처할 때마다 사람들에게 기원의 대상이 되겠지요?"

내가 물었다.

"네. 우리는 모두 일본 국민에게 사랑과 존경을 받을 것입니다."

그는 '우리'라는 말을 사용했다. 자신의 운명을 따르겠다는 각오가 되어 있는 인간만이 입에 담을 수 있는 말이었다. 잠시 입을 다물었다가 그는 다시 말을 이어갔다.

"중학교의 최종 학년 때에 저는 도보훈련을 나간 적이 있습니다. 우리는 오우(意宇)의 어떤 영웅을 모신 신사에 참배를 하러 갔습니다. 그곳은 언덕으로 둘러싸인 아름답고 인적이 거의 없는 곳이었습니다. 키가 큰 나무들이 신사의 주변에 짙은 그림자를 만들었습니다. 신사는 어두컴컴하고 아무런 소리도 들리지 않았습니다. 우리는 대열을 지어 신사 앞에 섰습니다. 누구 한 사람도 떠들지 않았습니다. 신성한 나무 사이로 나팔 소리가 들려왔습니다. 그 소리는 마치 돌격 나팔 소리 같았습니다. 우리는 전원 무기를 신사에 바쳤습니다. 눈에서 눈물이 솟구쳐 올랐습니다. 그 이유는 알 수 없습니다. 학급 친구들을 바라보니 모두 나와 같은 감정을 느끼는 듯했습니다. 선생님은 외국인이기 때문에 당시의 제 감정을 이해할 수 없을 것입니다. 일본에는 이런 감정을 표현한 짧은 시가 있는데 보통의 일본인이라면 누구나 아는 것입니다. 이 시는 사이고 법사(西行法師)라는 유명한 스님이 남긴 것입니다. 이 스님은 승려가 되기 이전에 사토 노리키요(佐藤義清)라는 이름의 무사였다고 합니다.

어떤 이유에선지
알 수 없으나
그러나
신사 앞에 오면
감사의 눈물이 흘러넘치네.

이런 고백을 듣는 것은 이번이 처음이 아니었다. 내 제자들은 전통적인 신사에서 느낀 감정을 있는 그대로 말하곤 했다. 실제로 아사키치의 경험은 개인적인 것이 아니었다. 넓은 바다의 파도가 독립된 개체가 아닌 것처럼. 그는 그저 일본인의 전통에 묻어 있는 감정을 입에 담았을 뿐이다. 그것은 애매한 감정이기는 하지만 신도의 전통을 대변하는 경험이기도 했다.

우리는 여름의 저녁 하늘이 캄캄해질 때까지 이야기를 계속했다. 별들이 빛나고 전등에 불이 들어왔다. 나팔 소리가 울렸다. 그때 구마모토 성 성벽에서 벼락 같은 굉음이 퍼지기 시작했다. 남자들의 거대한 합창이다.

서쪽도 동쪽도 모두 적(敵)
남쪽도 북쪽도 모두 적
몰려온다.
사쓰마 쪽에서.

"아사키치 군 역시 이 노래를 배운 적이 있지요?"
"네. 군인이라면 모르는 사람이 없습니다."
아사키치가 대답했다.
이 노래는 세이난 전쟁 당시 구마모토 성을 둘러싸고 벌어졌던 공방전 때에도 불렀다. 우리는 노랫소리에 귀를 기울였다. 군인들의 함성 속에서 노랫말이 들려왔다.

땅도 무너지고
하늘도 무너진다
산이 무너져 바다가 되고
강인한 정신은 어려움을 견딘다
그중에 변하지 않는 건
영원한 일본 정신.

아사키치는 노래의 무거운 박자에 어깨를 흔들며 한동안 귀를 기울이고 있었다. 그는 갑자기 나를 바라보며 입을 열었다.
"선생님! 이제 돌아가야 할 시간입니다. 오늘은 정말 감사했습니다. 정말 행복한 하루였습니다. 그런데 사실은……."
그는 이 말을 하면서 안주머니에서 봉투를 꺼냈다.
"이걸 맡아주십시오. 언젠가 제 사진을 갖고 싶다고 하셨지요?"
그는 자리에서 일어나 군도(軍刀)를 착용했다. 나는 현관에서 그의 어깨를 굳게 잡았다.
"선생님! 조선에서 무엇을 보내드리면 좋겠습니까?"
그의 질문에 나는 대답했다.

"편지로 만족합니다. 다음 전투에서 큰 승리를 거둔 다음에라도 괜찮습니다."

"알겠습니다. 편지를 쓸 시간이 있으면 그렇게 하겠습니다."

그가 늠름하게 일어서자 마치 동상처럼 보였다. 그는 군인 방식으로 경례를 하고 문밖으로 사라졌다.

나는 손님이 사라진 거실로 돌아와 몽상에 잠겼다. 군인들의 노랫소리가 천둥처럼 들려왔다.

*

지방신문에 실린 명부에 '야스코우치 아사키치'의 이름을 확인한 날, 만에몬은 거실에 조등을 달았다. 그는 꽃병에 생화를 꽂고 제등 몇 개에 불을 밝히고 향불을 피운 다음 나를 불렀다. 제단에 다가가 청년의 사진을 올리고 나는 그 자리에 한동안 서 있었다. 사진 앞에는 밥과 과일 그리고 온갖 과자 등 제물이 차려져 있었다.

"아마도 선생님이 말을 건네면 죽은 자도 즐거워할 것입니다. 저분은 선생님의 영어를 알아듣는 분이니까요."

만에몬이 말했다.

나는 그의 말에 따라 사진에 말을 건넸다. 그러자 영정의 사진이 미소를 짓는 듯했다. 그러나 내가 그에게 무슨 말을 했는지는 그와 신만이 알 것이다.

13

어느 여인의 일기

최근 나는 아주 희귀한 원고를 얻었다. 이 원고는 길고 가느다란 종이 17장으로 되어 있는데 그 안은 아주 조그만 일본 문자로 가득 채워져 있다. 이것은 일기나 비망록으로 볼 수 있는데 어떤 여인이 자신의 결혼생활을 기록해놓은 것이다. 그 여인은 이미 죽었다. 이 일기는 그녀의 바느질 통에서 발견되었다.

이 원고를 내게 건네준 친구는 만약 이 일기가 공표할 가치가 있는 것이라면 얼마든지 번역해 사용하라고 말했다. 나는 기꺼이 친구의 제안을 받아들였다. 일본 여인의 순수한 생각과 감정 그리고 인생의 희비를 사실적으로 표현한 일기를 입수하기란 쉬운 일이 아니다. 이 원고는 진지하고 슬픈 사건의 연속이다. 그녀는 외국인이 자신의 일기를 읽어보리라고는 전혀 생각지 못했을 것이다. 나는 아주 적나라한 내용이 담긴 이 일기를 있는 그대로 번역해보았다.

나는 그녀의 영혼에 경의를 표한다. 그녀가 지금 살아 있어서 자신의 일기를 다시 읽어본다고 해도 납득할 수 있을 정도로 원문을 충실하게 살렸다. 그리고 그녀의 프라이버시에 관한 문제 때문에 몇 군데는 번역하지 않았다. 일본의 신앙이나 습관에 관해서는 주석을 붙였다. 그러나 주석을 붙인다고 해도 서양인이 도저히 이해할 수 없는 부분은 두세 군데 생략하기도 했다. 등장인물의 이름은 바꿨다.

일기에 확실하게 기록된 사실이나 암시된 내용을 제외하면 여인에 대한 개인적인 이력을 확인하기란 쉽지 않았다. 그녀는 경제적으로 최하층 출신이며 30세까지 미혼이었고 여동생은 이미 몇 년 전에 결혼한 듯하다. 이는 일상적인 관습과 거리가 있는 일인데 이 일기에서는 이 문제에 대해 아무런 내용도 언급하고 있지 않다. 원고와 함께 발견된 그녀의 사진을 보면 그녀는 미인은 아니었다. 그러나 마음이 따뜻해 보이고 결코 느낌이 나쁜 편은 아니었다. 그녀의 남편은 공공기관의 사환이었는데 주로 야근을 했다. 그의 월급은 월 10엔이었다. 여인은 집안 살림을 돕기 위해 집에서 종이에 담배를 마는 일을 했다.

원고를 보면 여인이 몇 년간 학교에 다닌 적이 있다는 사실을 알 수 있다. 가나를 자유자재로 구사하지만 한자는 그다지 알지 못한다. 그녀의 글씨는 초등학교 여학생 수준이다. 그렇지만 문장에서 오류는 발견되지 않았고 오히려 달변일 정도다. 어투는 도쿄 방언으로 보통 사람들의 말투이고 상투적인 표현이 많으나 조잡한 구석은 없다.

그녀는 그저 먹고살기에 바쁜 가난한 여인이다. 이런 여인이 누군가 읽어주지도 않을 일기를 정열적으로 쓴 이유는 과연 무엇일까? 서양인에게는 이런 측면이 신비하게 보일지도 모를 일이다. 이런 의문을 품고 있는 이들을 위해 일본의 속담을 소개하고 싶다. '글을 쓰는 것은 슬픔을 달래는 최고의 약이다.' 실제로 일본에서는 가난한 사람도 자신의 감정을 노래로 표현한다. 일기의 마지막은 항상 고독한 병상인 경우가 많다. 그런 고독감으로 거의 미칠 듯한 상태에 빠졌을 때 그녀는 자신의 감정을 진정시키기 위해 글을 쓰기 시작한 것 같다. 죽기 직전에 그녀에게는 글을 쓸 기력조차 남아 있지 않았다. 그렇다면 이 일기는 연약한 육체에 맞서 정신이 최후의 싸움을 벌인 웅대한 기록인 셈이다.

원고의 표지에는 '옛날이야기'라는 표제가 붙어 있다. '옛날'이란 역사적으로 수백 년 전의 과거를 의미할 수도 있고 개인의 생애에서 과거를 의미할 수도 있는데 이 경우는 물론 후자의 의미이다.

*

옛날이야기

메이지 28년(1895년) 9월 25일 저녁 무렵에 맞은편에 사는 사람이 오더니 이런 말을 했다.

"이 집안의 큰딸을 이제 시집보내야 하지 않습니까?"

우리 집의 반응.

"그런 생각이야 있지만 아직 준비가 제대로 되지 않아서."

사내가 말한다.

"특별한 준비는 필요 없으니까 내가 추천하는 집으로 보내면 어떻겠습니까? 상대는 올해 38세로 아주 견실한 사람이라고 합니다. 이 집의 딸도 올해 26세라고 들었습니다만."

"아닙니다. 우리 딸은 올해 29살입니다."

"아이! 그래요? 그렇다면 다시 한 번 상대의 뜻을 물어보고 말씀드리겠습니다."

이 말을 남기고 사내는 집으로 돌아갔다.

다음 날 저녁 다시 그 사내가 찾아왔다. 이번에는 오카다(岡田, 집안의 친척에 해당하는 인물) 씨의 부인과 함께 와서 이렇게 말했다.

"상대편에서 그래도 좋다고 하니 이쪽만 괜찮다고 한다면 혼담을 성사시킬 수 있습니다."

아버지가 말했다.

"궁합이 괜찮은 것 같군요. 나쁘지 않은 혼담입니다."

사내가 아버지의 말을 받는다.

"그렇다면 내일 맞선이라도 보면 어떻습니까?"

아버지가 말했다.

"이렇게 말이 잘 맞는 것도 인연이니까……. 그렇다면 내일 저녁에 오카다 씨의 집에서 만나보도록 하지요."

이렇게 쌍방 모두 이번 혼담에 동의했다.

맞은편 집의 사내는 다음 날 저녁에 오카다 씨의 집으로 나를 데리고 가려고 했다. 나는 이렇게 된다면 모든 게 결정되어버리기 때문에 어머니를 모시고 가고 싶다고 말했다.

어머니와 함께 도착해서 정중하게 안내를 받았다. 그곳에서 미래의 남편과 처음으로 인사를 나누었다. 그런데 왠지 기분이 울적해져서 상대의 얼굴을 바라보지 못했다.

오카다 씨는 나미키(並木, 맞선 상대) 씨에게 말했다.

"당신은 이 문제를 상의할 만한 사람이 집안에 없으니 '좋은 일은 서두르라'는 말대로 상대가 마음에 들면 이 자리에서 결정하는 게 좋지 않겠는가?"

나미키 씨가 대답했다.

"저야 물론 좋지요. 그렇지만 상대방 의향이 어떤지 알 수 없어서……."

내가 대답했다.

"보잘것없는 제가 마음에 드신다면……."

중매인이 말했다.

"그렇다면 결혼식은 언제로 결정하는 게 좋겠습니까?"

나미키 씨가 대답했다.

"내일이라면 괜찮습니다만 10월 1일도 좋습니다."

오카다 씨가 곧 말을 받았다.

"그 사이에 나미키 씨가 야근으로 집을 비우는 날이 많으니 내일로 정하는 게 좋을 듯하군."

난 이 말을 듣고 너무 서두르는 게 아닌가 하는 생각이 들었으나 내일이 길일(吉日)이라는 말을 듣고 납득했다. 이렇게 일을 마무리짓고 우리는 집에 돌아왔다.

사태의 전말을 말하자 아버지의 얼굴이 어두워졌다. 일을 너무 서두르지 말고 3, 4일 말미를 두는 편이 좋겠다고 했다. 더욱이 내일은 일진도 좋지 않고 그 밖에 마음에 걸리는 일이 많다고 했다.

나는 아버지에게 말했다.

"그러나 이미 약속을 해버렸어요. 이제 와서 날짜를 바꿀 수도 없어요. 더욱이 결혼 날짜를 미루었다가 나미키 씨의 집에 도둑이라도 들면 곤란한 일이지요. 일진이 나쁘다고 해도 제가 죽는 일이 벌어지는 것도 아니고 설사 죽는다고 해도 시집에서 죽기 때문에……."

나는 말을 이어갔다.

"내일은 바쁠 것 같습니다. 고토(後藤, 동생의 남편) 씨의 집에 들를 수 없을 지도 모르니 지금 다녀오겠습니다."

나는 고토 씨의 집에 가서 그의 얼굴을 보자 왠지 용무를 말하기가 두려워 이런 식으로 말했다.

"저는 내일 다른 집으로 가야 합니다."

고토 씨는 즉시 물었다.

"시집간다는 말씀입니까?"

난 잠시 우물거리다가 대답했다.

"그래요."

"상대는 누굽니까?"

"누구라니요? 상대를 제대로 알았다면 어머니를 모시고 그 집에 찾아가지는 않았을 거예요."

고토 씨는 이 말을 듣고 목소리를 높였다.

"그렇다면 맞선을 본 의미가 전혀 없지 않습니까?"

그러나 이내 기분을 바꾸려는 듯 고토 씨는 밝은 목소리로 말했다.

"축하드립니다. 부디 행복하게 사십시오."

나는 대답했다.

"어쨌든 내일이에요."

난 이렇게 말하고 집으로 돌아왔다.

마침내 약속한 날이 되었다. 해야 할 일이 너무 많아 걱정이 태산이다. 최근 며칠 동안 비가 내려 길이 질퍽였기 때문에 제대로 일을 처리하지 못했다. 다행히 결혼식 당일에는 비가 그쳤지만, 자질구레한 물건을 사러 외출해야 할 일이 많았다. 이런 일은 어머니의 도움을 받고 싶었지만 연세 때문에 무엇 하나 제대로 부탁할 수가 없다. 그래서 아침 일찍 일어나 혼자 외출해서 일을 보고 돌아왔다. 그리하여 준비가 끝난 시각은 낮 2시가 넘었을 때였다.

그 후에 미장원에 가서 머리를 손질하고 목욕탕에서 몸단장을 했다. 집에 돌아가 옷을 갈아입는데 나미키 씨로부터 아직 연락이 오지 않았다는 사실을 깨닫고 걱정이 되기 시작했다. 가족이 모두 모여 저녁을 먹는데 드디어 연락이

왔다. 난 가족과 작별인사를 나누고 그리운 부모님의 집과 영원히 작별했다. 어머니와 함께 오카다 씨의 집으로 향했다.

　오카다 씨의 집에 도착했다. 이곳에서 어머니와 이별을 해야 했다. 오카다 씨 부인이 나의 후견인이 되어 후나마치(舟町)에 있는 나미키 씨의 집으로 향했다.

　결혼 예식도 순식간에 끝나고 참석자들도 모두 돌아갔다.

　이제 우리 두 사람만이 마주 보고 있다. 가슴이 뛰어 이런 부끄러운 대목은 문장으로 표현하기 어렵다.

　정말 이런 기분은 결혼을 해보지 않은 사람은 모를 것이다.

　식사가 끝나고 난 정말 곤란한 처지였다(부끄러웠다).

　결혼식이 끝나고 2, 3일 지나 남편의 전처 - 그녀는 죽었다 - 의 부모가 찾아와 말했다.

　"나미키 씨는 진실하고 좋은 사람이지만 세심한 부분에서 잔소리가 많으니 이 점을 생각하면서 잘 살아야 합니다."

　나는 처음부터 남편의 행동방식을 주의 깊게 살펴보았다. 그 결과 남편이 매우 엄격한 사람이라는 것을 알았다. 나는 남편의 기분을 상하게 하지 않으려고 노력했다.

　10월 5일은 친정에 가는 날이다. 우리 부부는 처음으로 함께 외출했다. 도중에 고토 씨의 집에도 들렀는데 그곳에서 밖으로 나오자 날이 궂어지더니 비가 내리기 시작했다. 우리는 우산을 빌려 함께 걸었다. 난 이런 내 모습을 아는 사람이 볼까 걱정이 되었다. 다행스럽게도 아무 일 없이 친정에 도착했다. 친정에 머무는 동안 비는 내리지 않았다.

　같은 달 9일, 남편과 함께 처음으로 극장에 갔다. 아카사카(赤坂)에 있는 야마구치 극단의 공연을 보았다.

11월 8일, 남편과 둘이서 아사쿠사데라(淺草寺)에 참배했다.

세밑을 맞아 부부의 옷을 만들어 입었다. 이런 일이 얼마나 즐거운지 처음으로 알게 되었다.

12월 25일에는 남편과 둘이서 신사를 참배하고 경내를 산책했다.

메이지 29년(1896년) 1월 10일에는 오카다 씨 댁에 갔다.

같은 달 12일에는 남편과 고토 씨의 집에 가서 재미있게 놀았다.

2월 9일, 남편과 미사키(三崎) 극장에 가서 연극을 보았다. 도중에 생각지도 않게 고토 씨를 만나 함께 갔다. 공교롭게도 돌아오는 길에는 비가 내려 길이 몹시 질퍽거렸다.

같은 달 22일, 덴노(天野)에서 부부 사진을 찍었다.

3월 25일에는 하루키(春木) 극장에 가서 연극을 보았다.

이번 달에는 모두(친척, 친구, 양친) 모여 꽃구경을 하기로 했으나 성사되지 않았다(일기에 나와 있는 모든 날짜는 음력이다).

4월 10일 오전 9시에 둘이서 산책에 나섰다. 처음으로 구단(九段)의 쇼콘샤(招魂社)까지 걸었다. 거기서 우에노 공원까지 걷고 아사쿠사에 가서 관음상을 참배했다. 그리고 나서 히가시혼간지(東本願寺)도 참배했다. 이어 아사쿠사의 오쿠야마(奧山)까지 들를 예정이었으나 그때까지 아무것도 먹지 않았다는 사실을 깨닫고 음식점에 들어가 식사를 했다. 식사를 하는데 날카로운 비명 소리가 들렸다. 무슨 큰 싸움이 벌어졌다고 생각했으나 한 상점에서 불이 난 것이었다. 불구경을 하는 사이에 불길이 세차게 번져 옆 상점에 옮겨 붙었다. 난 곧 그곳을 빠져나와 사찰의 주변을 산책하면서 많은 것을 보았다.

문을 열고 본 적도 없는 사람에게
　이제 신비한 친근감을 느끼네

이게 부부가 되는 것인가?

처음의 생각이 바뀌어

이제 마음에 '그'라는 강물이 흐르네

영원히 떨어질 수 없는 물떼새

타인도 부러워하는 나 자신도

어지럽게 핀 황야의 꽃보다도

꽃보다 아름다운 사랑하는 그와

검은 머리 파뿌리가 될 때까지

함께 살고 싶어라.

(여인이 직접 지은 노래)

우리 부부는 집 방향의 아즈마바시(吾妻橋)를 건너 증기선을 타고 한 사찰로 건너갔다. 그곳에서 우리 부부와 형제 그리고 자매의 행복을 위해 기도드렸다. 그날 밤 집에 돌아오니 7시가 지나 있었다.

5월 2일, 둘이서 오쿠보(大久保) 정원에 철쭉을 보러 갔다.

같은 달 6일에는 둘이서 쇼콘샤에 불꽃놀이를 구경하러 갔다.

지금까지 부부 사이에 갈등이 있은 적은 한 번도 없다. 또 둘이서 사찰이나 신사를 참배하거나 구경을 다녀도 부끄럽다는 생각은 들지 않았다. 지금은 서로 상대의 마음에 들려고 노력하는 중이라고 생각한다. 이제 앞으로 무슨 일이 일어난다고 해도 부부 사이에 금이 가는 일은 벌어지지 않으리라. 부부 사이의 평화로운 상태가 언제까지나 계속되기를.

6월 18일에는 스카(須賀) 신사의 제례가 있어 친정에 갔다. 머리를 손질하는 사람이 늦게 와서 상당히 애를 먹기는 했으나 나는 동생과 함께 친정에 갔다. 마침 결혼한 여동생도 와 있어서 분위기가 무르익었다. 저녁에는 고토 씨도

왔고 마지막으로 내가 고대하던 남편도 왔다. 한 가지 아주 즐거운 일이 있었다. 남편과 외출할 때에 내가 만든 옷을 입고 나가자고 말하면 남편은 옛날 옷이 좋다면서 입지 않았다. 그런데 이번에는 내가 만든 옷을 입고 친정에 나타났다. 아버지의 초대를 받은 입장에서 내가 만든 옷을 입지 않으면 의리 있는 행동이 아니라고 판단한 것이리라. 이렇게 온 가족이 모이자 분위기는 한층 무르익었다. 모임이 끝날 시각에는 여름밤의 짧음을 탄식할 뿐이었다.

부부가 함께 모여 조상을 섬기는
오늘의 제사는 풍성하구나. - 남편

조상의 제사를 모시는
사랑스러운 두 부부. - 남편

몇 년 만에 모여 조상에게 드리는
제사의 즐거움. - 아내

제사로 온 가족이 모이는 즐거움은
조상의 은혜를 갚음이라. - 아내

두 부부가 모인 오늘의 축복은
신의 은혜로운 축복이 아니고 무엇이랴. - 아내

조상의 은혜도
깊디깊은 부부 사이에 온다. - 아내

이런 즐거움은 다시는 없어라
오늘의 행복을 영원히 기억하리. - 아내

생각지도 못했던 자리를 마련하여
무엇에 비유하리 오늘의 행복. - 고토

즐거운 자리를 준비한 두 부부
헤어질 생각하니 비애감이 앞서네. - 오코(시집 간 동생)

고향의 즐거운 모임에 참석한 두 부부
말할 시간도 없는 짧은 여름밤. - 오코
(그날 밤에 함께 불렀던 노래와 하이쿠)

7월 5일에는 둘이 가나자와정자(金澤亭)에 가서 연극을 보았다.

8월 1일, 남편 전처의 1주기여서 남편과 함께 아사쿠사의 사찰을 참배했다. 그리고 나서 아즈마바시 인근으로 장어를 먹으러 갔는데 정오쯤 큰 지진이 있었다. 강 부근이 크게 흔들려 무서웠다.

지난번에 꽃구경을 갔을 때 큰 불이 일어났던 일을 생각하니 가슴이 두근거렸다. 지진과 화재가 났으니 이번엔 벼락이라도 치려나······.

2시쯤 가게를 나와 아사쿠사의 공원으로 향했다. 공원의 인근에서 철도와 마차를 타고 간다(神田)로 나갔다. 간다에서 적당한 곳을 골라 잠시 휴식을 취한 다음 집으로 돌아오다가 친정에 들렀다. 집에 도착하니 9시가 넘어 있었다.

같은 달 15일, 하치만(八幡) 신사에서 제례가 열렸다. 고토 씨와 여동생, 그리고 고토 씨의 여동생이 놀러 왔다. 모두 함께 신사에 축원을 드리러 갔으면 좋겠다고 생각했다. 그런데 남편이 아침부터 술을 너무 많이 마셔서 함께 갈 수 없었다. 신사를 참배해 축원을 드리고 모두 고토 씨의 집에 가서 놀다가 집에 돌아왔다.

9월, 혼자서 사찰을 참배했다.

10월 21일에는 친척인 오타카 씨가 시즈오카에서 올라왔다. 다음 날에 함께 연극이라도 볼 생각이었는데 오타카 씨는 아침 일찍 도쿄를 떠났다. 그 다음 날 남편과 함께 연극을 보았다.

6월 22일부터 아버지가 부탁한 옷을 만들기 시작했는데 건강이 좋지 않아 좀처럼 완성하지 못했다. 그래도 신년(1897년)의 정월 초하루에 마침내 완성했다. 곧 태어날 아이 때문에 나는 매우 행복하다. 첫손자가 태어나면 부모님도 매우 기뻐하시리라.

5월 10일, 어머니와 함께 시오가마(塩釜)에 있는 불상을 참배하고 센가쿠치(泉岳寺)에 갔다. 47인의 사무라이[1]의 묘에서 그들의 유품 여러 점을 보았다. 돌아오는 길에 시나가와(品川)에서 신주쿠(新宿)까지 기차를 탔다. 시오마치(塩町) 3가에서 어머니와 헤어졌다. 집에 돌아오니 6시였다.

6월 8일 오후 4시, 사내아이가 태어났다. 모자 모두 건강했다. 아이는 남편을 닮아 눈동자가 커다랗고 빛이 났다……. 그렇지만 안타깝게도 아이는 몸집이 아주 작았다. 8월에 태어날 아이가 6월에 태어났으니……. 그날 저녁 7시에 아이에게 약을 먹이는데 램프 불빛의 아래에서 아이가 검은 눈동자를 굴리며 주변을 둘러보고 있다는 사실을 깨달았다. 그날 밤 아이는 내 품에

---

1 47인의 사무라이: 주군의 명예를 지키기 위해 자신을 버렸던 사무라이 47인을 가리킨다. 죽음, 집단성, 의리와 인정이라는 일본적 정서를 상징한다. 1702년 12월 14일 사무라이 47인이 주군의 복수를 감행하다가 전원 할복하는 사건이 발생한다. 이 사건은 당대 일본을 뒤흔들었으며 이후 이들은 일본 정신의 상징으로 추앙받고 있다.-역주

안겨서 잠들었다. 고작 7개월 동안 뱃속에 있었기 때문에 좀 더 따뜻하게 해주어야 한다는 생각이 들어 밤낮 안아주겠다고 다짐했다.

다음 날 – 6월 9일 – 오후 6시 반, 아이는 갑자기 죽었다.

'행복한 시간은 순간에 불과하며 곧 슬픔으로 바뀐다. 존재는 반드시 죽는다.' 정말 적절한 말이다.

고작 하루 동안 엄마의 품에 안겼다가 죽다니……. 태어난 지 이틀 만에 죽을 거라면 차라리 태어나지 않는 편이 좋았을 거라는 생각이 든다.

지난 12월부터 6월까지 난 계속 아팠다. 그런 상태에서 몸을 회복해 겨우 아이를 얻었다. 그리고 사람들에게 축하 인사를 받고 칭찬을 받으며 아이를 낳았는데 허망하게도 아이는 내 곁을 떠났다. 이런 슬픔을 말로 표현할 수 있을까?

6월 10일에는 오쿠보의 센후쿠지(泉福寺)에서 장례식을 치르고 조그만 묘를 만들었다.

생각지도 못한 순간 사라진 아이에게
이별의 이슬이 흘러내리네
5월의 비가 내리기 시작하는 소매 끝자락.

(여인이 직접 지은 노래)

소토바(卒塔婆)[2]를 거꾸로 세우면 다시는 이런 불행한 일을 겪지 않는다는 말을 들었다. 그러나 이렇게 하면 죽은 아이에게 어떤 일이 일어날지 몰라 한동안 실행하지 못하다가 8월 9일에 드디어 소토바를 거꾸로 세웠다.

---

2 소토바: 무덤 앞에 세우는 죽은 자를 기리는 탑. 산스크리트어로 스투파(Stūpa).-역주

9월 8일, 남편과 아카사카에 가서 연극을 보았다.

10월 18일에는 혼자 하루키 극장에 가서 '오쿠보 히코자에몬(彦左衛門)'을 보았다. 공연이 끝나고 집에 돌아가려고 하니 신발 한 짝이 없어 모든 손님이 돌아갈 때까지 기다렸다. 극장에서 준비해준 짚신을 신고 집에 돌아올 수 있었으나 캄캄한 밤에 상당한 어려움을 겪었다.

정월(1898년) 7일, 동네 할머니와 아주머니들과 이야기를 나누는데 갑자기 가슴이 아팠다. 가구 위에 놓여 있던 부적을 집으려고 하다가 정신을 잃고 쓰러졌다. 병원에서 친절한 보살핌을 받고 정신을 되찾았으나 아주 오랫동안 몸 상태가 좋지 않았다.

4월 10일은 천도(遷都) 3,000년을 기념하는 공휴일이어서 아버지의 집에서 남편을 만나기로 했다. 우선 내가 친척인 시게노스케(重之助)와 아버지의 집에 가서 남편을 기다릴 생각이었다. 그날 아침에 남편은 볼일이 있어 관청에 들러야 했다. 8시 반에 남편이 아버지의 집에 와서 시게노스케와 함께 셋이서 구경을 나갔다. 우선 고지마치(麴町)에서 나가타마치(永田町)로 나와 사쿠라다몬(櫻田門)을 지나 히비야 방향으로 걸었다. 거기서 긴자(銀座)의 메가네바시(眼鏡橋)를 건너 우에노로 가서 이것저것 구경하고 다시 메가네바시로 돌아왔다. 너무 피곤해서 이제 돌아가자고 말하니 남편도 피곤했는지 내 의견에 찬성했다. 그러나 시게노스케는 "여기까지 와서 다이묘의 행렬을 보지 못한다는 것은 정말 한심한 일입니다. 전 긴자로 가겠습니다"라고 말했다. 그래서 우리는 시게노스케와 헤어져 조그만 튀김집으로 들어갔다. 그 가게에서 생선튀김을 먹는데 운 좋게도 가게 안에서 다이묘의 행렬을 볼 수 있었다. 그날 저녁에는 6시가 지날 때까지 집에 돌아올 수 없었다.

4월 중순부터 여동생 문제로 고민을 많이 했다(그 이유는 써 있지 않다). 메이지 31년(1898년) 8월 19일에 두 번째 아이가 태어났다. 거의 통증을 느끼지 못할 정도로 순산이었다. 딸이었다. '하쓰'라고 이름을 붙였다.

일주일 후에는 출산을 도와준 사람들을 집으로 초대했다.

어머니가 이틀 정도 집에서 나를 도와주었으나 여동생이 가슴 통증을 호소한다는 소식을 듣고 집으로 돌아가셨다. 다행히 남편이 휴가를 얻어 세탁까지 도와주었으나 여자의 손이 아니기 때문에 모든 일이 서툴렀다.

남편의 휴가가 끝나자 다시 어머니가 도와주었다. 단 어머니는 남편이 집에 없을 때에만 오셨다. 이런 가운데 신생아가 가장 위험하다는 스물하루가 지났다. 다행히 모자 모두 건강했다.

백일이 지났는데 딸아이가 자주 힘들게 숨을 쉬어서 긴장했다. 그러나 어느 순간에 그런 숨소리가 사라져 이제 안심해도 좋다고 생각했다.

그러나 아직 근심거리가 남아 있다. 딸아이의 손 모양이 기형이었다. 아이는 한쪽 엄지손가락이 두 개였다. 우리 부부는 아이를 병원에 데리고 다니기는 했으나 수술을 받을 생각은 하지 않았다. 그러나 주변에 사는 어떤 여인에게 신주쿠에 실력 있는 외과 의사가 있다는 말을 듣고 진찰을 받아보기로 결심했다. 수술을 할 때에 남편은 딸을 자신의 무릎에 올려놓고 보고 있었으나 나는 차마 그런 모습을 지켜볼 용기가 나지 않았다. 그저 수술이 어떻게 끝날지 걱정이 되어 가슴이 찢어질 듯한 상태로 병실 밖에서 기다렸다. 수술이 끝나고 얼마 지나지 않아 딸아이는 보통 때처럼 젖을 빨았다. 이렇게 딸의 손 문제는 생각지도 못했던 방법으로 해결되었다.

집에 돌아와서도 아이는 전과 다름없이 젖을 먹었다. 수술받기 이전과 다른 점이 거의 없었다. 그렇지만 아직 젖을 빠는 아기여서 수술 후에 상태가 나빠지는 것은 아닌지 몹시 걱정이 되었다. 그래서 나는 아이를 데리고 3주일 동안 매일 병원에 다녔다. 아이는 조금도 이상한 구석이 없었다.

메이지 32년(1899년) 3월 3일, 아버지와 고토 씨가 아이의 건강을 축복하며 선물을 보내주었다. 가구, 경대, 바느질 함 등이었다. 우리 부부도 이날을 기념하여 조그만 선물을 준비했다. 고토 씨와 시게노스케는 당일에 직접 와주었다. 정말 즐거운 하루였다.

4월 3일, 남편과 함께 아이의 건강을 기원하기 위해 신사를 참배했다.

4월 29일에는 하쓰의 상태가 좋지 않아 의사를 불렀다.

의사는 오전 중에 온다고 약속했으나 오지 않았다. 다음 날도 기다렸으나 역시 오지 않았다. 저녁 무렵이 되자 하쓰의 상태는 점점 더 나빠졌다. 가슴이 몹시 아픈 듯했다. 날이 밝으면 곧장 의사에게 데려가야겠다고 결심했다. 그날 하루 종일 하쓰의 건강 때문에 몹시 걱정했다. 그러나 날이 밝자 하쓰의 상태는 상당히 좋아졌다. 그래서 혼자서 하쓰를 업고 아카사카의 병원까지 걸어갔다. 아이가 아파 진찰을 받고 싶다고 말하자 아직 진료시간이 되지 않았으니 잠시 기다리라고 한다.

기다리는 사이에 아이는 세차게 울어댔다. 젖도 먹으려고 하지 않고 어떻게 해주어도 울음을 그치지 않아 난 어찌할 바를 몰랐다. 마침내 의사가 진찰을 시작하자 아이의 우는 소리가 점점 작아지더니 입술에 피가 묻어 나온다. 그런 모습을 보자 더 이상 입을 다물고 있을 수 없었다.

"어떤가요?"

"저녁까지도 힘들겠는데요."

"약이라도 지어주세요."

"이 상태로는 약을 넘길 수 없습니다."

나는 곧 집에 돌아와 남편과 아버지에게 이 소식을 알려야겠다고 생각했다. 그러나 몸에서 갑자기 힘이 빠져나가는 느낌이었다. 운 좋게 친절한 할머니의 도움을 받아 우산과 짐을 인력거에 싣고 집에 돌아올 수 있었다. 난 즉시 사람을 사서 남편과 아버지에게 연락했다. 미타(三田) 씨의 부인이 와서 딸아이를 보살펴주었다……. 그러나 남편은 빨리 돌아오지 않았다. 우리의 모든 노력은 수포로 돌아갔다.

메이지 32년(1899년) 5월 2일, 아이는 영원히 돌아올 수 없는 여행길에 나섰다.

그럼에도 아이의 부모인 나와 남편은 살아 있다. 기술이 좋다는 의사를 믿다가 아이를 죽게 만든 어리석은 부모는 아직 살아 있다. 이런 생각을 하다 보니 왠지 스스로가 한심했다.

하쓰가 죽은 다음 날 의사는 말했다.

"이런 수술을 하면 일주일 사는 게 고작입니다. 아이가 적어도 열 살이나 열한 살 정도면 수술을 해도 괜찮지만 이런 어린아이를 수술해놓고 살기를 바라는 건 정말 무리입니다."

의사는 하쓰가 신장염으로 죽었다고 알려주었다.

이렇게 하여 우리가 이 아이에게 걸었던 모든 꿈은 사라졌다. 9개월 동안 아이에게 쏟았던 정성과 아이의 성장을 지켜보았던 즐거움이 또다시 모두 사라져버렸다. 그러나 남편과 나는 이 아이와는 전생부터 인연이 엷었기 때문이라고 생각하며 마음의 위안을 얻었다.

최근 참을 수 없는 외로움을 달래기 위해 나는 연극에서 보았던 주인공의 대사를 마음속으로 외쳐보곤 한다.

이제 이 집안과의 인연은
생각해보니 다섯 살까지
이번에 얻은 아이는 딸아이
소중하게 키워볼까 생각하고
내 몸을 잊고

노력했으나 이제 무상한 일이네

이런 상황이 올 줄은 전혀 몰랐네

아무 일 없이 자라주었다면

사위를 얻고

즐거웠을 텐데

내 아이를 소중하게 키워

남편이나 아이 모두

행복한 삶을 살기를 보람으로 알았네

모자 행복하게 살길 바랐으나

먼저 떠난 아이

그 아일 생각하며

부부는 눈물짓는다

그 울음소리를 듣고

창문도 연이어 통곡한다네.

   하쓰가 죽었을 때 장례에 관한 법률에 따라 시신은 오쿠보에서 화장하기로 결정했다. 나는 남편에게 부탁하여 만일 법적으로 문제가 없다면 하쓰의 납골은 나미키 가문의 조상을 모신 사찰로 보내달라고 했다. 이런 이유로 장례식은 혼간지 진종의 아사쿠사파(淺草派) 사찰에서 거행되었고 유골 역시 그곳에 매장되었다.

   하쓰가 죽었을 때 여동생인 오코는 아주 심한 감기에 걸린 상태였으나 소식을 듣자마자 달려와주었다. 장례식이 끝나고 며칠 만에 오코는 다시 와서 자신은 이제 완전히 나았으니 걱정하지 말라고 말하고 돌아갔다.

   나는 도저히 외출할 기분이 나지 않아 한 달 동안 집 안에 틀어박혀 있었다.

그러나 이런 행동은 의리에 어긋나는 일이기 때문에 한 달 만에 자리에서 일어나 아버지와 여동생에게 인사를 하러 갔다.

몸 상태가 좋지 않아서 어머니가 나를 도와주러 오면 좋겠다고 생각했다. 그러나 오코가 다시 아파서 요시(여기서 처음 언급하는 여동생)와 어머니가 번갈아 가면서 오코를 간병해야 했기 때문에 나는 아무런 도움도 받을 수 없었다. 나를 도와주는 사람은 그저 한가한 이웃집 여인뿐이었다. 달리 방법이 없어 호리(堀) 씨에게 부탁하여 인품이 좋은 할머니 한 명을 고용했다. 8월 초에는 상당히 원기를 회복했다.

9월 4일, 여동생 오코가 폐병으로 죽었다.

만일의 사태가 발생하면 요시가 오코 집안의 일을 돌보아주기로 되어 있었다.

고토 씨 역시 혼자가 되자 불편했는지 같은 달 11일, 요시와 형식상의 결혼식을 올렸다.

이 달의 마지막 날에는 오카다 씨가 갑자기 죽었다.

생각지도 않은 돈이 들어 우리 역시 금전적으로 상당히 힘들었다.

오코가 죽자마자 요시가 그렇게 빨리 고토 씨의 곁으로 갔다는 말을 듣고 난 정말 울적했다. 그렇지만 고토 씨에게는 이런 기분을 겉으로는 드러내지 않고 이전처럼 아무렇지도 않게 대화를 나누었다.

11월, 고토 씨는 혼자서 삿포로로 갔다.

메이지 33년(1900년) 2월 2일에 고토 씨는 도쿄로 돌아와 같은 달 14일에 요시를 데리고 홋카이도로 출발했다.

2월 20일 오전 6시, 세 번째 아이 – 이번에는 아들 – 가 태어났다. 모자 모두 건강하다.

틀림없이 딸아이가 태어나리라고 생각하던 차에 아들이 태어났기 때문에 직장에서 돌아온 남편은 깜짝 놀랐다. 생각지도 않은 아들을 얻은 게 신기한지 남편은 매우 기뻐했다.

단, 아이는 젖을 제대로 빨 수 없어 특별한 기구를 사용해 젖을 빨게 해주었다.

생후 7일째 되는 날에 아이의 머리를 가볍게 밀어주었다. 이번에는 7일째의 기념을 부부 둘이서만 했다.

한참 이전부터 남편은 감기에 든 상태였다. 다음 날 아침에 남편은 기침이 너무 심해서 회사에 출근하지 않았다.

아이는 아침 일찍 보통 때처럼 젖을 먹었다. 그런데 가슴이 몹시 아픈 듯 신음 소리를 토해냈다. 우리 부부는 걱정이 되어 사람을 시켜 의사를 불러왔다. 공교롭게도 의사는 다른 곳에 왕진을 나가 있어 저녁 무렵까지 돌아오지 못한다고 했다. 나는 다른 의사를 부르는 편이 좋다고 생각하여 다시 사람을 보냈다. 이번 의사는 저녁에 올 수 있다고 한다. 그러나 점심이 조금 지난 2시경에 아이의 상태가 갑자기 나빠지더니 3시가 조금 안 되어 숨을 거두었다. 고작 8일간의 목숨이었다…….

나는 곰곰이 생각했다. 이런 불행이 닥치는 것은 내가 전생에 범한 죄 때문이 아닌가? 앞으로의 내 생애가 비관적으로 여겨져 끝없이 눈물이 흘러나왔다.

나 때문에 이런 고통이 되풀이되었기 때문에 남편이 절망에 빠지지는 않았을까 걱정이었다. 내 기분이 이 정도로 절망적이라면 남편은 말할 필요조차 없을 것이다. 그러나 남편은 그저 '하늘의 명령을 따를 뿐이다'라는 말만 되풀이했다.

아이는 가까운 사찰에 장례를 치르는 편이 성묘를 가기도 좋다는 생각이 들었다. 그래서 오쿠보의 센후쿠지에서 장례를 치르고 그곳에다 납골을 마쳤다.

즐거움이라고는 전혀 없는 봄날의 꿈이여.

너무 처참한 슬픔을 겪은 탓인가? 아이가 태어난 지 14일이 지난 날 얼굴과 다리가 부어올랐다. 하지만 심각한 상황으로는 진전되지 않고 붓기는 곧 사라졌다……. 21일이 지났다.

*

가련한 모친의 일기는 여기서 끝났다. 아이가 태어난 지 21일이 지났다는 기록을 통해 역으로 계산해보면 일기의 마지막은 3월 13일이나 14일에 쓴 듯하다. 여인은 그달의 28일에 죽었다.

일본 생활에 대해 지식이 없는 사람이 이 이야기를 쉽게 이해할 수 있을지 의문이다. 단, 이 일기에 쓰인 물질적인 측면은 쉽게 상상이 갈 것이다. 이 부부는 6첩과 3첩짜리 방 두 개가 있는 집에서 생활했다. 남편의 수입은 한 달에 고작 1파운드였고 아내는 재봉이나 세탁을 직접 했다. 맹추위가 닥쳐도 제대로 불도 피우지 못했다. 내 어림 계산으로 이들 부부는 집의 월세를 제외하고 하루에 7펜스로 살아갔다. 그들은 오락을 즐기기는 했지만 아주 저렴한 공연을 보았을 뿐이다. 2펜스로 연극을 보았고 주로 가벼운 산책을 하며 살아갔다. 이 부부에게는 이 정도의 문화생활을 누리는 것도 사치였다. 때로 옷을 사 입기도 하고 혼례나 출산, 장례식에 축의금이나 부조금을 내기도 했으나 이는 처절할 정도로 절약했기에 가능한 것이었다. 실제로 도쿄에 사는 가난한 사람들의 형편은 이보다도 훨씬 궁색하며 월 수입이 1파운드에도 미치지 못한다. 그럼에도 그들은 언제나 청결하며 깨끗한 옷을 입고 있고 항상 밝다. 이런 상황에서 아이를 낳아 키우는 것은 여성의 몫이다. 농민의 생활은 이보다도 더욱 고통스럽다. 그러나 그들의 생활에는 건강성이 깃들어 있다. 도시에 사는 어머니들은 농촌보다도 훨씬 많은 위험에 노출되어 있다. 당연하게도 연약한 인간은 차례차례 쓰러져 죽어간다.

이 일기를 읽은 외국인은 이 정도로 어른스러운 여성이 어찌하여 자신이 제대로 알지도 못하는 남성의 아내가 되었는지 이해하지 못할 수도 있다. 실제로 일본에서 대부분의 결혼은 중매인의 손을 거쳐 성사된다. 오히려 이런 형태의 결혼이 바람직한 것으로 평가된다. 이 일기를 쓴 여성은 좀 더 잔혹하고도 아주 단순한 이유 때문에 결혼했다. 일본에서 훌륭한 여인은 반드시 결혼해야 한다. 결혼 적령기를 넘긴 사람은 부끄러움의 대상이며 비난의 표적이다. 이 일기의 저자가 결혼하기로 결심한 이유는 세간의 비난이 두려웠기 때문이다. 그녀는 이미 29세였다. 결혼할 수 있는 기회는 두 번 다시 오지 않을 수도 있었다.

내가 이러한 고통과 좌절의 이야기를 좋아하는 까닭은 이 일기에 특별한 내용이 들어 있기 때문이 아니다. 오히려 이 일기에는 일본인의 일상적인 생활이 녹아들어 있어서 내 관심을 끌었다. 자신의 역할을 수행해내고 말겠다는 결의, 조그만 친절에도 감사하는 마음을 잊지 않겠다는 자세, 아이와 같은 순수한 신앙심, 불교적인 체념 등을 보통 사람의 언어로 솔직하게 표현했다는 점이 나를 감동시켰다. 그러나 이런 것이 특별한 것은 아니라고 생각한다. 이 일기에 나타난 내용은 일본에서 쉽게 발견할 수 있는 것들이다. 곧 일본 여성 누구에게서나 발견할 수 있는 자질인 것이다. 물론 자신의 개인적인 기쁨과 슬픔을 이처럼 단순한 언어로 표현할 수 있는 여성은 일본의 하층사회에서 그다지 많지 않을 수도 있다. 그러나 아주 머나먼 과거로부터 그녀와 같은 인생을 살아온 사람은 수백만 명일 것이다.

옮긴이의 말

라프카디오 헌의 연보

라프카디오 헌(고이즈미 야쿠모)은 1850년 6월 27일 그리스 이오니아 제도의 레프카다 섬에서 태어났다. 그의 아버지는 의사로 당시 그리스에 주둔하던 영국군 군의관이었고 어머니는 그 지역 유명인사의 딸이었다.

1851년 아버지가 서인도로 부임하자 헌은 어머니와 함께 파리를 거쳐 아버지의 고향인 아일랜드의 더블린으로 간다. 그러나 그리스의 밝은 생활환경에 익숙했던 어머니 로자 카시마티는 그곳 생활에 적응하지 못했다. 우선 날씨가 추웠고 말도 통하지 않아 주변 사람들과 친해지기가 힘들었다. 대숙모(작은할머니)는 이 불쌍한 모자를 받아들였다. 그녀는 로자를 동정하고 헌을 귀여워했다. 모자는 이곳에서 행복한 생활을 맛보았으나 1853년 아버지가 귀국하자 이런 행복은 순식간에 깨졌다. 여러 가지 사정으로 부부는 사이가 좋지 않았다. 그 다음 해에 두 사람 사이에서 아들이 태어났으나 1856년 부부는 이혼한다. 어머니는 곧 그리스로 돌아갔고 아버지는 다른 여인과 재혼한다. 이 사건은 헌의 인생에 강한 영향을 주었다. 헌은 어머니에게 한없는 동정심을 갖게 되었으며 동양에 관한 그의 관심은 어머니에 대한 그리움의 연장선이라고 볼 수 있다.

어머니와 불행한 이별을 겪은 후에 헌은 대숙모의 집에서 자란다. 1863년

잉글랜드 북부 더럼의 가톨릭 학교에 입학해 읽기와 쓰기, 그림 등을 배웠다. 헌은 학교에서 쉬는 시간에 놀이에 빠져 있다가 친구가 쏜 장난감 총에 맞아 왼쪽 눈을 실명한다. 이후 헌은 사진을 찍을 때에 오른쪽 얼굴이 보이도록 자세를 취했다. 1866년 대숙모가 친척에게 속아 재산을 전부 날리자 헌은 학교를 그만둔다. 곧 프랑스에 있는 가톨릭 학교에 입학하지만 학교의 규칙이 엄격해 힘들어했다. 그러나 이 가톨릭 학교에서의 경험은 나중에 테오필 고티에(Théophile Gautier), 아나톨 프랑스(Anatole France), 피에르 로티(Pierre Loti) 등의 프랑스 문학을 영국과 미국에 소개하는 데 큰 힘이 되었다. 이 해에 귀국한 아버지가 병으로 사망한다.

　1866년 대숙모의 파산과 아버지의 죽음을 계기로 헌은 미국으로 건너간다. 이런 결정을 내린 데는 신대륙에서 스스로의 운명을 개척하려는 의도도 있었으나 그의 방랑 기질도 한몫했다. 그가 미국에서 처음 정착한 곳은 신시내티였다. 처음에는 대숙모에게 송금을 받았으나 이도 곧 끊기고 그의 생애에서 가장 힘든 시기가 시작된다. 그는 행상, 배달원, 호텔보이 등을 하면서 어렵게 연명해간다. 그러다가 영국 출신 인쇄업자를 만나 그의 도움으로 일하면서 공부한다. 1874년 ≪신시내티 인콰이어러(Cincinnati Enquirer)≫ 신문기자가 된 이후에 헌은 신문과 깊은 관계를 맺게 된다. 헌은 이곳에서 주로 탐방기사를 담당했는데 자신의 일에 열정적이어서 점차 승진해나갔다. 그리고 1875년 엘레시아 폴리(Alethea Foley)와 결혼한다. 그런데 엘레시아는 흑인이었다. 당시 신시내티에서는 백인이 흑인과 결혼하는 것이 위법이었기 때문에 헌은 자연스럽게 ≪신시내티 인콰이어러≫를 퇴사한다. 이어 헌은 일요신문을 발행하고 1876년에는 ≪신시내티 커머셜(Cincinnati Commercial)≫에 입사한다. 그는 이런 환경에서도 온 정열을 쏟아 수필과 기행문을 쓰고 프랑스 문학을 영어로 번역한다. 1877년 엘레시아와 이혼하고 약 8년간 악전고투했던 신시내티를 떠나 뉴올리언스로 향한다. 신시내티의 공해가 그의 눈 건강에 좋지 않았던 것도 중요한 이유였다. 뉴올리언스에서 헌은 일요신문 기자로 활동하다가 주필로까지 승진한다. 1879년 생활의 어려움을 타개하기 위해 '하드 타임스(불경기)'라는 식당을 열지만 불경기로 곧 폐업한다. 1881년 이 지역 최고의 신문인 ≪타임스 데모크래트(Times Democrat)≫에 입사해 곧 문학부 편집장이 된다. 뉴올리언스에서 보낸 10년 동안 헌은 『이문화견문(Stray Leaves From Strange Literature)』, 『중국 괴담(Some Chinese Ghosts)』, 『뉴올리언스의 역사적 스케치와 안내기』 등을 출판하여 이름을 알린다.

1887년 헌은 뉴욕으로 향한다. 7월에는 ≪하퍼스 매거진(Harper's Magazine)≫에서 잡지 통신원으로 위촉되어 서인도의 마르티니크로 간다. 그곳에서 헌은 10여 개월을 머물렀다. 열대기후와 순박한 자연이 마음에 들었기 때문이다. 1889년 출판한 소설 『치타(Chita)』, 기행문 『프랑스령 인도에서의 2년(Two Years in the West Indies: Youma)』은 모두 이곳을 무대로 쓴 것이다. 『치타』가 1888년 ≪하퍼스 매거진≫에 연재되어 그는 필력을 떨치게 된다.

1890년 헌은 ≪하퍼스 매거진≫과 캐나다 태평양기선회사의 후원을 받아 일본에 가기로 결심한다. 헌은 1884년 뉴올리언스의 만국박람회장에서 일본 정부의 외무성 관리였던 핫토리 이치조(服部一三)와 만난 적이 있다. 그는 일본에 관한 책을 많이 읽었고 적잖이 일본을 동경하고 있었기 때문에 이런 결단을 내린 것이다. 그해 3월 헌은 자신의 글에 삽화를 그리기로 한 화가와 함께 뉴욕을 출발하여 4월에 요코하마에 도착한다. 그의 나이 마흔이었다. 그런데 ≪하퍼스 매거진≫과의 계약에 문제가 생겨 일본으로 가는 도중에 해약하게 되었다. 헌이 어떤 선택을 해야 할지 망설이고 있을 때에 누군가가 이즈모의 마쓰에 중학교 영어교사 자리를 추천했다. 헌은 그 추천을 받아들여 8월 오카야마를 거쳐 마쓰에에 부임했고 9월 새학기부터 교단에 섰다.

헌은 마쓰에의 조용하고 순박한 분위기 속에서 안정을 찾았다. 그는 이곳에서 보낸 시간이 그의 인생에서 가장 행복한 시기라고 말했다. 그는 학교에서 즐겁게 수업을 했고 시간이 나면 신사나 사찰을 찾아가 일본 연구에 몰두했다. 이런 과정을 거쳐 일본에 관한 최초의 저서인『알려지지 않은 일본의 그림자(Glimpes of Unfamiliar Japan)』의 소재 중 대부분을 얻는다. 12월 23일에는 마쓰에 사족의 딸인 고이즈미 세쓰와 결혼했다. 이후 헌의 저서가 아내 세쓰가 들려준 다양한 이야기의 영향을 많이 받았음을 부인할 수 없다. 헌은 다음 해 5월에 이 지역 사족의 거주지로 이사하여 이곳을 자신의 영원한 안식처로 삼기로 결심한다.

그러나 그는 일본의 추운 기후를 견뎌낼 수 없었다. 깊은 생각 끝에 헌은 구마모토의 제5고등중학교로 가기로 결심한다. 1891년 11월 마쓰에 사람들의 열정적인 전송을 받으며 헌은 추억의 고장 마쓰에를 떠난다. 구마모토로 이사한 후인 1893년 가을에 장남이 태어난다. 헌의 기쁨은 말로 표현할 수 없을 정도였다. 구마모토에는 만 3년간 머물렀지만 수업시간이 너무 많았고 지역 풍토가 맞지 않아 상당한 어려움을 겪었다. 임기가 끝난 1894년 구마모토를 떠나 고베로 가서 ≪고베 크로니클(Kobe Chronicle)≫ 기자가 된다. 이해에는 일본 연구에 관한 최초의 저서『알려지지 않은 일본의 그림자』를 출판했다. 고베는 일본의 전통이 전혀 없는 도시였다. 헌은 고베가 구마모토 이상으로 마음에 들지 않았으나 그의 일본에 관한 연구는 점점 그 심도가 깊어졌다. 그리고 그 결실인『동쪽의 나라에서(Out of East)』,『마음(Kokoro)』이 같은 해에 출간되었다. 헌이 1895년 이전부터 바랐던 귀화문제가 마무리되어 그는 일본인이 되었고 스스로를 고이즈미 야쿠모라고 이름 지었다. 고이즈미는 부인 세쓰의 성이었고 야쿠모는 자신의 추억이 생생하게 살아 있는 이즈모를 모델로 지은 이름이었다.

1896년 9월에는 도쿄대학의 초빙을 받고 도쿄로 갔다. 헌은 이 학교 분위기가 마음에 들지 않았다. 그러나 강의에 대한 그의 열정은 학생들의 깊은 신뢰를 이끌어낸다. 도쿄대학 강사 시절에 헌은 『이국 정취와 회고(Exotics and Retrospectives)』, 『그림자(Shadowings)』, 『일본 동화』 등을 출판한다. 헌이 1903년 도쿄대학을 떠날 무렵 그의 후임은 유명한 나쓰메 소세키(夏目漱石)였다. 1904년 와세다(早稲田)대학에서 영문학 강의를 시작한다. 당시 헌은 세계적인 작가로 명성을 날렸으며 영국과 미국의 대학에서 강의를 요청받기도 했다. 그러나 건강상의 문제로 거절했다. 1904년 9월 26일 헌은 협심증으로 도쿄의 자택에서 사망했다. 그가 죽은 후에 『괴담(Kwaidan)』, 『신국일본』 등을 비롯하여 각종 서간, 강의록이 출판되었다.

헌은 과연 누구인가?

1990년대 초반 일본 규슈의 구마모토 대학에서 공부한 적이 있다. 도일 직후라 지금도 선명하게 기억하는데 대학의 모든 관계자가 헌에 관해 이야기했다. '도일 100년, 100년 후의 구마모토에서 바라본 라프카디오 헌'이라는 제목의 세미나가 열렸고 이 세미나의 내용이 책으로 출판되기까지 했다. 심지어 구마모토 시내 한복판에 있는 헌의 구옥은 지방 문화재로 지정되어 지금도 잘 보존되고 있다. 구마모토에서 그가 머물렀던 시간은 고작 3년이다. 그러나 그가 구마모토에 끼친 영향은 상상을 초월한다.

이런 경향은 구마모토만의 현상이 아니었다. 그가 잠시 머물렀던 고베, 도쿄, 마쓰에에서도 마찬가지였다. 그리스에서 태어나 영국, 아일랜드, 프랑스에서 학교를 다니고 미국에서 온갖 고생을 한 다음 일본에 건너와 '일본인보다 일본을 더욱 사랑한 일본인'으로 불리는 헌의 정체는 과연 무엇일까? 당시

난 이런 의문에 사로잡혔다. 당시의 동양 여행자는 대체로 '오리엔탈리즘'의 시각에서 동양을 바라보았다. 이는 동양을 여행하는 서양인에 국한된 문제는 아니었다. 일본 근대화의 상징이라 할 수 있는 후쿠자와 유키치(福澤諭吉)를 예로 들더라도 당시는 일본적인 것보다 서구의 힘을 빌려 근대화를 이끄는 데 혈안이 되어 있을 무렵이다. 그런 시대에 일본적인 것을 사랑하고 일본인이 되려고 했던 헌은 내게 새로운 의미로 다가왔다.

헌의 매력은 두 가지로 분류할 수 있다. 우선 당대의 서양인에게서 보이는 동양인에 대한 편견이 나타나지 않는다는 점이다. 이는 아마도 그가 다양한 문화를 체험한 것과 무관하지 않을 것이다. 그중에서도 그가 뉴올리언스에서 경험했던 크레올 문화가 강한 영향을 끼쳤을 것으로 짐작한다. 크레올은 신대륙이 발견된 후 아메리카 대륙에서 태어난 에스파냐인과 프랑스인의 자손을 일컫는다. 이 말은 시간이 지나면서 프랑스인이나 스페인인과 흑인의 혼혈을 의미하는 말로 변한다. 뉴올리언스는 재즈의 발상지로 유명한데 이 같은 배경에는 뉴올리언스의 독특한 크레올 문화가 존재하는 것이다. 뉴올리언스는 프랑스와 스페인의 식민 지배를 경험한 곳이며 아프리카에서 수입되는 흑인 노예가 집결하는 곳이기도 했다. 헌은 이곳에서 유럽과 아프리카, 동양을 경험했다. 뉴올리언스에서 열린 만국박람회를 통해 일본과 중국을 접했으며 다양한 책을 읽으면서 동양에 관한 지식을 쌓았다. 서양의 기독교가 불러온 문명의 폐해를 인식하고 일본 역시 그런 길을 따라가는 모습을 안타깝게 지켜봤다. 그는 서양의 타락한 모습을 지켜보았기 때문에 동양에 대한 서양의 우월의식 앞에 냉철할 수 있었다.

다음으로 헌의 방랑 의식을 꼽을 수 있다. 그는 한 번도 자신이 지나온 길을 되돌아간 적이 없다. 한곳에 정착할 수 없는 영원한 떠돌이. 편도행 티켓을 들고 계속 새로운 길을 찾아 이국으로 떠나는 방랑자. 헌의 이런 성격에는 개인적인 가족사가 한몫을 했으리라. 어머니를 버린 아버지. 그리스를 떠나 아일랜드의 흐린 하늘을 바라보며 우울한 나날을 보냈던 어린 시절. 그의 문학 전반에는 아버지에 대한 배신감, 어머니에 대한 연민과 그리움의 정서가 깔려 있다.

헌은 한시도 한곳에 안주하지 않았다. 그건 그리스로 떠난 어머니에 대한 그리움의 표현이 아니었을까? '어머니'는 그의 안식처이자 이상향이 아니었을까? 이런 각도에서 바라보면 헌에게 '어머니'는 일본이라는 구체적인 장소를 의미하는 것은 아니었다. 그는 항상 무엇인가에 굶주려 있었다. 헌에게 일본은 그가 발 딛었던 미국, 카리브 해의 마르티니크와 같은 다양한 곳 중에 하나일 뿐이다. 항상 한곳에 정착할 수 없었던 헌의 인생을 뒤돌아보면 그의 일본행은 이상을 찾으려는 다양한 시도 중 하나였다고 생각된다. 헌은 일본에서 가정을 이룬 후에 거의 병적일 정도로 가족에 집착한다. 또 어머니 로자의 사진을 구할 수 있다면 전 재산을 내놓을 수 있다고 말한다. 버림받은 어머니가 그리스로 돌아갔을 때 아버지는 곧바로 재혼했다. 혼자 남겨진 조그만 아이. 그 누구도 자신을 받아들이려 하지 않는다. 그런 아이가 여행을 떠났다면 결말은 분명하다. 헌은 무엇인가를 항상 갈망했던 것이다.

헌을 두고 일본에서는 다양한 논의가 있어왔다. 한때는 격렬한 논쟁이 벌어진 적도 있다. 헌의 일본 예찬을 두고 군국주의 일본은 이를 정치적으로 이용했다. 그러나 이런 시도가 있었다고 해서 헌의 가치가 퇴색하는 것은 아니다. 헌은 기독교가 지배하는 서구의 물질문명이 불러온 온갖 폐해에 일찍부터 눈을 떴고 좀 더 인간적이고 본질적인 것을 찾기 위해 각고의 노력을 기울였다. 헌은 인간적인 공간을 찾아 방황했으며 항상 새로움을 찾아 나선 인물이었다.

글을 마치며

이 원고를 준비하는 데 5년이라는 세월이 걸렸다. 일본에서 헌을 알게 된 이후 그는 한 번도 내 뇌리를 떠난 적이 없다. 이번 작업을 하면서 헌의 증손자인 고이즈미 본을 만난 것이 무엇보다 의미 있었다. 간단히 헌의 가계도를 살펴보면 헌의 장남이 이치오이고, 그의 아들이 도키, 도키의 아들이 본 교수다. 우연한 기회로 헌의 증손자를 알게 되었을 때의 기쁨은 지금도 잊을 수 없다. 본 교수는 지금 시마네 현립대학에서 민속학 교수로 재직 중인데 무엇보다도 이번 출판을 기뻐해주었다. 그분에게 다양한 자료를 제공받았다. 특히 그분이 쓴 아주 진지하고 사실적인 서문은 증손자가 바라본 헌을 발견할 수 있는 자리로 몹시 값진 것이다.

헌의 글은 단순한 기행문이 아니다. 최근 재미에 치중한 일본 기행서가 많이 출간되고 있으나 헌의 글은 문화적·인류학적인 관점에서 의미를 찾을 수 있으며 품격 높은 인문서, 언제 읽어도 잔잔한 안식을 줄 수 있는 읽을거리로서 가치가 있다고 하겠다. 언젠가 기회가 되면 헌의 카리브 해와 미국, 그리고 일본 체험을 포괄하는 책을 내고 싶다.

이 책을 내기까지 우여곡절이 많았다. 과감히 결단을 내려준 도서출판 한울에 감사의 인사를 드린다. 기획실의 윤순현 과장님, 그리고 편집에 땀을 흘려준 배유진 씨에게 고마움을 전한다.

노재명

라프카디오 헌 연보

그리스

1850 6월 27일 찰스 부시 헌(Charles Bush Hearn)과 로자 카시마티 사이의 둘째 아이로 태어났다. 아버지는 아일랜드인이고 어머니는 그리스인이었다. 아버지와 어머니의 신분 차이가 컸던 탓에 헌이 태어날 때부터 부부 사이가 그다지 좋지 않았다.

아일랜드

1852 어머니와 더블린으로 간다.

1854 어머니가 그리스로 떠나고 대숙모 브레넌(Brenane)이 헌을 돌봤다. 어머니가 떠난 후부터는 외롭고 쓸쓸한 유년기를 보냈으며 언어, 종교, 피부색 등으로 생활에 적응하는 데 어려움을 겪었다.

1857 아버지가 어머니와 이혼하고 앨리스 크로퍼드(Alice Crawford)라는 여자와 결혼한다. 이후 다시는 어머니를 보지 못한다.

영국

1863 더햄의 커스버트 칼리지(St. Cuthbert's College)에 진학한다.

1866 학교에서 친구들과 놀다가 왼쪽 눈을 잃는다. 그 후 양쪽 눈의 크기가 달라져 보기 흉한 외모가 된다. 이후 사진을 찍을 때 왼쪽 눈이

보이지 않도록 자세를 취했다.
1867 학교를 떠난다. 돈도 없었고 대학에 진학할 수도 없었으며 시력도 외모도 좋지 않았다. 이후 프랑스로 떠난다.

미국

1869 미국의 신시내티로 이주한다.
1870 ≪신시내티 인콰이어러≫와 ≪신시내티 커머셜≫에서 일하게 된다. 미국에서의 초기 생활은 원만하지 않았다. 신시내티는 그에게 그다지 우호적이지 않은 도시였다. 그는 인쇄소 등에서 잠을 자며 최악의 첫 몇 개월을 보낸다. 기자로 일할 때 살인이나 매춘을 다루는 선정적인 기사로 다소 이름을 날리게 된다.
1874 엘레시아 폴리와 결혼식을 올린다. 엘레시아는 흑인이었고 노예의 딸이었다. 당시 신시내티는 서로 다른 인종 간의 결혼을 금지하는 인종주의적인 편견으로 가득 찬 도시였다.
1877 뉴올리언스로 이주하고 ≪타임스 데모크랫≫에서 일한다. 뉴올리언스는 프랑스 문화, 크레올 문화의 영향을 받아 인종주의가 극도로 심한 주였다. 그는 이때부터 언론 일을 접고 문학에 관심을 갖기 시작한다. 그러나 긴 소설을 쓰지는 않았다. 당시에는 장편소설을 읽는 사람이 거의 없었다. 그는 크레올어로 된 민담 등을 기록하고 수집하는 일을 했다.
1881 테오필 고티에의 『클레오파트라의 하룻밤(One of Cleopatra's Night)』을 번역한다.
1884 『이문화견문』.

마르티니크

1887 서인도 제도로 간다. 당시 서인도 제도에는 천연두 같은 전염병이 만연했다. 돈은 거의 바닥났고 매독에 걸렸다.
1888 『중국 괴담』.
1889 『치타』.
1890 『프랑스령 인도에서의 2년』.

일본

1890 일본으로 간다. 특파원 자격으로 《하퍼스 매거진》과 계약을 맺고 일본으로 가는 도중 그 계약이 해지되었다. 지인의 도움으로 마쓰에 보통학교와 중학교에서 교편을 잡았다. 이 학교에서 일본인이 아닌 외국인은 헌 혼자였다. 일본에 대해 강렬한 첫인상을 받았다. 그의 저작 속에는 종종 일본의 무시무시했던 추위를 회상하는 구절이 등장한다.
1891 쇠락한 사무라이의 딸이었던 고이즈미 세쓰와 결혼한다. 구마모토로 이주하고 제5고등중학교에 재직한다.
1894 《고베 클로니클》에 취직한다. 『알려지지 않은 일본의 그림자』로 이름을 얻기 시작한다.
1895 『동쪽의 나라에서』.
1896 고이즈미 야쿠모라는 이름으로 일본에 귀화한다. 도쿄대학 교수가 되었고 말을 천천히 하면서 학생들에게 그것을 모두 받아 적게 하는 방식(비트겐슈타인과 같은 방식)으로 수업을 진행했다.
『마음』.
1897 『부처의 나라에서(Gleanings in Buddha Fields)』.

1898　『이국 정취와 회고』.

1899　『영혼의 나라 일본(In Ghostly Japan)』, 『일본 잡록(A Japanese Miscellany)』.

1900　『그림자』, 『환상문학(Fantasics and Other Fancies: Koto)』.

1904　영국 유학을 마치고 돌아온 나쓰메 소세키가 교수에 임용됨에 따라 도쿄대학에서 방출된다. 이후 와세다대학 교수가 된다.

『괴담』.

9월 26일 심장발작으로 사망한다. 말년에는 일본 생활에 지루함을 느끼고 일본을 떠나고 싶어했다. 미국 코넬대학으로 적을 옮기기 위해 교섭을 시도했으나 여러 사정으로 실패했다.

1905　『은하의 로망스(The Romance of the Milky Way: An Attempt at an Interpretation)』.

옮긴이_노재명

인천 영흥도에서 태어났다. 서강대학교 국문과를 졸업하고 일본 구마모토대학 비교문학과에서 한일프롤레타리아문학을 전공했다. 현재 인문서 기획·번역, 일본 고전 번역을 하고 있다. 옮긴 책으로는 『몽십야』(하늘연못, 2004), 『월식』(하늘연못, 2005), 『여자의 결투』(하늘연못, 2005), 『아베일족』(북스토리, 2006), 『국화와 칼』(북라인, 2006), 『증후군 시리즈』(전 4권, 다산책방, 2009), 『문명의 산책자』(산책자, 2009), 『왜 세계는 전쟁을 멈추지 않는가?』(갈라파고스, 2009) 등이 있다.

라프카디오 헌, 19세기 일본 속으로 들어가다

ⓒ 노재명, 2010

지은이 라프카디오 헌
옮긴이 노재명
펴낸이 김종수
펴낸곳 도서출판 한울

편집책임 박록희
편집 배유진
표지 디자인 이희영

초판 1쇄 인쇄 2010년 4월 27일
초판 1쇄 발행 2010년 5월 11일

주소 413-832 파주시 교하읍 문발리 507-2(본사)
     121-801 서울시 마포구 공덕동 105-90 서울빌딩 3층(서울 사무소)
전화 영업 02-326-0095, 편집 02-336-6183
팩스 02-333-7543
홈페이지 www.hanulbooks.co.kr
등록 1980년 3월 13일, 제406-2003-051호

Printed in Korea.
ISBN 978-89-460-4295-7 03910(반양장)

* 책값은 겉표지에 있습니다.